AI 大模型赋能系列

"人工智能+"创新创业导论

万 欣 徐 栋 编著

電子工業出版社·

Publishing House of Electronics Industry

北京·BEIJING

内 容 简 介

　　本书旨在为读者提供人工智能时代创新创业的全面指南。全书共 10 章，涵盖了从创新创业基础理论到人工智能前沿技术应用的内容。本书首先介绍了创新创业的基本概念和方法，随后深入探讨了人工智能的核心技术及其在创新创业中的应用，尤其是大语言模型、大数据与算法、算力、AIGC 等热门技术在创业中的运用，以及它们对商业模式和创业生态的影响。本书还特别关注了"数字员工"概念，探讨了利用大模型技术实现"一人创业"的可能性。本书通过理论讲解、案例分析和实践指导相结合的方式，帮助读者建立人工智能创新创业的系统认知，培养其战略思维和实践能力。

　　本书适合作为高等学校创新创业相关课程的教材，也可作为创业者和技术爱好者的自学参考书。

图书在版编目（CIP）数据

"人工智能+"创新创业导论 / 万欣，徐栋编著.

北京 ： 电子工业出版社，2025. 5. -- ISBN 978-7-121
-50197-5

Ⅰ. F241.4-39

中国国家版本馆 CIP 数据核字第 2025WE4366 号

责任编辑：王二华

文字编辑：赵　娜

印　　刷：三河市华成印务有限公司

装　　订：三河市华成印务有限公司

出版发行：电子工业出版社

　　　　　北京市海淀区万寿路 173 信箱　邮编：100036

开　　本：787×1092　1/16　印张：12　字数：255 千字

版　　次：2025 年 5 月第 1 版

印　　次：2025 年 5 月第 1 次印刷

定　　价：45.00 元

凡所购买电子工业出版社图书有缺损问题，请向购买书店调换。若书店售缺，请与本社发行部联系，联系及邮购电话：(010)88254888，88258888。

质量投诉请发邮件至 zlts@phei.com.cn，盗版侵权举报请发邮件至 dbqq@phei.com.cn。

本书咨询联系方式：wangrh@phei.com.cn。

前　言

在人工智能迅猛发展的今天，创新创业也增加了许多新的内涵和形式。人工智能技术不仅改变了我们的生活方式和工作模式，更为创新创业带来了前所未有的机遇和挑战。本书正是为了帮助读者在这个时代把握机遇、应对挑战而精心编写的。

本书旨在为读者提供一个全面而深入的人工智能创新创业指南。在当今瞬息万变的科技环境中，仅仅掌握传统的创业知识已经远远不够了。因此，本书不仅涵盖了创新创业的基本理论和方法，更重点阐述了人工智能的基础知识及其在创新创业中的应用，以及人工智能如何赋能创新创业的全过程。

本书的编写秉持了以下 4 个重要原则：

(1)力求理论与实践的结合。每一章不仅介绍相关的理论知识，还通过分析大量真实案例，帮助读者将理论知识转化为实际应用能力。这种方法能够让读者更直观地理解人工智能如何在现实世界中推动创新和创业的发展。

(2)注重培养读者的全局视野。在介绍具体方法和技术的同时，本书也着力帮助读者建立对数字经济和新质生产力的深入理解。这种宏观视角将使读者能够更好地把握人工智能时代创新创业的大趋势。

(3)重视前沿技术的介绍和分析。本书详细讨论了大语言模型、大数据、算法和算力、人工智能生成内容(Artificial Intelligence Generated Content，AIGC)等新技术在创新创业中的应用。这些内容不仅反映了当前人工智能领域的最新发展，也为读者未来的创业实践提供了宝贵的技术洞察经验。

(4)关注伦理和法律问题。在介绍技术应用的同时，我们也引导读者思考这些技术可能带来的社会影响和伦理挑战，培养他们的责任意识，帮助其建立批判性思维。

本书的一大特色是引入了"数字员工"和"一人创业"的概念。在最后一章探讨了如何利用大模型技术实现"数字员工"，以及如何在此基础上开展"一人创业"。这一内容不仅体现了人工智能对创业模式的革命性影响，也为读者展示了未来创业新的可能性。

作为一本 32 学时的教材，本书的内容编排既注重系统性，又兼顾灵活性。教师可以根据具体教学需求和学生特点，灵活安排教学内容和顺序。同时，本书也非常适合对人工智能创新创业感兴趣的自学者使用，其清晰的结构和丰富的案例使得自学过程变得轻松而有趣。

相信通过学习本书，读者将能够：

(1)掌握人工智能时代创新创业的关键要素和核心方法；

(2)深入理解数字经济和新质生产力的特点及其对创新创业的影响；

(3)了解和学会如何利用大语言模型、大数据、算法和算力、AIGC等前沿技术实现创新创业；

(4)培养在人工智能时代进行创新创业的全局视野和战略思维；

(5)为未来的创业实践奠定坚实的理论和技术基础。

在这个人工智能与创新创业深度融合的新时代，机遇与挑战并存。衷心希望本书能够成为读者探索这个领域的可靠向导，激发读者的创新精神，并为读者未来的创业之路提供有力支持。让我们携手共同迎接人工智能赋能的创新创业新纪元吧！

目　录

第 1 章 绪论

人工智能正以前所未有的速度发展，并深刻影响和重塑着我们的经济和社会。创新创业者们敏锐地洞察到人工智能带来的巨大机遇，纷纷投身这场时代变革中。本章将概述人工智能与创新创业的关系，剖析数字经济的特点，探讨人工智能赋能新质生产力的路径，展望人工智能创新创业的机遇与挑战。

1.1 人工智能与创新创业概述

1.1.1 人工智能的内涵与外延

人工智能（Artificial Intelligence，AI）是计算机科学的一个分支，旨在研究、开发能够模拟、延伸和扩展人的智能的理论、方法、技术及应用系统，包括机器学习、深度学习、自然语言处理、计算机视觉、知识图谱等多个子领域。从狭义上说，人工智能是指机器模仿人脑智能活动（如学习、推理、思考等）的能力；从广义上说，人工智能泛指利用数字计算机或数字计算机控制的机器，去实现原本需要人来完成的智能任务的技术。人工智能主要发展阶段如图 1.1 所示。

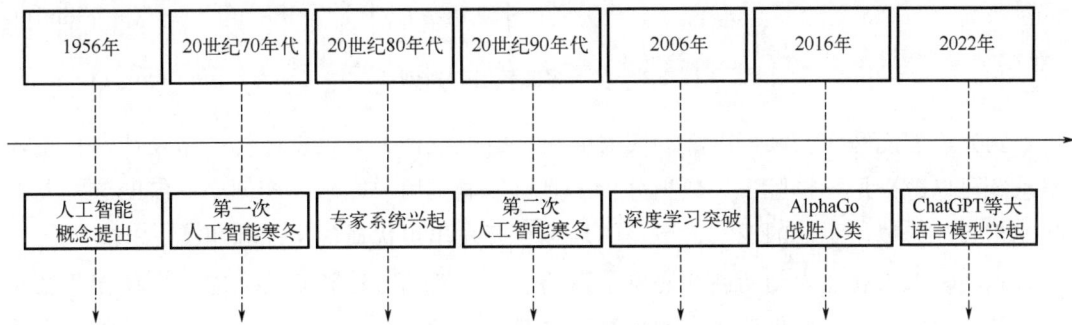

1956年	20世纪70年代	20世纪80年代	20世纪90年代	2006年	2016年	2022年
人工智能概念提出	第一次人工智能寒冬	专家系统兴起	第二次人工智能寒冬	深度学习突破	AlphaGo战胜人类	ChatGPT等大语言模型兴起

图 1.1 人工智能主要发展阶段

1.1.2 创新创业的内涵与特征

创新（Innovation）是指在现有知识和条件的基础上，提出或采用新的思路、方法、元素，创造性地解决理论或实际问题，推动理论和实践发展的过程。创业（Entrepreneurship）是指创业者以新的生产要素组合方式，开发新产品、提供新服务、开辟新市场、建立新组织、实现价值创造的过程。可见，创新是创业的灵魂和驱动力，而创业是创新的载体和表现形式。二者相辅相成，密不可分。

创新创业具有高度的不确定性、高风险性与高回报性的特点。面对不确定的市场环境，创新创业者需要不断试错，调整创业方向和商业模式。同时，创新创业往往需要投入大量的人力、物力和财力，风险很高，一旦失败，损失惨重。但如果成功，创新创业则能获得巨大的经济效益和社会效益，实现企业和个人的超额利润和价值回报。

1.1.3 人工智能赋能创新创业

人工智能作为新一轮科技革命和产业变革的核心驱动力，正在为创新创业插上腾飞的翅膀。一方面，人工智能技术的进步催生出一批新产品、新服务、新场景，扩大了创新创业的空间，如智能语音助手、自动驾驶、智能医疗等；另一方面，人工智能工具的普及应用，极大提升了创新创业的效率，降低了创业的门槛，使得创业从"大众创业"进入"人工智能创业"时代。人工智能赋能创新创业如图 1.2 所示。

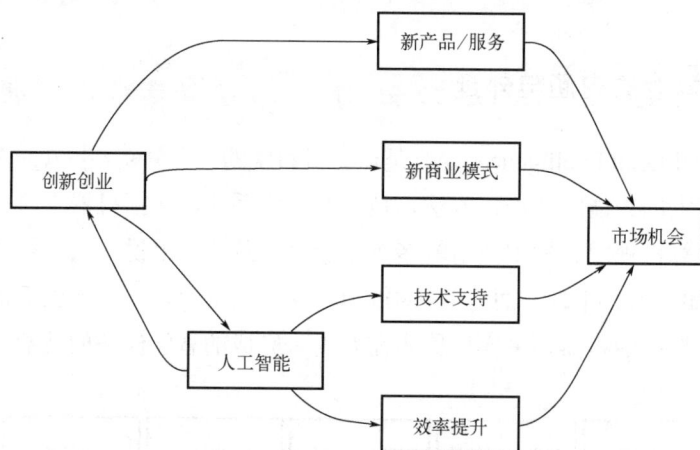

图 1.2　人工智能赋能创新创业

例如，智能写作工具可以辅助文案编辑，智能设计工具可以优化产品设计，智能客服系统可以改善用户体验，大数据分析工具可以洞察用户需求。初创企业借助这些人工智能工具，可以用更低的成本、更短的周期，开发出更优质的产品和服务。

总之，人工智能为创新创业提供了新的思路、新的方法和新的动能，推动创新创业进入智能化时代。创新创业者应顺应这一趋势，主动拥抱人工智能，用人工智能技术武装自己，在人工智能发展浪潮中抢占先机实现弯道超车。

1.2 数字经济与新质生产力

1.2.1 数字经济的兴起与特征

数字经济是以数字化、网络化、智能化为基本特征的经济形态。它以数字技术为基础设施，数据为关键生产要素，借助互联网平台进行优化整合，推动经济发展质量变革、效率变革、动力变革，不断做强做优做大。数字经济具有虚拟性、开放性、集成性、创新性等特点。

自 20 世纪 90 年代以来，数字经济在全球范围内蓬勃发展。2021 全球数字经济大会的数据显示：2020 年全球 47 个国家数字经济规模总量达到 32.6 万亿美元，同比增长 3.0%，占 GDP 比重为 43.7%；我国数字经济规模增速为 9.6%，位居全球第一。我国高度重视发展数字经济，《"十四五"数字经济发展规划》中提出：到 2025 年，数字经济迈向全面扩展期，数字经济核心产业增加值占 GDP 比重达到 10%，数字化创新引领发展能力大幅提升，智能化水平明显增强，数字技术与实体经济融合取得显著成效，数字经济治理体系更加完善，我国数字经济竞争力和影响力稳步提升。可以说，数字经济已成为全球经济增长的重要引擎。数字经济的主要特征如表 1.1 所示。

表 1.1　数字经济的主要特征

特征	描述
数据驱动	数据成为关键生产要素
网络化	互联深度融入经济社会
智能化	人工智能广泛应用
平台化	数字平台成为重要经济形态
共享化	共享经济模式兴起

1.2.2　数字经济催生新质生产力

数字经济以数据为关键生产要素，正在催生新质生产力，即数据生产力。不同于传统生产力要素，数据生产力具有非稀缺性、非对称性、非排他性等特点，展现出使用越多价值越大的"马太效应"，从而极大扩展了社会生产力的边界。

一是海量的数据积累，为人工智能发展提供了丰富的"粮食"。国际数据公司（International Date Corporation，IDC）发布的《2025 年中国将拥有全球最大的数据圈》白皮书，预测 2025 年全球数据圈将从 2018 年的 33ZB 增长到 175ZB，其中中国数据圈有望从 2018 年的 7.6ZB 增长到 48.6ZB，占全球数据圈的 27.8%。二是数据要素市场加速发展，促进了数据资源的优化配置。2021 年 11 月，上海数据交易所正式揭牌，标志着我国数据要素市场进入规范化发展阶段。三是数据治理体系不断完善，为数据安全与隐私保护提供制度保障。我国陆续出台《中华人民共和国数据安全法》《中华人民共和国个人信息保护法》，为数字经济健康发展保驾护航。新质生产力的构成要素如图 1.3 所示。

总之，数据生产力为人工智能发展提供了源源不断的养料，也为创新创业插上了腾飞的翅膀。创新创业者应审时度势，发掘数据价值，用好、用活数据要素，在数字经济的蓝海中乘风破浪。

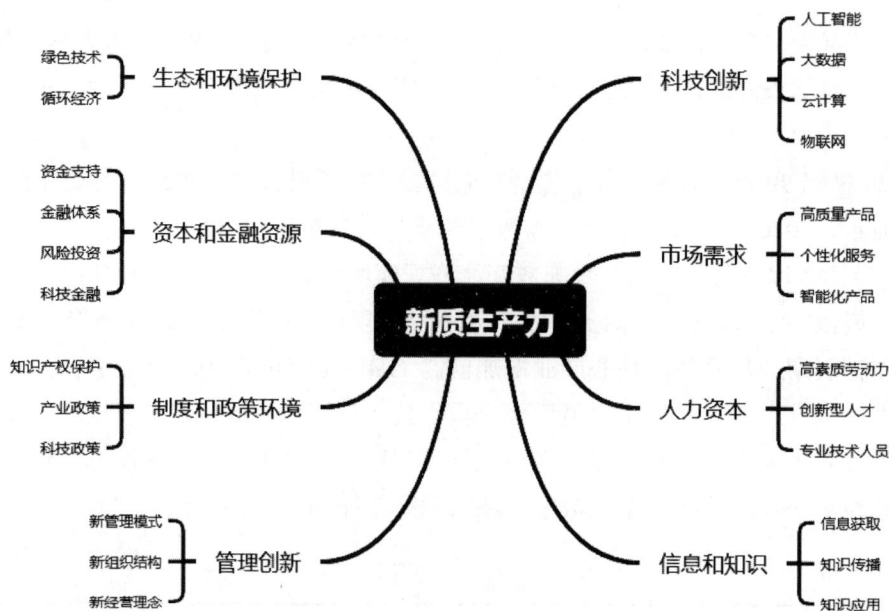

图 1.3　新质生产力的构成要素

1.2.3　数字经济赋能产业数字化转型

数字经济不仅是新的经济增长点，更是传统产业转型升级的"倍增器"。通过数字技术与实体经济的深度融合，数字经济正在推动农业、工业、服务业等行业实现数字化、网络化、智能化转型，催生出智慧农业、智能制造、数字服务等新业态和新模式。

例如，在农业领域，数字技术应用催生出智慧农业新模式。阿里巴巴 ET 农业大脑利用人工智能和物联网技术（Internet of Thing，IoT），对农田进行精准管理，实现农业生产的智能化；京东数科智能农业平台通过大数据分析，对农产品进行产地溯源、质量监测，打造"明白消费"新场景。

在工业领域，数字化转型催生出工业互联网新业态。京东数科智能农业平台利用5G、大数据等技术，对企业生产设备进行远程监控、预测性维护，以提高生产效率；树根互联打造根云平台（Rootcloud），为中小微制造企业提供涵盖设计、生产、管理、销售等全流程数字化解决方案。

在服务业领域，数字经济催生出在线教育、互联网医疗、电子政务等新兴服务业态。学而思网校利用直播、录播、人工智能批改等技术，为中小学生提供个性化、智能化的在线教育服务；京东健康搭建"互联网+医疗健康"新模式，通过远程问诊、慢病管理、药品配送等服务，让患者足不出户就可以享受优质医疗服务。

可见，数字经济正成为经济高质量发展的新引擎。创新创业者应把握产业数字化转型这一时代主题，找准传统产业的数字化"痛点"，以数字技术为杠杆撬动产业变革，在产业数字化进程中抢占制高点。

1.3 人工智能创新创业的机遇与挑战

1.3.1 技术进步带来的创新创业机遇

人工智能技术的快速发展,为创新创业提供了前所未有的机遇。一是感知智能技术不断突破,语音识别、图像识别、生物特征识别等应用日臻成熟,人机交互更加自然、便捷。二是认知智能技术加速进化,自然语言处理、知识图谱、类脑智能等领域取得长足进展,机器理解和决策能力大幅提升。三是赋能千行百业的通用人工智能平台蓬勃发展,从业务流程外包(Business Process Outsourcing,BPO)到知识流程外包(Knowledge Process Outsourcing,KPO)再到智能流程外包(Intelligent Process Outsourcing,IPO),人工智能正渗透到企业运营的方方面面。

例如,商汤科技打造的 SenseFoundry 人工智能开放平台,提供人脸识别、文字识别、行为分析等多种人工智能能力,帮助开发者快速构建智能应用;第四范式研发的先知平台(Prophet),为金融、制造、能源等行业提供一站式机器学习平台,加速企业数字化转型进程;云从科技的城市级人工智能中台,为社区治理、智慧交通、平安校园等领域提供实时感知、智能分析、辅助决策等服务。

总之,人工智能技术正在开辟创新创业的新蓝海。创业者应紧跟前沿技术发展,发掘技术落地场景,打造行业智能化解决方案,用人工智能为传统行业赋能,实现弯道超车、换道领跑。

1.3.2 产业变革孕育的创新创业机遇

人工智能不仅是一门技术,更是驱动产业变革的一种新引擎。一方面,人工智能应用催生出智能硬件、智能家居、智慧城市、自动驾驶等新兴产业,成为经济发展新的增长点。另一方面,人工智能技术与传统产业深度融合,推动金融科技、医疗健康、教育培训、交通物流、智能制造等领域的智能化升级,创造新的业态和模式,如图 1.4 所示。

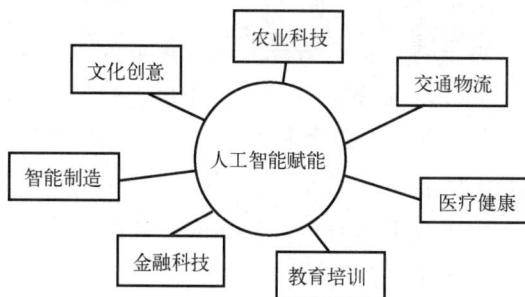

图 1.4 人工智能赋能创新创业的主要领域

例如,在智能硬件领域,科大讯飞推出的智能录音笔、智能学习机等系列产品,利用语音识别、语义理解等技术，为用户提供便捷的语音转文字、智能翻译等服务；在智慧医疗领域，腾讯觅影打造人工智能辅助诊断平台，通过医学影像识别技术，协助医生对病人进行肺结节、乳腺肿瘤等疾病的早期筛查；在智能制造领域，优必选研制出工业机器人，搭载视觉识别、力控感知等技术，可广泛应用于3C电子、汽车零部件等行业，提高生产效率。

可见，人工智能正在为传统产业注入新的活力，创新创业者应顺应产业智能化升级大势，发掘人工智能技术在不同行业的应用场景，提供行业定制化、场景化的智能化解决方案，在产业变革中抢占先机。

1.3.3 伦理安全等问题带来的创新创业挑战

人工智能在给人类社会带来巨大利好的同时，也带来了一系列伦理、安全、就业等方面的挑战，如表1.2所示。一是人工智能可能加剧社会不平等。由于数据和算力等资源分布不均，人工智能有可能拉大不同地区、不同群体之间的"数字鸿沟"；二是人工智能面临隐私安全风险。机器学习需要海量数据作为训练样本，可能侵犯个人隐私，甚至泄露商业机密；三是人工智能的"黑箱"特性引发伦理困境。机器学习模型的决策过程往往难以解释，可能产生偏见和歧视；四是人工智能可能加剧就业结构性失衡。随着人工智能在某些领域替代人工，部分岗位的人群将面临失业风险。

表1.2 人工智能创新创业面临的主要挑战

挑战类型	具体表现
技术挑战	算法优化、算力提升、数据质量
伦理挑战	隐私保护、算法公平、责任界定
安全挑战	系统可靠性、网络安全、数据安全
就业挑战	岗位替代、技术升级、劳动力市场变革
法律挑战	法律法规滞后、权责不明确

例如，2016年微软推出的聊天机器人Tay，上线不到24小时就被教坏，因发布种族歧视言论而被举报下线，凸显了人工智能伦理风险；2018年特斯拉因自动驾驶系统误判而撞上分岔路隔离墩，导致车毁人亡，暴露了人工智能安全隐患；牛津大学两位学者在2013年发表的一篇论文中指出，在美国未来20年里，47%的工作岗位将处于被人工智能取代的"高度危险"状态，特别是在金融领域，54%的工作岗位必将被人工智能取代，呼吁人们关注人工智能带来的就业冲击。

总之，人工智能的负面影响不容忽视。创新创业者在推动人工智能产业化、商业化发展的同时，也应审慎评估人工智能带来的伦理、安全、就业等风险，在技术创新和商业逐利的同时兼顾社会责任。一方面要加强人工智能伦理道德规范和法律法规建设，完善人工智能治理体系；另一方面要提高人工智能技术的可解释性和可控性，增强算法的公平性和透明度。同时，还要重视人工智能对就业市场的冲击，加强劳动者技能培训和再就业支持力度。只有妥善应对人工智能带来的各种挑战，才能真正发挥人工智能的积极作用，推动人工智能健康可持续发展。

在人工智能创新创业的征程中，还有几个关键词值得我们关注和思考。

首先是"赋能"。人工智能不是一项孤立的技术，而是与各行各业深度融合、赋能传统产业转型升级的重要力量。创业者需要深入理解行业需求和痛点，探索人工智能技术的应用场景和解决方案，通过"人工智能+"的融合创新，为传统行业注入新的活力和动力。

其次是"数据"。数据是人工智能的核心驱动力，也是创新创业的关键要素。创业者需要高度重视数据的采集、存储、分析和应用问题，通过对数据的深度挖掘和价值创造，为人工智能应用提供智能化的解决方案和高水平的服务。同时，也要注重数据的安全和隐私保护问题，在合法合规的前提下推动数据驱动的创新创业征程。

再次是"算法"。算法是人工智能的核心，也是创新创业的关键技术。创业者需要紧跟人工智能算法的前沿进展，不断优化和创新算法模型，提升算法的性能和效率。同时，也要重视算法的可解释性和公平性，确保算法在应用中的透明度和可信度。

最后是"场景"。人工智能的价值需要在具体的应用场景中得以体现。创业者需要深入理解不同行业和领域的应用场景，根据场景特点和需求，设计出有针对性的人工智能解决方案。通过持续不断的场景探索和方案迭代，不断提升人工智能应用的实用性和商业价值。

人工智能创新创业是一个充满机遇和挑战的领域，需要创业者具备前瞻性的战略视野、敏锐的商业洞察力和坚韧的创新创业精神。同时，也需要高校、企业、投资机构、政府等各方力量的共同支持和协作，营造良好的创新创业生态，推动人工智能技术的进步和产业化应用进程。

展望未来，人工智能必将成为引领全球科技创新和产业变革的重要力量，深刻影响和重塑人类社会的方方面面。创新创业者应当抓住这一历史性机遇，顺应技术进步趋势，以敢为人先的勇气和开拓进取的精神，在人工智能创新创业的道路上砥砺前行，为推动人工智能技术的进步、促进经济社会的发展贡献自己的智慧和力量。

同时，我们也要清醒地认识到，人工智能的发展和应用也带来了一些新的风险和挑战，如就业冲击、隐私泄露、算法歧视等。这就需要我们在发展人工智能的同时，也要加强对其潜在风险的研究和防范，建立健全相关的法律法规和伦理规范，促进人工智能的安全、可控、可信发展。

总之，人工智能创新创业是一个充满机遇和挑战的时代命题，需要我们以开放包容的心态、审慎负责的态度、积极进取的精神，共同探索和推进。通过不断地探索和实践，我们必将在人工智能创新创业的道路上走出一条具有中国特色、世界水平的发展之路，为全球人工智能的发展贡献中国智慧和中国方案。

本 章 小 结

本章介绍了人工智能创新创业的基本概念、背景和重要性。首先阐述了人工智能与创新创业的基本内涵，以及两者的交叉融合趋势。其次探讨了数字经济和新质生产力的概念，以及人工智能在其中起到的关键作用。最后分析了人工智能创新创业面临的机遇与挑战，为后续章节的拓展奠定了基础。

思 考 题

1．简述人工智能与创新创业的关系，并举例说明。

2．在数字经济时代背景下，新质生产力的主要特征是什么？

3．人工智能如何赋能创新创业？请结合实际案例进行分析。

4．人工智能创新创业面临哪些主要挑战？如何应对这些挑战？

实 践 项 目

1．调研分析一家人工智能创新创业公司的商业模式和技术创新点。

2．设计一个基于人工智能技术的创新创业项目方案。

3．针对人工智能可能带来的就业问题，提出可行的解决方案。

第 2 章 创新创业的基本理论和方法

创新创业是推动经济社会发展的重要引擎，也是实现个人价值和梦想的重要途径。在人工智能时代，创新创业面临着新的机遇和挑战。本章将系统介绍创新创业的基本理论和方法，为读者打下坚实的理论基础，使读者掌握创新创业的基本方法和技能，为后续章节的学习奠定基础。

2.1 创新创业的内涵与特点

2.1.1 创新的内涵

创新是指在现有的基础上，通过改进、组合、重构等方式，创造出新的事物、方法或价值的过程。创新可以分为渐进式创新和颠覆式创新两种类型。渐进式创新是指在现有产品、服务或商业模式的基础上进行改进和优化，实现性能的改善和效率的提升；颠覆式创新则是指打破现有的思维模式和技术路径，创造出全新的产品、服务或商业模式，引领行业的变革和发展。

创新的内涵是价值创造（见图 2.1）。通过创新，企业可以为客户提供更好的产品和服务，满足客户的需求，创造更大的价值。同时，创新也是企业获得竞争优势，实现可持续发展的关键。在激烈的市场竞争中，只有不断创新，企业才能保持领先地位，实现长期发展。

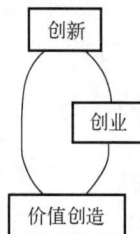

图 2.1 创新创业的内涵

2.1.2 创业的内涵

创业是指个人或团队发现并把握商业机遇，整合各种资源，开创新的事业，实现价值创造的过程。创业可以分为机会型创业和生存型创业两种类型。机会型创业是指个人或团队发现市场机遇，主动选择创业，追求更大的发展空间和回报；生存型创业则是指个人或团队迫于生存压力，被动选择创业，谋求生存和发展。

创业的内涵也是价值实现（见图 2.1）。通过创业，个人或团队可以将创新的想法和技术转化为现实，为社会创造新的产品、服务和就业机会，实现自身价值和社会价值。创业是一个充满挑战和风险的过程，需要创业者具备敏锐的洞察力、果断的决策力和强大的执行力，同时也需要社会提供良好的创业环境和支持体系。

2.1.3 创新创业的特点

创新创业的特点如表 2.1 所示。

表 2.1　创新创业的特点

特点	描述
不确定性	创新创业面临技术、市场、团队等多重不确定性问题，需要创业者具备强大的风险承受能力和应变能力
复杂性	创新创业涉及技术、市场、管理、资金等多个领域，需要创业者具备全面的知识和技能，以协调各方面的资源和关系
动态性	创新创业是一个持续变化的过程，需要创业者紧跟市场和技术的发展趋势，不断调整战略和策略，以适应新的环境和挑战
社会性	创新创业不仅仅是个人或团队的事业，更是一项社会工程，需要创业者与政府、投资人、合作伙伴、客户等利益相关者进行有效的沟通和合作，以争取各方面的理解和支持

(1)不确定性：创新创业是一个探索未知的过程，面临着技术、市场、团队等多重不确定性问题，需要创业者具备强大的风险承受能力和应变能力。

(2)复杂性：创新创业涉及技术、市场、管理、资金等多个领域，需要创业者具备全面的知识和技能，以协调各方面的资源和关系。

(3)动态性：创新创业是一个持续变化的过程，需要创业者紧跟市场和技术的发展趋势，不断调整战略和策略，以适应新的环境和挑战。

(4)社会性：创新创业不仅仅是个人或团队的事业，更是一项社会工程，需要创业者与政府、投资人、合作伙伴、客户等利益相关者进行有效的沟通和合作，以争取各方面的理解和支持。

案例 2-1　小米的创新创业之路

小米公司是中国智能手机行业的领军企业之一，其创始人雷军是中国著名的天使投资人和创业导师。小米早期以"为发烧而生"为口号，瞄准互联网"发烧友"群体，通过高配置、低价格的产品策略，迅速占领市场，实现了从 0 到 100 亿美元市值的突破。小米的成功得益于其在产品、营销、商业模式等方面的持续创新。在产品方面，小米不断推出性能强大、价格实惠的智能手机和 IoT 产品，满足用户的多元化需求；在营销方面，小米善于利用互联网社交媒体，通过"粉丝经济""口碑营销"等方式，实现了用户数量的快速增长和品牌的传播；在商业模式方面，小米构建了"硬件+软件+互联网服务"的生态系统，通过硬件销售获取用户，通过软件和互联网服务实现变现，形成了独特的"米家模式"。小米的创新创业之路，充分体现了创新创业的不确定性、复杂性、动态性和社会性的特点，为中国智能手机行业的发展作出了重要贡献。

2.2　创新创业的经典理论

创新创业的过程是一个复杂的过程，涉及多个学科和领域。经过长期的实践和研究，学者们提出了一系列经典理论，为创新创业提供了重要的指导和启示。本节将重点介绍创新创业的三大经典理论：熊彼特的创新理论、德鲁克的创业理论和莱斯的精益创业理论，如图 2.2 所示。

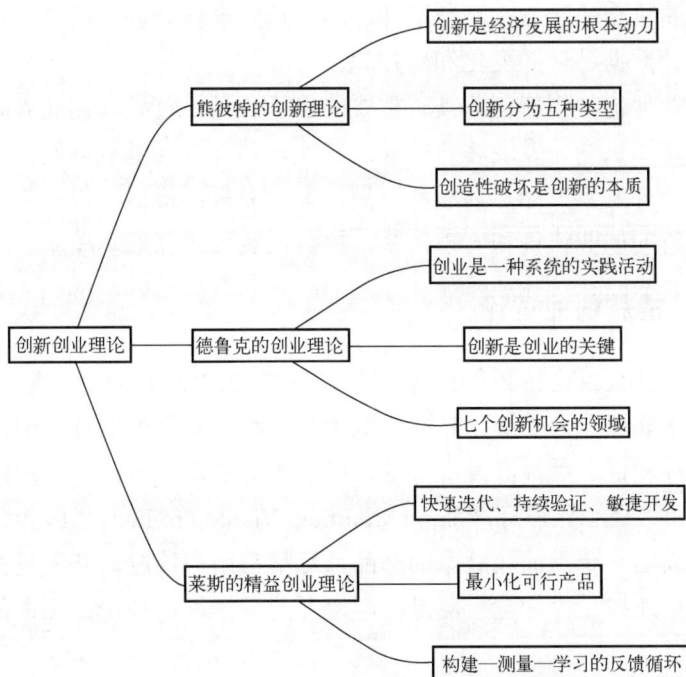

图 2.2 创新创业的三大经典理论

2.2.1 熊彼特的创新理论

约瑟夫·熊彼特是奥地利经济学家，被誉为"创新之父"。他在《经济发展理论》(*The Theory of Economic Development*)一书中提出创新理论，他认为创新是经济发展的根本动力，是推动社会进步的关键因素。熊彼特将创新分为五种类型：新产品的引入、新生产方法的引入、新市场的开拓、新原材料或半成品的获得及新组织的建立。他强调：创新不仅是技术层面的突破，更是一种打破常规、重塑格局的思维方式和行为方式。熊彼特还提出"创造性破坏"的概念，认为创新会不断破坏旧的经济结构和秩序，建立新的经济结构和秩序，推动经济社会的不断进步和发展。

熊彼特的创新理论对创新创业具有重要的指导意义：首先，创业者要树立创新意识，敢于打破常规，勇于开拓新的领域和市场；其次，创业者要重视技术创新，通过新产品、新技术的开发，来满足用户的需求，创造更大的价值；最后，创业者要正确看待创新带来的破坏性影响，转"危"为"机"，抓住新的机遇，实现企业的转型升级。

2.2.2 德鲁克的创业理论

彼得·德鲁克是美国管理学大师，被誉为"现代管理学之父"。他在《创新与创业精神》(*Innovation and Entrepreneurship*)一书中提出创业理论，认为创业是一种系统的实践活动,是企业家将创新理念转化为市场机会,并最终实现价值创造的过程。德鲁克指出,创业的本质是创新,而创新的关键是洞察市场需求,发现客户的"痛点"。他提出了七个可以系统寻找创新机会的领域:意外事件、不协调的事件、程序需要、产业和市场结构的变化、人口统计数据、认知变化和新知识。

德鲁克的创业理论对创新创业具有重要的启示意义:首先,创业者要具备敏锐的洞察力,善于捕捉市场机会,发现客户需求;其次,创业者要重视创新,将创新贯穿于创业的全过程,不断开发新产品、新服务,满足客户需求;最后,创业者要注重系统性和规范性,建立完善的创业流程和管理体系,提高创业效率和成功概率。

2.2.3　莱斯的精益创业理论

埃里克·莱斯是美国硅谷著名的创业导师,被誉为"硅谷创业教父"。他在《精益创业》(*The Lean Startup*)一书中提出精益创业理论,将精益生产的理念引入创业领域,强调快速迭代、持续验证、敏捷开发等方法,以最小的成本和风险,实现产品与市场的快速匹配。莱斯提出"最小化可行产品"(Minimum Viable Product,MVP)的概念,认为创业者应该快速开发出一个最简化版本的产品,尽早与用户接触,获得反馈,并根据反馈不断改进产品。他还提出"构建—测量—学习"的反馈循环理论,强调创业过程中的持续学习和优化。

莱斯的精益创业理论对创新创业具有重要的指导作用:首先,创业者要树立精益思维,以最小的投入实现最大的价值;其次,创业者要重视用户反馈,通过 MVP 尽早与用户接触,获得真实的市场反馈;最后,创业者要建立快速迭代的机制,根据反馈不断优化产品和业务模式,实现产品与市场的快速匹配。

案例 2-2　Dropbox 的精益创业实践

Dropbox 是一家提供云存储和文件同步服务的互联网公司,其创始人德鲁·休斯敦和阿拉斯·菲尔多西是麻省理工学院的毕业生。创业初期,在激烈的市场竞争中,Dropbox 面对资源有限的挑战,为了验证产品的市场需求,他们采用了精益创业的方法。首先,他们通过 Landing Page 的方式,快速设计了一个简单的产品介绍页面,吸引了大量的潜在用户注册。然后,他们通过邀请制的方式,让早期用户试用产品,并收集用户反馈,不断优化产品功能和体验。最后,他们通过"免费+增值"的商业模式,快速扩大用户规模,实现了盈利和增长。Dropbox 的成功,充分体现了精益创业理论的威力,为创业者提供了宝贵的经验和启示。

2.3　创新创业的过程与方法

创新创业是一个复杂的过程,需要创业者掌握一系列的方法和技能。本节将重点介绍创新创业的过程和几种常用的方法。

2.3.1　创新创业的过程

创新创业是一个复杂的过程，需要创业者根据不同的创新创业类型和特点，采取科学、系统的方法和路径。一般来说，创新创业的过程可以分为以下几个关键环节：

(1)机会识别与评估：创新创业的起点是识别和评估商业机会。创业者需要通过市场调研、用户访谈、行业分析等方式，深入了解用户需求、市场"痛点"、行业趋势等，发现和捕捉商业机会。同时，创业者还需要对识别出的商业机会进行全面的评估和论证，分析其可行性、市场潜力和竞争格局等，选择最有价值和潜力的机会进行深入挖掘和开发。

(2)创新设计与开发：机会识别与评估后，创业者需要进入创新设计与开发阶段。这一阶段的核心是根据选定的商业机会，设计和开发出有竞争力的产品或服务。创业者需要运用创新思维和方法，如头脑风暴、设计思维、敏捷开发等，不断迭代和优化产品或服务的功能、性能和体验等，以满足用户需求，具备市场竞争力。

(3)商业模式设计：有了创新的产品或服务，创业者还需要设计出可行的商业模式，确保创新成果能够持续地创造和获取价值。商业模式设计需要考虑多个关键要素，如目标客户、价值主张、核心资源、关键业务和盈利模式等，通过这些要素的有机组合和优化，形成独特、可持续的商业模式。设计商业模式需要创业者具备敏锐的商业嗅觉和系统的战略思维，能够从全局和长远的角度考虑和规划企业的发展。

(4)资源整合与组织建设：创新创业需要多种关键资源的支持，如人才、技术、资金、渠道等。创业者需要根据创新创业的需求，有针对性地整合和配置各种资源，组建起高效的创业团队和组织架构。组建创业团队需要考虑成员之间的互补性、多样性、协作性等因素，建立起基于共同愿景和价值观的团队文化和协作机制。组织架构设计需要考虑企业的发展阶段、业务特点、管理需求等因素，遵循扁平化、灵活化、弹性化的原则，确保组织能够高效运转和快速响应。

(5)市场开拓与运营管理：产品或服务开发完成后，创业者需要进入市场开拓和运营管理阶段。市场开拓需要创业者根据目标客户和市场特点，制定有效的营销策略和渠道策略，快速实现产品或服务的推广和销售。运营管理需要创业者建立起科学、规范的业务流程和管理体系，如采购、生产、销售、客服等，确保企业能够高质量、高效率地运营。同时，创业者还需要重视数据驱动和持续优化，通过收集和分析各种运营数据，不断优化业务流程和决策机制，实现精细化、智能化的运营管理。

(6)成长与扩张：随着创新创业的深入推进，企业将进入成长与扩张阶段。这一阶段的核心是实现业务的快速增长和规模化发展。创业者需要根据企业的发展阶段和市场机会，制定清晰的成长战略和扩张路径，如业务多元化、市场国际化、兼并收购等。同时，创业者还需要不断优化和升级组织管理体系，提升企业的运营效率和管理水平，为业务增长提供有力支撑。成长与扩张阶段也是企业面临挑战和风险加剧的阶段，创业者需要审慎决策、控制风险、把握节奏，实现企业的可持续、高质量发展。

这六个环节并非完全线性的，而是相互交织、循环反复的。创业者需要根据创新创业的具体情况，灵活运用各种方法和工具，实现各个环节的有效衔接和迭代优化。同时，创业者还需要重视创新创业过程中的学习和反思，通过总结经验教训、吸收新知识新技能，不断提升自身的创新创业能力和领导力。创新创业的过程如图 2.3 所示。

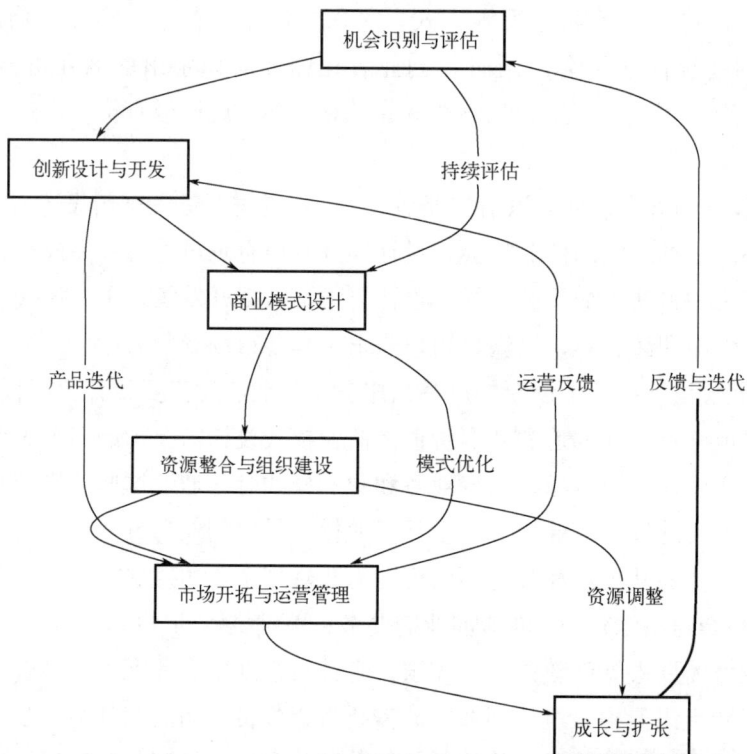

图 2.3　创新创业的过程

2.3.2　设计思维

设计思维是一种以人为本、以需求为导向的创新方法，它强调同理心、创意思考和快速迭代。设计思维通常包括五个步骤：同理心、定义问题、创意构思、快速原型和测试反馈，如表 2.2 所示。

表 2.2　设计思维的五个步骤

步骤	描述
同理心	通过观察、访谈等方式，深入了解用户的需求、痛点和行为习惯，获得洞见和启发
定义问题	通过分析和综合用户需求、重新定义问题，找到问题的本质和关键
创意构思	通过头脑风暴、类比等方式，产生大量的创意和解决方案
快速原型	通过低成本、低保真的原型，尽早与用户接触，获得反馈和改进意见
测试反馈	根据用户反馈，不断改进产品和服务，直到满足用户需求为止

(1)同理心：设计思维强调换位思考，创业者通过观察、访谈等方式，深入了解用户的需求、痛点和行为习惯，以获得洞见和启发。

(2)定义问题：设计思维强调问题重构，创业者通过分析和综合用户需求，重新定义问题，以找到问题的本质和关键。

(3)创意构思：设计思维鼓励发散思考，创业者通过头脑风暴、类比等方式，产生大量创意和解决方案。

(4)快速原型：设计思维倡导快速验证，创业者通过低成本、低保真的原型，尽早与用户接触，以获得反馈和改进意见。

(5)测试反馈：设计思维强调迭代优化，创业者根据用户反馈，不断改进产品和服务，直到满足用户需求为止。

2.3.3　商业模式画布

商业模式画布是一种可视化的商业模式设计工具，由亚历山大·奥斯特瓦德等人提出。商业模式画布将商业模式分为九个关键要素：客户细分、价值主张、渠道通路、客户关系、收入来源、关键资源、关键业务、重要合作和成本结构，如图 2.4 所示。通过填写和分析这九个要素，创业者可以全面梳理和优化商业模式，找到最佳的盈利模式和竞争策略。

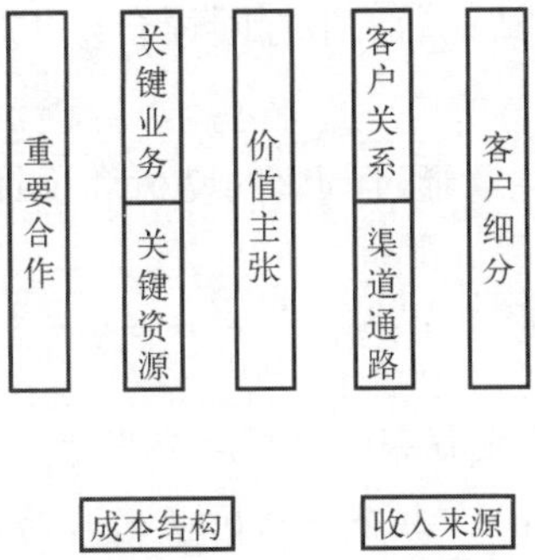

图 2.4　商业模式画布的九个要素

商业模式画布的使用步骤如下：

(1)客户细分：明确目标客户群体，根据客户的需求、特点等进行客户细分。

(2)价值主张：提炼产品或服务的核心价值，说明如何满足客户需求，解决客户痛点。

(3)渠道通路：确定如何将产品或服务传递给客户，包括销售渠道、分销渠道等。

(4)客户关系：明确如何与客户建立和维护关系，包括个性化服务、社区运营等。

(5)收入来源：确定收入的来源和方式，包括销售收入、服务收入、广告收入等。

(6)关键资源：明确业务运营所需的关键资源，包括人力资源、技术资源、品牌资源等。

(7)关键业务：确定业务运营的关键环节和流程，包括生产、销售、服务等。

(8)重要合作：明确业务运营所需的重要合作伙伴，包括供应商、渠道商、战略合作伙伴等。

(9)成本结构：分析业务运营的成本结构，包括固定成本、变动成本等，并寻找降低成本的途径。

2.3.4 敏捷开发

敏捷开发是一种迭代式、增量式的软件开发方法，强调以快速迭代、持续交付和紧密协作为主要特征。敏捷开发通常包括以下几个关键步骤：

(1)需求管理：采用用户故事的方式，站在用户的角度描述需求，并根据优先级进行排序和开发。

(2)迭代开发：将开发过程分为多个迭代，每个迭代时长通常为2~4周，在迭代时长内完成需求分析、设计、编码、测试等工作。

(3)持续集成：将代码频繁地集成到主干，并进行自动化测试，以尽早发现和解决问题。

(4)结对编程：两个程序员在同一台计算机上编程，互相审查代码，以提高代码质量和开发效率。

(5)站立会议：每天举行短暂的站立会议，每个人报告前一天的工作进展、遇到的问题和当天的计划。

(6)回顾会议：在每次迭代结束后，举行回顾会议，总结经验教训，改进开发流程和协作方式。

敏捷开发强调快速响应变化，通过频繁的交付和反馈，不断优化和改进产品，提高开发效率和产品质量。

案例 2-3 Scrum 敏捷开发实践

Scrum 是一种流行的敏捷开发框架，被广泛应用于软件开发和创新创业领域。Scrum 将开发过程分为多个迭代(Sprint)，每个迭代时长通常为 2~4 周。在每个迭代开始前，团队召开迭代计划会议，确定本次迭代的目标和任务(Sprint Backlog)。在迭代过程中，团队每天召开站立会议(Daily Scrum)，报告进展和问题。在迭代结束后，团队召开迭代评审会议和回顾会议，总结经验教训，改进开发流程。Scrum 还引入了几个关键角色：Product Owner(负责需求管理和优先级排序)、Scrum Master(负责协调和推动 Scrum 实践)和开发团队(负责具体的开发和测试工作)。通过 Scrum，团队可以更高效、更灵活地开发产品，快速响应市场变化，持续交付高质量的产品。

2.4 创新创业的关键要素

创新创业是一项复杂的系统工程，需要多方面因素的共同作用。本节将重点介绍创新创业的五个关键要素：创业团队、商业模式、产品技术、资金支持和生态环境。

2.4.1 创业团队

创业团队是创新创业的核心要素，也是创业成功的关键因素之一。一个优秀的创业团队通常具备以下特征：

(1)互补性：团队成员在知识、技能、经验等方面互补，能够发挥各自的优势，弥补彼此的不足。

(2)共同愿景：团队成员有共同的愿景和目标，能够为之奋斗和付出，形成合力。

(3)执行力：团队成员有很强的执行力和行动力，能够快速将想法/观点转化为现实，不断突破难关。

(4)学习力：团队成员有很强的学习意愿和能力，能够快速学习新知识、新技能，不断提升自己。

(5)韧性：团队成员有很强的抗压能力和心理韧性，能够直面挫折和失败，不断调整和改进。

打造一支优秀的创业团队需要考虑多方面的因素，包括团队成员的选择、角色分工、激励机制、沟通协调等，需要在实践中不断摸索和优化。

2.4.2 商业模式

商业模式是创新创业的另一个关键要素，也是企业盈利和可持续发展的基础。一种优秀的商业模式通常具备以下特征：

(1)独特性：商业模式有鲜明的特色和差异化，能够为客户提供独特的价值，形成竞争壁垒。

(2)可营利性：商业模式能够为企业带来持续、稳定的现金流和利润，实现企业的商业价值。

(3)可扩展性：商业模式能够支撑企业的快速成长和规模化发展，不断开拓新的市场和客户。

(4)可持续性：商业模式能够适应市场环境的变化，不断创新和迭代，保持长期竞争力。

设计一种优秀的商业模式需要深入分析市场环境、客户需求、竞争格局等因素，需要在实践中不断试错和优化，找到最佳的盈利模式和发展路径。

2.4.3 产品技术

产品技术是创新创业的核心竞争力，也是吸引和留住客户的关键。一个优秀的产品通常具备以下特征：

(1)创新性：产品有独特的创新点和卖点，能够为客户提供差异化的价值和体验。

(2)易用性：产品操作简单、体验流畅，能够让客户轻松上手，快速获得价值。

(3)可靠性：产品稳定可靠，故障率低，能够长期稳定地运行和服务。

(4)可扩展性:产品能够快速迭代和升级,不断丰富功能和场景,满足客户不断增长的需求。

打造一个优秀的产品需要深入了解客户需求,需要在技术研发、交互设计、用户体验等方面下功夫,需要在市场反馈中不断改进和优化。

2.4.4　资金支持

资金是创新创业的重要推动力,也是企业生存和发展的基础保障。创业企业通常需要大量的资金投入,用于技术研发、产品开发和市场推广等。资金支持主要包括以下几个方面:

(1)自有资金:创业者自己投入的资金,是创业初期企业的主要资金来源。

(2)天使投资:天使投资人提供的早期资金支持,通常投资额度较小,但对创业企业的发展至关重要。

(3)风险投资:风险投资机构提供的中后期资金支持,通常投资额度较大,对创业企业的快速成长和规模化发展起到关键作用。

(4)银行贷款:通过银行贷款获得的资金支持,通常需要一定的抵押和担保,适合有稳定现金流的创业企业。

(5)政府支持:通过政府的创业扶持政策(如创业补贴、税收优惠等)获得的资金支持。

获得资金支持需要创业者具备良好的商业计划和说服力,需要与投资人建立信任和共识,需要合理利用和配置资金,防范财务风险。

2.4.5　生态环境

创新创业不是孤立的个体行为,而是在特定的生态环境中进行的系统活动。良好的创新创业生态环境通常包括以下几个方面:

(1)政策环境:政府出台有利于创新创业的政策法规,如简化注册流程、减税降费、知识产权保护等,为创业者提供制度保障。

(2)市场环境:市场需求旺盛,竞争有序,能够为创业者提供广阔的市场空间和公平的竞争环境。

(3)人才环境:有大量的高素质人才,特别是技术人才和管理人才,为创业企业输送新鲜血液。

(4)服务环境:有完善的创业服务体系,如"孵化器""加速器"和创业培训等,为创业者提供全方位的支持和服务。

(5)文化环境:社会形成鼓励创新、宽容失败的文化氛围,为创业者营造良好的舆论环境和心理环境。

打造良好的创新创业生态环境需要政府、企业、高校、社会等各方面的共同努力,需要在实践中不断优化和完善,形成创新创业的良性循环。

案例 2-4　硅谷的创新创业生态环境

硅谷是全球最著名的创新创业中心，汇聚了大量的高科技企业、创业公司、投资机构和高校研究机构。硅谷之所以能够成为创新创业的圣地，与其独特的创新创业生态环境密不可分，如表 2.3 所示。

表 2.3　硅谷创新创业生态环境的特点

维度	描述
政策环境	加利福尼亚州的"非竞争协议"禁令，允许员工自由流，增加了创新创业的活力
市场环境	IT、互联网等领域的旺盛需求，为创业者提供了广阔的市场空间
人才环境	斯坦福大学、伯克利大学等高校输送的优秀毕业生，为创业企业提供了源源不断的人才供给
服务环境	Y Combinator、500 Global 等著名"孵化器"和"加速器"，为创业者提供全方位的支持和服务
文化环境	鼓励创新、宽容失败的文化氛围，创业者敢于尝试、敢于冒险，推动了创新创业的持续发展

第一，硅谷有良好的政策环境，如加利福尼亚州的"非竞争协议"禁令，允许员工自由流动，增加了创新创业的活力；第二，硅谷有旺盛的市场需求，特别是 IT、互联网等领域，为创业者提供了广阔的市场空间；第三，硅谷有大量的高素质人才，特别是斯坦福大学、伯克利大学等高校输送的优秀毕业生，为创业企业提供了源源不断的人才供给；第四，硅谷有完善的创业服务体系，如 Y Combinator、500 Global 等著名"孵化器"和"加速器"，为创业者提供全方位的支持和服务；第五，硅谷形成了鼓励创新、宽容失败的文化氛围，创业者敢于尝试、敢于冒险，推动了创新创业的持续发展。

硅谷的成功经验为其他国家和地区的创新创业企业提供了有益启示，创业企业需要从政策、市场、人才、服务、文化等多个维度入手，系统打造创新创业生态环境，激发创新创业活力，推动经济高质量发展。

本 章 小 结

本章系统介绍了创新创业的基本理论和方法，分析了创新创业的内涵、特点、过程和关键要素，重点介绍了熊彼特的创新理论、德鲁克的创业理论、莱斯的精益创业理论等经典理论，以及设计思维、商业模式画布、敏捷开发等实用方法和工具，以帮助读者全面理解和掌握创新创业的理论基础和实践技能。同时，本章还通过介绍小米、Dropbox、Scrum和硅谷等案例，展示了创新创业理论和方法在实践中的应用和启示，激发读者的创新创业热情和行动力。

创新创业是一项充满挑战和机遇的事业，需要创业者具备敏锐的洞察力、开放的心态、坚韧的意志和务实的作风。通过学习创新创业的基本理论和方法，创业者可以掌握创新创业的基本逻辑和规律，可以运用科学的工具和方法指导创业实践，可以从前人的经验教训中得到启发。同时，创业者还需要立足自身条件和创新创业生态环境，因地制宜、因时制宜地选择适合自己的创业模式和路径，在实践中不断探索和优化，推动创新创业事业的发展壮大。

思 考 题

1．创新和创业有何区别和联系？为什么说创新是创业的灵魂？

2．分析比较熊彼特、德鲁克、莱斯等人的创新创业理论，分别说明其核心观点和启示意义。

3．设计思维、商业模式画布、敏捷开发等方法在创新创业中如何应用？分别适用于哪些场景和阶段？

4．创新创业的五个关键要素（创业团队、商业模式、产品技术、资金支持、生态环境）之间如何相互影响和制约？如何系统优化和提升五个关键要素？

5．分析我国当前的创新创业环境存在哪些优势和不足？如何进一步优化创新创业生态环境，激发创新创业活力？

实 践 项 目

1．选择一个创新创业案例，运用本章学到的理论和方法进行分析，评估其商业模式、创业团队、产品技术等方面的特点和优劣势，并提出改进建议。

2．结合自身专业特长和兴趣爱好，尝试撰写一份创业计划书，运用商业模式画布等工具，系统规划和设计创业项目的各个要素和环节。

3．开展创新创业社会调查，访谈3～5位创业者或投资人，了解他们的创业历程、成功经验和教训总结，撰写调查报告，并在课堂上分享心得体会。

4．组织创新创业沙龙或工作坊，邀请有经验的创业者、投资人、专家学者等，分享创新创业的实践经验和前沿发展趋势，与同学互动交流，碰撞思想火花。

5．参加创新创业大赛或"孵化器"项目，将创新创业理论与实践相结合，锻炼创新创业技能，积累创新创业经验，为未来的创业之路奠定基础。

第3章 人工智能的基础知识

人工智能已经成为当今世界最具颠覆性和变革性的技术之一。它正在深刻影响着我们的生活、工作和思维方式，并为创新创业带来了前所未有的机遇和挑战。作为创新创业者，深入理解人工智能的基础知识和核心技术，对于把握时代脉搏、洞察行业趋势、发掘创业机会至关重要。本章将系统介绍人工智能的发展历程、机器学习与深度学习、自然语言处理与计算机视觉、知识图谱与专家系统等基础知识，帮助读者夯实人工智能领域的理论基础，启发读者的创新思维，为后续章节的学习和实践奠定坚实的基础。

3.1 人工智能的发展历程

人工智能的发展大致分为以下几个阶段。

(1)萌芽阶段(1956—1970年)。这一阶段的主要标志是1956年达特茅斯会议的召开，标志着人工智能作为一个独立的研究领域正式诞生。这一阶段的研究主要集中在符号主义和逻辑推理方面，代表性成果包括通用问题求解器(GPS)、早期专家系统等。该阶段奠定了人工智能的理论基础，但在实际应用方面进展有限。

(2)第一次低谷期(1971—1980年)。由于对人工智能过高的期望与实际效果的差距，加上技术限制和算力不足，导致了第一次人工智能研究寒冬的到来。这期间人工智能的研究经费大幅削减，发展受阻。

(3)复苏发展阶段(1981—1987年)。这一阶段的主要特点是专家系统的蓬勃发展和商业化应用。专家系统是一种基于知识和推理的智能系统，通过知识获取、知识表示和知识推理等技术，模拟人类专家的决策和问题解决能力。这一阶段的代表性系统包括XCON、MYCIN、DENDRAL等，在工业生产、医疗诊断、化学分析等领域得到了重要应用。

(4)第二次低谷期(1988—1993年)。由于专家系统的局限性(如知识获取瓶颈、推理效率低下、难以处理不确定性问题等)及神经网络等新技术的发展不及预期，人工智能研究进入第二次寒冬。这一阶段人工智能的研究开始转向机器学习、智能代理等新方向。

(5)稳步发展阶段(1994—2006年)。这一阶段以机器学习技术的发展为主要特征，尤其是统计学习方法的兴起，为人工智能的发展奠定了新的基础。这一阶段的代表性成果包括支持向量机(SVM)、随机森林等算法，在模式识别、数据挖掘等领域得到了广泛应用。

(6)深度学习突破阶段(2007—2011年)。2006年Hinton提出深度学习概念并解决了深层神经网络训练困难的问题,开启了深度学习研究的新篇章。这一阶段主要是深度学习理论和技术的突破期。

(7)爆发阶段(2012年至今)。从2012年深度学习在ImageNet竞赛上取得突破性进展开始,人工智能进入快速发展期。这一阶段的主要特征是深度学习技术的广泛应用和突破。重要里程碑包括:

- 2014年:GAN(生成对抗网络)的提出。
- 2017年:Transformer架构的提出,革新了自然语言处理领域。
- 2018—2019年:BERT、GPT等预训练语言模型的突破。
- 2022年:ChatGPT发布,标志着大语言模型时代的到来。
- 2023年:GPT-4等多模态大模型的出现,进一步推动了人工智能的发展。

这一阶段的深度学习技术在计算机视觉、语音识别、自然语言处理等领域取得了革命性进展,推动了人工智能在各行各业的广泛应用和融合创新。伴随着算力的提升、数据的积累和算法的突破,人工智能正在向着通用人工智能的方向持续发展。

人工智能经过数十年的发展,已经从早期的探索和积累,发展到今天的繁荣和爆发。未来,人工智能还将继续在理论、技术、应用等方面不断突破和创新,推动人类社会向智能化、数字化、网络化的方向加速演进。

3.2　机器学习与深度学习

3.2.1　机器学习

机器学习是人工智能的核心,是使计算机系统具备自动学习和改进性能的能力,不需要进行明确编程。机器学习的基本思想是通过对数据的分析和挖掘,从中归纳出一定的模式和规律,并基于这些模式和规律对新的数据进行预测和决策。

机器学习可以分为以下三种类型:

(1)监督学习:监督学习是一种基于标注数据的学习方式,通过给定的输入和期望输出训练模型,使其能够对新的输入做出正确的预测。常见的监督学习任务包括分类和回归,如垃圾邮件识别、房价预测等。常用的监督学习算法包括决策树、支持向量机、逻辑回归等。

(2)无监督学习:无监督学习是一种基于无标注数据的学习方式,通过对数据的聚类、降维等分析,发现数据内在的结构和关系。常见的无监督学习任务包括聚类、主题模型等,如客户细分、文本主题发现等。常用的无监督学习算法包括k均值聚类、主成分分析等。

(3)强化学习：强化学习是一种基于环境交互的学习方式，通过智能体与环境的
交互，根据环境的反馈不断调整策略，以获得最大的累积奖励。强化学习不需要预先
给定标注数据，而是通过试错和探索来学习最优策略。常见的强化学习任务包括游戏
对战、机器人控制等，如 AlphaGo、自动驾驶等。常用的强化学习算法包括 Q 学习、
策略梯度等，如图 3.1 所示。

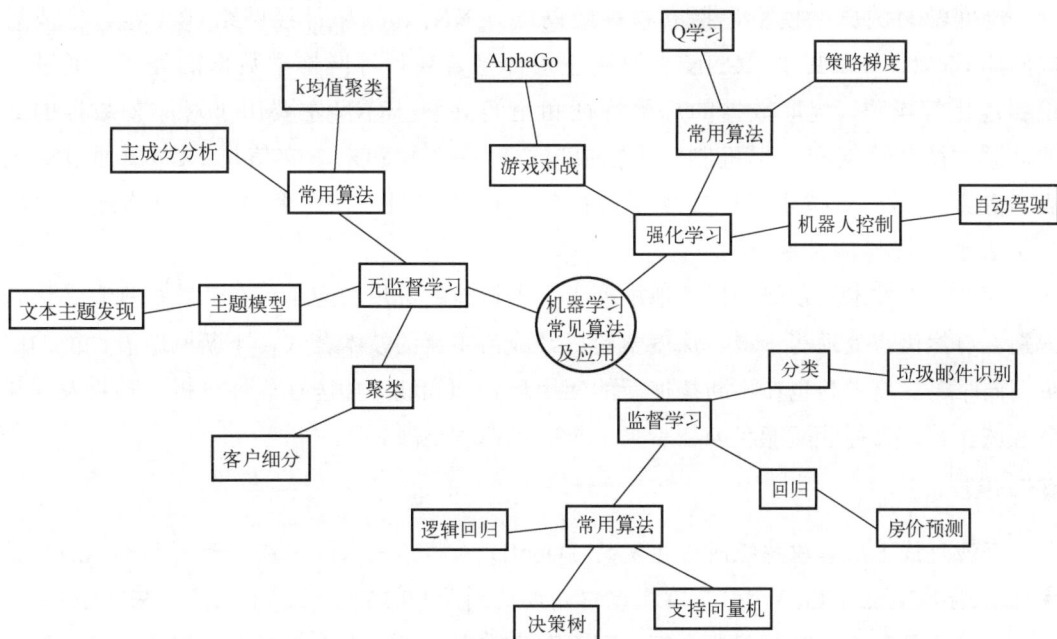

图 3.1　机器学习常见算法及应用

3.2.2　深度学习

深度学习是机器学习的一个重要分支，它模仿人脑的神经网络结构，通过构建具有
多层结构的人工神经网络，实现了强大的学习和特征提取能力。与传统的机器学习方法
相比，深度学习具有以下特点：

(1)多层次的特征学习：深度学习通过构建多层次的神经网络模型，实现了对数据的
分层抽象和特征学习。每一层的神经元通过非线性变换，将前一层的特征组合成更高层
次、更抽象的特征，从而对数据进行更加精细和复杂的表示。

(2)端到端的学习模式：深度学习实现了从输入到输出的端到端学习，不需要对数据
进行复杂的预处理和特征工程，而是通过网络的自动学习，直接从原始数据中提取特征
和做出预测。这大大简化了机器学习的流程，提高了学习的效率和性能。

(3)强大的表示能力：深度学习具有强大的表示能力，能够学习和刻画数据中复杂的
非线性关系和高维结构。通过深层次的特征组合和变换，深度学习能够对图像、语音、
文本等高维数据进行精准建模和预测，在模式识别、语义理解等任务上得到了显著的性

能提升。

(4)海量数据的驱动：深度学习是一种数据驱动的学习方法，其性能在很大程度上依赖于训练数据的规模和质量。随着互联网、物联网等技术的发展，海量的数据不断被生成和积累，为深度学习提供了丰富的训练素材。通过对海量数据的训练，深度学习能够不断改进和优化模型，提高学习的精度和泛化能力。

深度学习的典型模型包括卷积神经网络(CNN)、循环神经网络(RNN)、生成对抗网络(GAN)等。其中，CNN 主要用于对图像、视频等网格型数据的处理，通过卷积和池化等操作，提取数据的局部特征和空间关系；RNN 主要用于对序列数据的处理，通过循环连接和记忆机制，捕捉数据的时序依赖和上下文信息；GAN 通过对生成器和判别器的对抗学习，实现了数据的生成和增强，在图像生成、风格迁移等任务上表现出优异的性能。

深度学习技术的发展，极大地推动了人工智能的进步和应用。在计算机视觉、语音识别、自然语言处理等领域，深度学习已经成为主流的技术范式，不断刷新着性能的纪录。同时，深度学习也在不断拓展新的应用场景和领域，如医疗影像分析、药物发现和金融风控等，为行业赋能和创新带来了新的机遇和挑战。

案例 3-1：

商汤科技运用卷积神经网络开发的 DeepID 人脸识别系统，在公开的面部识别数据库(Labeled Faces in the Wild)基准测试中精度达到了 99.15%。该技术已广泛应用于安防、金融、零售等领域。创新创业者可以利用深度学习技术，在人机交互、智能安防、智慧医疗等领域探索更多创业机会。

3.3 自然语言处理与计算机视觉

自然语言处理(Natural Language Processing，NLP)和计算机视觉(Computer Vision，CV)是人工智能的两个重要应用方向，分别对应着人类的语言理解和视觉感知能力。

3.3.1 自然语言处理

自然语言处理旨在让计算机能够理解、生成和处理人类的自然语言，如中文、英文等。自然语言处理涉及的主要任务包括：

(1)语法分析：对语言的语法结构进行分析和刻画，如词性标注、句法分析等，以揭示语言的组成规律和结构特征。

(2)语义理解：对语言的语义内容进行理解和表示，如词义消歧、语义角色标注和语义匹配等，以揭示语言的意义和逻辑关系。

(3)文本分类：对文本的主题、情感、意图等进行分类和识别，如新闻分类、情感分析和意图识别等，以实现文本的自动归类和提取。

（4）信息抽取：从非结构化的文本数据中，抽取出结构化的信息和知识，如命名实体识别、关系抽取和事件抽取等，以实现文本的自动标注和组织。

（5）机器翻译：将一种自然语言转换为另一种自然语言，如中英文翻译、语音翻译等，以实现不同语言之间的自动转换和交流。

（6）文本生成：根据给定的主题、关键词和上下文等，自动生成连贯、流畅的文本，如新闻写作、诗歌创作和对话生成等，以实现文本的自动创作和交互，如图 3.2 所示。

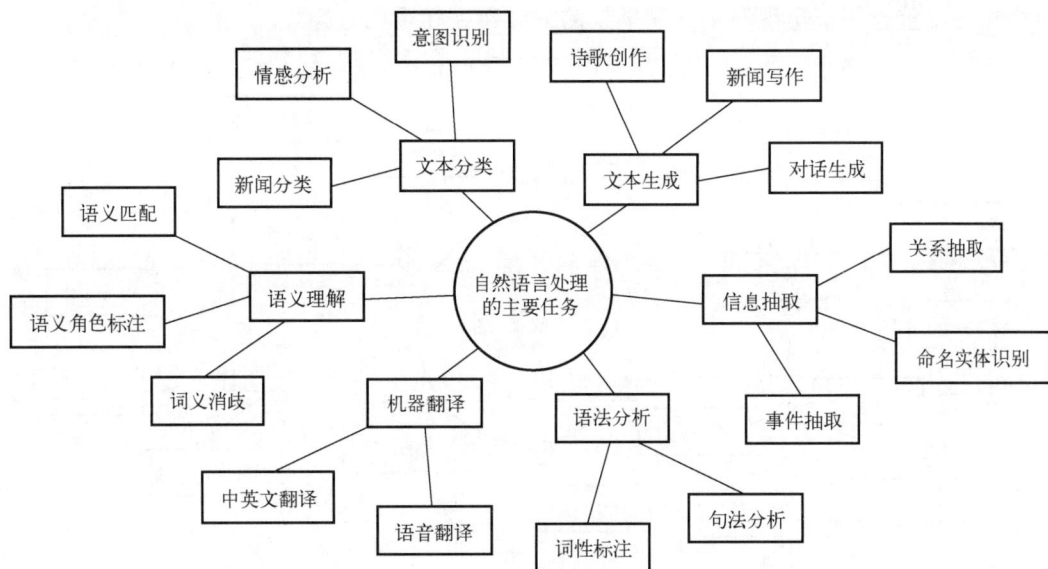

图 3.2　自然语言处理的主要任务

自然语言处理技术的发展，经历了从基于规则、统计到深度学习的演进过程。早期的自然语言处理主要采用基于规则的方法，通过人工定义语法规则和模板，对语言进行分析和处理。随着统计学习方法的兴起，自然语言处理开始引入统计模型和机器学习算法，在大规模语料库上进行训练，自动学习语言的统计规律和模式。近年来，以深度学习为代表的表示学习方法，通过构建深层次的神经网络模型，实现了语言的分布式表示和端到端学习，极大地提升了自然语言处理的性能，拓展了自然语言处理的应用范围。

3.3.2　计算机视觉

计算机视觉旨在让计算机能够从图像、视频等视觉数据中感知、理解和分析视觉信息，模拟人类的视觉感知能力。计算机视觉的主要任务如图 3.3 所示。

（1）图像分类：对图像的类别、属性等进行分类和识别，如物体识别、场景分类和属性识别等，以实现图像的自动归类和描述。

（2）目标检测：从图像中检测出计算机感兴趣的目标，并给出其位置和类别，如人脸检测、行人检测和车辆检测等，以实现图像中目标的自动定位和识别。

(3)语义分割:对图像进行像素级别的分类,将图像分割成不同的语义区域,如背景分割、道路分割和人体解析等,实现对图像的精细化理解和描述。

(4)图像生成:根据给定的条件或约束,生成逼真、多样的图像,如风格迁移、图像修复和图像增强等,实现图像的自动生成和编辑。

(5)行为识别:对视频中的人体行为进行分析和识别,如动作识别、异常行为检测和人群计数等,实现对视频内容的自动理解和监控。

(6)三维重建:从二维图像或视频中恢复场景的三维结构和形状,如单目三维重建、多视图三维重建等,实现对物体和场景的三维建模和重构。

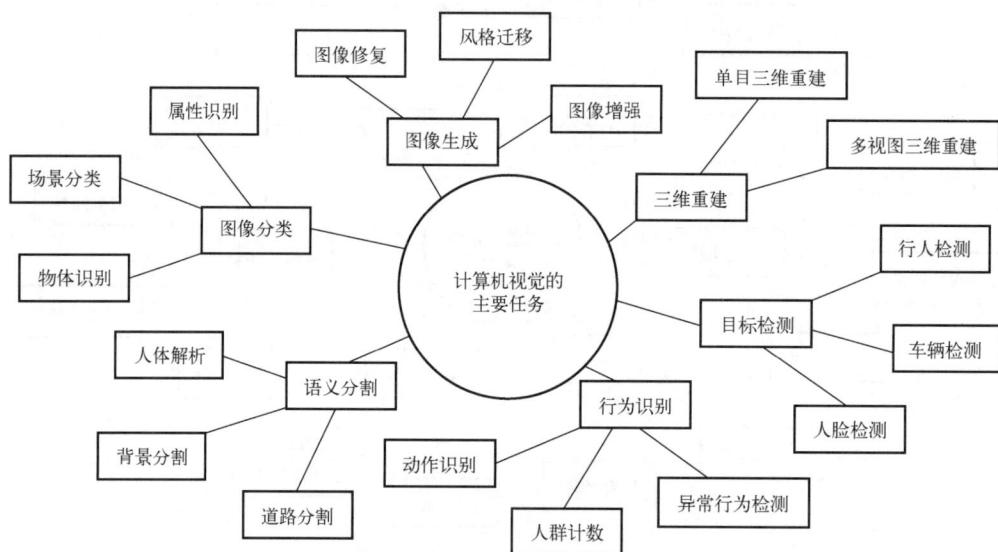

图3.3　计算机视觉的主要任务

计算机视觉技术的发展,也经历了从早期的手工特征设计到当前的以深度学习为主的演进过程。早期的计算机视觉主要采用手工设计的特征描述子和分类器,如SIFT、HOG等,对图像进行特征提取和识别。随着深度学习的兴起,卷积神经网络(Convolutional Neural Network,CNN)逐渐成为计算机视觉的主流模型,通过端到端的特征学习和分层抽象,实现了图像特征的自动提取和高层语义的表示,在图像分类、目标检测等任务上取得了突破性的进展。目前,计算机视觉正在向更加复杂、精细的场景理解和交互方向发展,如场景图生成、视觉问答和视觉导航等,推动着智能视觉系统的不断进化和应用拓展。

自然语言处理与计算机视觉是人工智能赋能行业应用的两大利器。创新创业者应关注自然语言处理与计算机视觉的前沿动态,深入理解其技术原理和应用场景,探索自然语言处理与计算机视觉在垂直行业的创新应用,推动传统行业的智能化升级。同时,创业者也要关注自然语言处理与计算机视觉在伦理、隐私、安全等方面面临的挑战,在技术创新的同时兼顾社会责任。

3.4　知识图谱与专家系统

知识图谱和专家系统是人工智能的两个重要分支，分别侧重于知识的表示组织和知识的应用决策。

3.4.1　知识图谱

知识图谱（Knowledge Mapping）是一种结构化的知识表示和组织方式，旨在将现实世界的实体、概念、属性和关系等以图的形式进行刻画和关联，构建起全面、准确、可理解的知识库。知识图谱的核心要素如下：

（1）实体：知识图谱中的基本对象，代表现实世界中的人、物、事和地等，如"北京大学""人工智能"等。

（2）关系：实体之间的语义联系，刻画实体间的各种关联和依赖，如"位于""属于""研究"等。

（3）属性：实体的内在特性和外在表现，描述实体的各种属性和特征，如"成立时间""所属领域"等。

知识图谱的构建过程通常包括知识获取、知识融合和知识推理等步骤。知识获取是指从各种结构化、半结构化和非结构化的数据源中，提取和抽取出实体、关系和属性等知识要素。知识融合是指对获取到的知识进行去重、消歧和对齐等处理，构建一致、准确、全面的知识库。知识推理是指在知识图谱的基础上，利用逻辑规则、统计模型等方法，发现隐含的知识和关联，以扩充和丰富知识图谱，如图 3.4 所示。

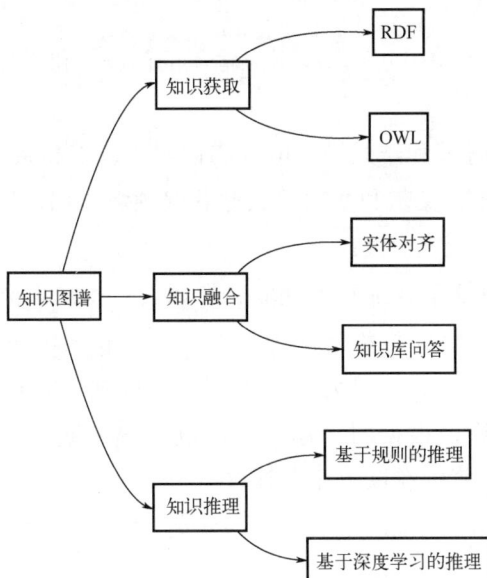

图 3.4　知识图谱构建过程

知识图谱的应用主要体现在以下几个方面：

(1)智能搜索：利用知识图谱对搜索引擎进行增强，以提供更加准确、全面和语义化的搜索结果，如实体搜索、关系搜索等。

(2)智能问答：基于知识图谱构建智能问答系统，通过语义理解和知识推理，为用户提供精准、自然的回答和解释。

(3)智能推荐：利用知识图谱刻画用户画像和物品属性，通过知识关联和推理，为用户提供个性化、多样化的推荐服务。

(4)智能决策：利用知识图谱辅助专家决策和知识管理，通过知识整合和推理，提供全面、可靠的决策支持和知识服务。

案例 3-2：

医渡云利用医疗知识图谱开发的智能医助系统，可以根据患者的症状、体征、检查结果等，自动推理出可能的疾病和治疗方案，辅助医生进行临床决策。创业者可以利用知识图谱技术，在教育、法律和金融等领域开发智能助手，提供个性化的知识服务。

3.4.2 专家系统

专家系统(Expert System)是一种基于知识和推理的智能系统，旨在通过知识表示、知识获取和知识推理等技术，模拟人类专家的经验、知识和决策能力，解决特定领域的复杂问题。专家系统的核心要素如图 3.5 所示。

(1)知识库：存储专家的领域知识和经验，包括事实、规则和策略等，是专家系统的核心组成部分。

(2)推理机：根据知识库中的知识和用户输入的问题，利用推理规则和策略，得出结论和决策。

(3)解释器：对推理过程和结果进行解释和说明，以提高系统的可理解性和可信度。

(4)知识获取：从专家、文献和数据等来源获取领域知识，并将其转化为知识库的表示形式。

专家系统的构建过程通常包括知识获取、知识表示和知识推理等步骤。知识获取是指通过与专家交互、文献分析和数据挖掘等方式，获取领域知识和经验。知识表示是指将获取到的知识转化为计算机可处理的形式，如规则、框架和语义网等。知识推理是指利用推理机和知识库，根据用户输入的问题或观测数据，得出结论和决策。

专家系统的应用主要集中在以下几个领域：

(1)医疗诊断：利用医学专家的知识和经验，辅助医生进行疾病的诊断和治疗，以提高诊疗的准确性和效率。

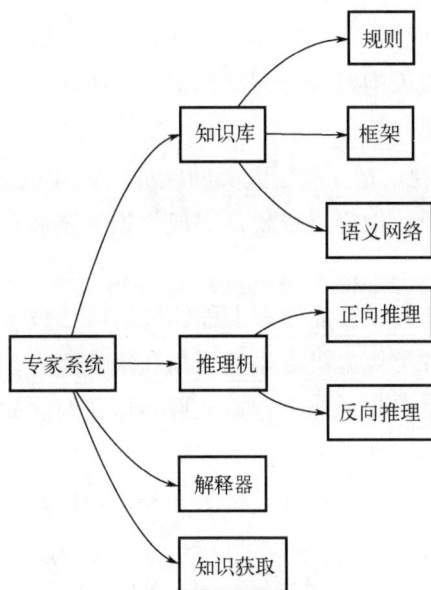

图 3.5 专家系统的核心要素

(2)工程设计：利用工程专家的知识和经验，辅助工程师进行产品设计、故障诊断和工艺优化等，以提高设计的质量和效率。

(3)金融决策：利用金融专家的知识和经验，辅助投资者进行投资决策、风险评估和资产配置等，以提高决策的科学性和收益性。

(4)法律咨询：利用法律专家的知识和经验，辅助律师进行案例分析、法律咨询和合同审核等，以提高法律服务的专业性和便捷性。

案例 3-3：

东软集团开发的 CareVault 智能医疗研究云平台，汇聚了众多医学专家的知识和经验，可以根据患者的病历资料，给出辅助诊断意见，有效提高了基层医生的诊断水平。创业者可以利用专家系统技术，在制造、能源和交通等领域开发智能运维系统，优化生产调度和故障诊断流程。

知识图谱和专家系统是人工智能知识工程领域的两个重要分支，在智能系统构建和应用中发挥着重要作用。近年来，随着大数据、深度学习等技术的发展，知识图谱和专家系统也在不断融合创新，呈现以下发展趋势。

(1)知识图谱与深度学习的结合。利用深度学习技术，从大规模文本、图像和视频等非结构化数据中自动提取知识，丰富和扩展知识图谱，同时利用知识图谱指导深度学习模型的设计和训练，提高模型的可解释性和泛化能力。

(2)知识推理与决策优化的结合。利用知识图谱和专家系统的知识推理能力，辅助智能系统进行复杂决策和优化，如智能规划、智能调度、智能控制等，以提高系统的自主性和适应性。

（3）跨领域知识融合与应用。打破不同领域的"知识孤岛"，构建跨领域、多维度和多视角的知识图谱，促进知识的融合和创新，支持跨领域智能应用的开发和部署，如智慧城市、智慧医疗和智慧教育等。

（4）人机协同与知识进化。充分利用人类的领域知识和机器的计算能力，构建人机协同的知识获取、知识推理和知识应用模式，实现知识的持续积累和进化，不断提升智能系统的性能和适应能力。

知识图谱和专家系统是人工智能知识工程领域的核心技术，通过对人类知识的提炼、表示和应用，让计算机具备类似人类专家的认知和决策能力。创新创业者应深入了解知识图谱和专家系统的技术原理和构建流程，掌握知识获取、知识表示和知识推理等关键技术，探索知识图谱和专家系统在各行业的创新应用。同时，创业者也要注重知识的持续积累和更新，建立行业知识库，提升系统的专业性和权威性。

本 章 小 结

本章系统介绍了人工智能的发展历程、机器学习与深度学习、自然语言处理与计算机视觉、知识图谱与专家系统等基础知识，帮助读者夯实人工智能领域的理论基础。人工智能正在深刻影响和重塑各行各业，创新创业者应紧跟时代步伐，用人工智能的新理念、新技术和新工具武装自己，以开放包容的心态拥抱人工智能，以敏锐前瞻的眼光洞察人工智能的发展趋势，在人工智能的浪潮中抢抓机遇、勇立潮头、引领变革。

思 考 题

1．人工智能发展历程中的三次浪潮各有哪些代表性成果？当前人工智能发展处于哪个阶段？未来发展有哪些趋势？

2．比较监督学习、无监督学习、半监督学习和强化学习的异同点，并列举各自的典型应用场景。

3．深度学习有哪些常见的网络结构？它们在计算机视觉、自然语言处理等领域有哪些代表性应用？

4．知识图谱和专家系统的核心组成部分是什么？它们在智能应用中分别扮演什么角色？

5．人工智能时代对创新创业者提出了哪些新的要求？创业者应如何提升自己的人工智能素养？

实 践 项 目

1．利用 scikit-learn 等机器学习工具包，实现垃圾邮件识别、客户流失预测等典型任务，并对比不同算法的性能。

2．利用 TensorFlow、PyTorch 等深度学习框架，搭建卷积神经网络、循环神经网络等经典模型，在 MNIST、CIFAR 等数据集上进行图像分类实验。

3．利用 NLTK、Jieba 等自然语言处理工具包，实现中文分词、词性标注和命名实体识别等任务，感受自然语言处理的基本流程。

4．利用 OpenCV 等计算机视觉库，实现人脸检测、目标跟踪等任务，以加深对计算机视觉的理解和应用。

5．尝试在某个垂直领域(如医疗、教育和金融等)构建小型知识图谱或专家系统，以强化知识工程的实践能力。

第 4 章　人工智能赋能创新创业

人工智能作为 21 世纪最具变革性的技术之一，正在深刻地改变着各行各业的运作方式，为创新创业带来前所未有的机遇。本章将深入探讨人工智能如何赋能创新创业，重点关注四个关键领域：产业升级、商业模式创新、用户体验优化和决策优化。人工智能在这些领域的应用不仅提高了效率和生产力，还催生了全新的商业模式和价值创造方式。通过融合人工智能技术，企业能够更好地理解市场需求，优化运营流程，提供个性化服务，并做出更明智的决策。这不仅有助于现有企业实现转型升级，也为新兴创业公司开辟了广阔的发展空间。

4.1　人工智能+产业升级

4.1.1　人工智能驱动产业升级的理论基础

人工智能作为一种通用目的技术（General Purpose Technology，GPT），在推动产业升级过程中发挥着关键作用。

首先，从技术创新理论的角度来看，人工智能技术被视为经济发展的核心动力之一。熊彼特的创新理论强调：技术创新是推动经济增长和全要素生产率提升的关键因素。人工智能作为 GPT，具有跨越多个行业和应用领域的能力，其技术进步不仅能够显著提高生产效率，还能推动新产品、新服务的快速出现，从而推动整体经济效益的提升。人工智能技术的应用不仅是简单的自动化，而是通过深度学习、数据分析等技术手段，实现了从数据驱动到智能驱动的转型，从而使得企业能够更加灵活地响应市场需求，快速调整生产方式和产品结构。

其次，配第–克拉克定理指出，随着经济的发展，产业结构逐步从第一产业向第二产业，再向第三产业转移。人工智能技术的广泛应用正在加快这一结构演进过程的速度。传统制造业和服务业在人工智能技术的驱动下，正向智能化、自动化方向迅速转型。人工智能技术不仅使生产工具升级，更是整个产业生态的变革推动者。例如，制造业中的智能制造系统通过人工智能算法优化生产计划和设备调度，大幅提升生产效率和质量控制水平。在服务业中，人工智能技术支持智能客服系统的实施，实现了对客户需求的实时响应和个性化服务推荐，从而提升了服务质量和客户满意度。

迈克尔·波特提出的价值链理论进一步强调了企业在价值链各环节中的表现对竞争优势的重要性。人工智能技术的广泛应用正在优化和重塑整个价值链。从供应链管理到销售再到售后服务，人工智能技术通过数据驱动的精准预测和智能决策，优化了各个环节的效率和资源利用效率。企业通过人工智能技术能够更好地理解和满足客户需求，同时通过智能化的生产过程实现成本控制和质量管理的双赢。例如，人工智能驱动的供应链管理系统通过实时数据分析和预测，帮助企业实现精准的库存管理和供应链优化，从而降低了运营成本，提高了生产效率。

数字化转型理论认为，企业通过利用数字技术重塑业务模式、运营流程和组织文化，可以实现业务的全面升级和转型。人工智能作为数字化转型的核心技术之一，不仅能够实现数据的高效利用和智能决策，还能够促进企业从传统的生产导向转向数据驱动和智能驱动的经营方式。通过人工智能技术，企业能够更加灵活地响应市场变化，快速调整策略和产品结构，从而提高企业的市场竞争力和持续创新能力。

最后，平台经济理论强调了多边市场的网络效应。人工智能技术的广泛应用不仅增强了平台的智能匹配能力和资源配置效率，还通过提供个性化、智能化的服务，扩大了平台的用户基础范围和市场影响力。例如，智能化的交通平台通过人工智能算法优化车辆调度和路线规划，提高了整体交通效率和用户出行体验。人工智能技术的应用使得平台能够更好地实现供需双方的优化匹配，推动了平台经济的发展。

综上所述，人工智能驱动的产业升级不仅仅是生产技术和模式的变革，更是对整个产业生态系统的深刻改变和重塑。人工智能技术通过其在技术创新、产业结构演进、价值链优化、数字化转型和平台经济发展等方面的作用，推动了传统产业向智能化、服务化和高效化转型。然而，人工智能技术应用过程中仍然面临诸多挑战，如数据安全性、算法透明度、人才培养等问题需要持续关注和解决。只有在各界共同努力下，才能更好地利用人工智能技术推动产业升级，实现经济效益和社会价值的双赢。

4.1.2　人工智能在各行业的应用与产业升级案例

1. 制造业：智能制造

案例　西门子的数字化工厂

西门子公司位于安贝格的电子工厂是工业 4.0 的典范，展示了人工智能技术在现代制造业中的巨大潜力。该工厂通过多方面应用人工智能技术，实现了高度自动化和智能化生产。首先，工厂采用机器学习算法分析设备运行数据，实现预测性维护，提前识别潜在故障并安排维护，有效减少了设备停机时间。其次，工厂引入了基于计算机视觉的智能质检系统，其检测产品缺陷的准确率甚至超过了人工检测。此外，工厂还实现了基于人工智能的柔性生产，通过智能生产调度系统根据订单需求快速调整生产线，满足小批量、多品种的生产需求。最后，工厂还创建了生产线的数字孪生模型，利用人工智能仿真技术持续优化生产流程。这些人工智能技术的综合应用带来了显著的成效：生产效率大幅提高，产品不良率明显降低，同时能源消耗也有效减少。西门子安贝格工厂的成功案例充分证明了人工智能技术在推动制造业转型升级中的关键作用。

2. 农业：精准农业

案例　Blue River Technology 的智能除草机器人

Blue River Technology(现已被约翰迪尔公司收购)开发了一种革命性的基于人工智能的智能除草机器人，充分展示了人工智能在农业领域的创新应用。这款机器人运用深度学习算法实现了高精度的计算机视觉，能够精确区分作物和杂草。基于这一识别能力，机器人采用精准施药策略，只对杂草喷洒除草剂，有效避免了对作物的伤害。即便在高速移动过程中，机器人也能进行实时识别和喷洒决策，体现了其强大的实时处理能力。除有除草功能，该机器人还具备数据收集功能，可以为农场管理提供有价值的决策支持。这种智能化的除草方式不仅显著减少了除草剂的使用量，大幅降低了农业生产成本和环境影响，还有效提高了作物产量，为现代农业的可持续发展提供了新的解决方案。

3. 金融业：智能金融

案例　蚂蚁金服的智能风控系统

蚂蚁金服通过运用先进的人工智能技术，成功构建了一个全面高效的智能风控体系，彰显了人工智能在金融风险管理领域的巨大潜力。该系统的核心优势在于其多维度的数据分析能力，整合了用户的交易记录、信用历史和社交网络等多方面信息。借助机器学习算法，系统能够实时评估用户的信用风险，为决策提供及时、准确的依据。在反欺诈方面，蚂蚁金服采用了包括图神经网络在内的尖端算法，有效识别和预防复杂的欺诈行为。此外，系统还具备智能贷后管理功能，通过人工智能驱动的行为分析，能够及早发现潜在风险，实现全周期的风险控制。这套智能风控体系的应用成果显著，不仅保持了较低的坏账率，更大幅提升了普惠金融的覆盖范围，为数亿小微企业和个人提供了便捷、安全的金融服务，有力推动了普惠金融的发展。

4. 医疗健康：智慧医疗

案例　IBM Watson for Oncology

IBM Watson for Oncology 是一个革命性的基于人工智能的肿瘤诊疗决策支持系统，展示了人工智能在医疗领域的强大应用潜力。该系统的核心优势在于其庞大的知识图谱，通过整合海量医学文献和临床指南，构建了一个全面而深入的医学知识网络。Watson 还具备先进的自然语言处理能力，能够有效理解和分析非结构化的医疗记录，从中提取关键信息。基于这些能力，系统可以根据患者的个体情况，提供个性化的最佳治疗方案。此外，Watson 还具有持续学习的特性，通过机器学习算法不断更新其知识库，确保始终紧跟最新的医学研究进展。在多项临床评估中，Watson 的治疗建议与顶级肿瘤专家的意见高度一致，这不仅证明了其卓越的性能，也显著提高了肿瘤诊疗的效率和质量，为精准医疗的发展提供了有力支持。

5. 零售业：新零售

案例 亚马逊 Go 无人商店

亚马逊 Go 的出现代表了零售业的一次革命性创新，展现了无人零售模式的未来方向。这一系统的核心在于其先进的人工智能技术应用。通过深度学习算法驱动的计算机视觉系统，亚马逊 Go 能够精确跟踪店内每位顾客的行为和商品的移动情况。同时，该系统巧妙地融合了摄像头、重力感应等多种传感器的数据，进一步提高了跟踪的准确性。这些技术的结合使得实时结算成为可能，顾客只需拿起商品离店，系统就能自动完成结算，彻底取消了排队付款的环节。此外，亚马逊 Go 还运用人工智能技术分析顾客的购物习惯，为顾客提供个性化的商品推荐，增强了顾客的购物体验。这种创新的零售模式不仅显著提升了顾客的购物体验，也大幅降低了商店的运营成本，为零售业的智能化转型指明了发展方向，展示了人工智能在改造传统行业中的巨大潜力。

4.1.3 人工智能驱动产业升级的关键策略

1. 数据战略

数据战略是企业数字化转型的基石，其核心在于全面、系统地管理和利用数据资产。首先，企业需要建立全面的数据采集体系，涵盖业务运营的各个环节，确保数据的完整性和获取数据的实时性，包括结构化数据(如交易记录)和非结构化数据(如客户反馈)的收集。其次，数据治理至关重要，它不仅要确保数据的质量和内容的一致性，还要保障数据的安全性和合规性，尤其是在日益严格的数据保护法规下，构建统一的数据平台是实现数据价值的关键，这个平台应当具备高效的存储、处理和分析能力，支持大数据和人工智能技术的应用。此外，培养全体员工的数据文化也同样重要，包括提高员工的数据意识，培养员工的数据分析能力，鼓励构建数据驱动的决策模式。值得注意的是，企业还应建立数据资产评估机制，定期评估数据的价值及其利用效率，并根据业务需求持续优化数据战略。同时，建立跨部门的数据协作机制，打破"数据孤岛"，实现数据的充分共享和价值最大化，对提升企业整体竞争力至关重要。

2. 人工智能人才培养

人工智能人才培养是企业在人工智能时代保持竞争力的关键战略。首先，校企合作是培养人工智能人才的重要途径，企业可以与高校建立深度合作关系，共同设计课程、为高校学生提供实习机会，甚至设立联合实验室，以培养符合企业需求的人工智能人才。其次，对现有员工进行系统的人工智能技能培训也至关重要，不仅包括技术培训，还应涵盖人工智能应用场景、伦理和法律等方面的知识培训，以全面提升员工的人工智能素养。同时，企业需要通过具有竞争力的薪酬、有挑战性的项目和良好的研发环境来吸引和保留顶尖人工智能人才。培养跨学科复合型人才是人工智能时代的必然趋势，要求人才不仅精通人工智能技术，还要深入理解业务需求和行业特性。此外，企业可以建立内部人工智能创新孵化机制，鼓励员工提出和实施人工智能创新项目，激发员工创新潜力。建立明确的人工智能人才晋升通道也很重要，这可以提高人才的归属感和长期发展动力。最后，企业还应该关注人工智能人才的全球化布局，通过建立海外研发中心或远程办公等方式，吸引全球人工智能人才为企业所用，构建多元化的人工智能人才生态系统。

3. 技术路线选择

技术路线的选择是企业人工智能战略的核心环节，需要全面考虑多种因素。首先，企业必须客观评估自身的人工智能成熟度，选择与自身当前技术能力和业务需求相匹配的人工智能技术，避免盲目追求最前沿但尚不成熟的技术。在开源与自研的选择上，企业需要权衡成本、时间、技术掌控力等因素。使用开源人工智能框架可以快速启动项目，降低初期成本，但可能面临定制化和技术依赖的挑战；自主研发则能够更好地满足特定需求，但需要投入更多的时间和资源。云人工智能服务为企业提供了一种灵活、低门槛的选择，特别适合中小企业或人工智能应用初期的大型企业，但长期使用需要考虑数据安全和成本效益。技术融合是提升人工智能应用价值的重要途径，将人工智能与IoT、区块链、5G等新兴技术结合，可以创造出更加创新的解决方案。其次，企业还应考虑人工智能技术的可解释性和伦理问题，特别是在金融、医疗等关键领域。建立技术评估和更新机制也很重要，定期评估所选技术路线的有效性，及时调整以适应技术发展和市场变化。最后，企业应该关注人工智能技术的产业化和规模化应用，将技术优势转化为实际的商业价值，这可能涉及商业模式的创新和组织架构的调整。

4. 组织变革

组织变革是企业成功实施人工智能战略的关键。首先，设立专门的人工智能部门是重要步骤，这个部门不仅负责人工智能技术的研发和应用，还应该承担起推动全公司人工智能转型的重任。然而，人工智能的真正价值在于与业务的深度融合，因此建立有效的跨部门协作机制至关重要。可以通过成立跨职能部门的人工智能项目小组，或者在各业务部门设立人工智能联络人来实现。采用敏捷方法论能够显著提高人工智能项目的执行效率，使企业能够快速响应技术变化和市场需求。文化重塑是组织变革中最具挑战性也最为关键的环节，企业需要培养鼓励创新、容忍失败的文化氛围，为人工智能实验和试错创造条件。其次，企业还应该考虑调整决策机制，将数据驱动和人工智能洞察纳入决策流程。建立人工智能伦理委员会也很重要，以确保人工智能应用符合道德和法律标准。在人才管理方面，企业需要重新设计岗位体系和薪酬体系，以适应人工智能时代的人才需求。同时，推动全员人工智能学习，提高整体的人工智能素养也是有必要的。最后，企业领导层需要树立人工智能思维，以身作则推动组织变革，并制定清晰的人工智能战略路线图，确保变革的持续性和一致性。这种全方位的组织变革将为企业在人工智能时代的持续发展奠定坚实基础。

5．生态构建

构建人工智能生态系统是企业实现长期可持续发展的战略举措。首先，深化产学研合作是获取前沿人工智能技术和人才的重要途径。企业可以与高校、研究机构建立联合实验室或赞助研究项目，甚至共同培养高层次人才，以推动基础研究和应用创新。在供应链协同方面，企业不仅要推动上下游共同应用人工智能技术，还应该建立数据共享机制，形成良性的协同创新生态。开放创新是吸引外部智慧的有效方式，除了举办人工智能创新大赛，企业还可以设立创新孵化器或加速器，为人工智能创业项目提供资金和资源支持。参与人工智能相关标准的制定对塑造行业生态至关重要，企业应积极投身国内外人工智能标准化工作中，引领技术发展方向。其次，企业还应该关注人工智能伦理和社会责任，参与制定人工智能伦理准则，推动负责任的人工智能发展。建立行业联盟也是构建生态的重要一环，通过行业联盟可以促进资源共享、技术协作和经验交流。在国际化方面，企业应该积极参与全球人工智能生态系统，如加入国际人工智能组织、参与跨国人工智能项目等。最后，企业可以考虑设立人工智能风险投资基金，投资有潜力的人工智能初创公司，既可以获得资金回报，也能够拓展企业的技术视野和业务边界。通过这些多维度的生态构建举措，企业能够在人工智能领域建立起强大的竞争优势和影响力。

6．伦理与合规

人工智能伦理与合规是企业在人工智能时代必须高度重视的关键领域，它不仅关乎企业的社会责任，也直接影响企业的长期发展和公众信任。首先，成立人工智能伦理委员会是一个重要的起点，该委员会应由跨学科专家组成，负责制定全面的人工智能应用准则，并对企业的人工智能实践进行持续监督和指导。确保算法公平性是人工智能伦理的核心议题之一，企业需要建立严格的算法审核机制，定期评估和消除人工智能模型中可能存在的偏见和歧视。在隐私保护方面，除了严格遵守《通用数据保护条例》（General Date Protection Regulation，GDPR）等数据隐私法规，企业还应采用隐私增强技术（如联邦学习、差分隐私），主动加强用户数据保护。提高人工智能决策的可解释性和透明度是建立用户信任的关键，企业应开发可解释的人工智能模型，并为用户提供查询和申诉的渠道。此外，企业还应关注人工智能系统的安全性，防范人工智能被滥用或被恶意攻击。在员工培训方面，应将人工智能伦理纳入培训必修课程，提高全员的伦理意识。企业还应积极参与行业对话和政策制定，推动形成广泛认可的人工智能伦理标准。定期进行人工智能伦理审计也很重要，以确保企业的人工智能实践始终符合伦理标准。最后，企业应该建立人工智能事故应对机制，及时处理可能出现的伦理问题，并通过透明的沟通来维护公众信任。通过这些全面的伦理与合规措施，企业能够在推动人工智能创新的同时，确保其发展道路符合社会期待和道德标准。

4.1.4　人工智能驱动产业升级的挑战与对策

1．技术挑战

随着人工智能技术的迅猛发展，企业面临着多重技术不确定性挑战。首先，人工智能技术的快速迭代使得现有的商业模式容易被颠覆。技术的更新速度超出预期，可能导致企业难以保持竞争优势。其次，人工智能应用的可靠性和稳定性仍有待提高。在实际应用中，人工智能系统可能会出现意外故障或性能波动，影响业务连续性和用户体验。最后，人工智能的局限性可能导致决策偏差。由于训练数据和算法设计的限制，人工智能可能会产生失之偏颇的决策，影响公平性和准确性。

为应对这些技术不确定性，可以采取多种策略。首先，建立技术瞭望塔，持续跟踪人工智能发展趋势。设立专门的技术观察团队，定期评估和分析最新的人工智能技术进展，帮助企业及时调整策略，保持技术领先。其次，采用稳健的人工智能架构，提高系统可靠性。通过设计容错和冗余机制，增强人工智能系统的抗风险能力，确保在各种复杂环境下的稳定运行。最后，保持人类监督，建立人工智能决策的审核机制。即使在高度自动化的场景中，也需要引入人工审核和干预机制，确保人工智能决策的合理性和公正性，避免潜在的偏差和错误。

此外，还可以通过培训和教育，提高员工对人工智能技术的理解能力和应用能力。定期开展人工智能相关的培训课程，帮助员工掌握最新的技术和工具，提高企业的整体技术能力。同时，积极参与行业联盟和标准制定，共享最佳实践和技术成果，推动人工智能技术的健康发展。通过这些综合措施，企业可以更好地应对技术不确定性，充分发挥人工智能技术的优势，实现业务的持续创新和优化。

2．数据挑战

在现代人工智能应用中，数据质量和管理面临诸多挑战。首先，数据质量参差不齐直接影响人工智能模型的效果。低质量的数据会导致模型的预测不准确，进而影响决策和业务成果。此外，"数据孤岛"问题也是一个较大的挑战。不同部门和系统之间的数据无法有效共享和整合，阻碍了全局优化和业务的全面洞察。最后，数据安全和隐私保护的压力也不容忽视。在数据量日益增长的背景下，确保数据的安全性和隐私性变得更加困难。

为应对上述挑战，可以采取以下几项对策：首先，实施严格的数据治理，提高数据质量。数据治理包括数据标准化、清洗、校验等步骤，目的是确保数据的一致性和准确性；其次，构建统一的数据中台以打破"数据孤岛"。数据中台不仅能够集中管理和调度数据资源，还能促进数据的共享和复用，提升数据的整体价值；最后，采用联邦学习等隐私保护人工智能技术，平衡数据利用和隐私保护。联邦学习通过在不交换数据的情况下进行模型训练，既能充分利用各方数据，又能有效保护数据隐私，成为一种兼顾隐私保护和数据利用的创新解决方案。

通过上述策略的实施，可以在提高数据质量、打破"数据孤岛"和保护数据隐私方面取得显著进展，从而推动人工智能技术在各个领域的广泛应用和深入发展。

3．人才挑战

在人工智能迅猛发展的背景下，人才问题成为企业面临的重要挑战。首先，人工智能人才稀缺，人才争夺异常激烈。全球范围内具备人工智能专业知识和实践经验的人才供不应求，导致企业间的竞争加剧。其次，跨学科人才匮乏，难以实现人工智能的深度应用。人工智能应用往往需要结合行业知识、统计学、计算机科学等多学科的综合能力，而这种复合型人才在市场上非常稀缺。最后，员工对人工智能的抵触情绪日益显现，担心自己的工作被人工智能替代，导致其心理压力增大和工作积极性下降。

为应对人才挑战，企业可以采取多元化的人才策略。通过内部培养和外部引进相结合的方式，建立稳定的人才供应链。在内部培养方面，企业可以设立人工智能专项培训计划，鼓励现有员工提高人工智能技能。在外部引进方面，可以通过与高校和研究机构合作，吸引优秀的人工智能人才加入企业。

同时，建立完善的人工智能培训体系是提升全员人工智能素养的重要手段。企业应定期开展与人工智能相关的培训课程和研讨会，帮助员工了解人工智能的基本概念、应用场景和最新发展。通过持续的教育和培训，员工不仅能够掌握新的技术和工具，还能更好地理解人工智能在业务中的作用，从而提升整体的技术能力和创新能力。

此外，企业应强调人工智能与人的协作，消除员工的顾虑。通过宣传人工智能作为辅助工具的角色，帮助员工理解人工智能是用来提升工作效率和创造力的，而不是取代人类工作。企业还可以通过实际案例展示人工智能与员工协作带来的积极成果，提高员工对人工智能技术的信心和接受度。建立透明的沟通机制，倾听员工的声音，及时回应他们的关切，也有助于缓解员工的抵触情绪。

最后，企业可以设立跨学科的项目团队，促进不同领域专家的协作，共同推动人工智能技术的深度应用。通过这种跨学科的合作模式，企业可以更好地将人工智能技术与具体业务需求结合，开发出具有实际价值的人工智能解决方案。积极参与行业论坛和技术交流活动，分享经验和学习最佳实践成果，也是提升企业人工智能能力的有效途径。

通过上述综合措施，企业可以有效应对人工智能人才挑战，推动人工智能技术在业务中的深入应用，促进更高效、更创新的业务发展。

4．组织挑战

在人工智能驱动的敏捷创新环境下，企业传统组织结构面临多重挑战。首先，传统的层级化组织结构难以适应快速变化和高度创新的人工智能项目需求。这样的结构通常导致决策缓慢，无法快速响应市场变化和技术进步。其次，人工智能项目通常需要大量投资且周期较长，其投资回报率（Return on Investment，ROI）难以量化和预测。这种不确定性使得管理层在决策时更加谨慎，可能阻碍人工智能项目的推进。最后，部门间协作不充分严重影响了人工智能技术的全面应用。各部门之间的信息壁垒和利益冲突导致资源难以整合，无法充分发挥人工智能的潜力。

为应对这些组织挑战，企业可以采取多方面的策略。首先，推动组织扁平化管理，建立跨功能人工智能项目团队。扁平化的组织结构能够缩短决策链条，提高反应速度和创新能力。跨功能团队可以集结不同部门的专业人才，共同负责人工智能项目的开发和实施，从而提升项目的效率，增强项目的效果。

其次，建立科学的人工智能投资评估体系是应对人工智能项目投资挑战的关键。企业应研发一套完善的评估标准和方法，综合考虑人工智能项目的成本、风险、收益及长期战略价值。通过量化分析和模型预测，帮助管理层更好地理解和评估人工智能项目的潜在回报，以做出更明智的投资决策。此外，定期对人工智能项目进行评估和审查，根据项目进展和市场变化调整投资策略，以确保资源的高效利用。

再次，为增强部门间的协作，企业可以设立首席人工智能官（Chief Artificial Intelligence Officer，CAIO）这一职位。CAIO 负责统筹协调全公司的人工智能战略，确保各部门在人工智能项目中的协同工作和资源共享。CAIO 可以通过建立统一的人工智能平台和标准，促进数据和技术的共享与整合，推动人工智能技术在各业务单元的全面应用。此外，CAIO 还应负责推动人工智能相关的文化变革，培养全员的人工智能思维，营造支持创新和协作的组织氛围。

最后，为进一步优化组织结构，企业还可以通过定期开展人工智能创新竞赛和工作坊，激发员工的创造力和参与热情。通过这些活动，员工不仅能展示自己的人工智能项目和想法，还能相互学习和交流，促进跨部门的协作和知识共享。同时，企业应加强对人工智能项目的监督和管理，确保项目按照既定目标和计划推进，及时解决项目中遇到的各种问题。

通过实施上述策略，企业可以更好地应对组织挑战，推动人工智能技术在业务中的深入应用，提升整体的创新能力和竞争优势。

5. 伦理与法律挑战

在人工智能技术广泛应用的过程中，伦理和法律问题逐渐凸显。首先，人工智能决策的公平性和透明度受到大众质疑。由于人工智能算法复杂且不易解释，许多用户和利益相关者担心人工智能在决策过程中可能存在偏见和歧视。其次，人工智能应用可能带来就业结构的变化，导致部分岗位被取代，引发社会对就业和收入不平等的担忧。最后，人工智能相关法律法规的不完善增加了企业的合规风险。当前的法律体系尚未完全跟上人工智能技术发展的步伐，企业在人工智能应用中面临诸多法律和伦理困境。

为应对这些伦理和法律挑战，企业可以采取以下对策：开发可解释的人工智能系统，提高算法的透明度和可解释性。通过使用透明的算法和模型，企业可以向用户和监管机构清晰展示人工智能决策的依据，增强信任和接受度。企业应加强对人工智能系统的监控和审核，确保其在运行中的公平性和公正性，避免潜在的偏见和歧视。

人工智能技术的应用虽然可能导致某些岗位的消失，但也会创造新的就业机会。为帮助员工适应人工智能时代的变革，企业应加强员工的再培训和技能提升。通过提供有针对性的培训课程和职业发展计划，帮助员工掌握新技术和新技能，转型为适应未来需求的多技能人才。此外，企业应积极探索人工智能与人力资源的最佳结合方式，推动人机协作，提升整体工作效率和创造力。

面对人工智能相关法律法规的不完善问题，企业需要积极参与人工智能治理对话，推动行业自律。通过参与行业协会、标准制定和政策讨论，企业可以为完善人工智能法律法规贡献力量，推动形成更加健全的法规体系。与此同时，企业应自觉遵守现有的法律法规和道德规范，建立内部合规机制，确保人工智能应用的合法合规。

为进一步应对伦理与法律挑战，企业还可以设立专门的伦理委员会或顾问团队，负责评估和监督人工智能项目的伦理和法律风险。通过引入外部专家和多方利益相关者的意见，确保人工智能项目在设计和实施过程中充分考虑伦理和法律因素。此外，企业应定期发布人工智能伦理报告，公开人工智能系统的性能、影响和改进措施，增强透明度和社会责任感。

通过实施这些综合措施，企业可以更好地应对人工智能技术带来的伦理和法律挑战，推动人工智能技术的健康发展和广泛应用。

6. 产业生态挑战

在人工智能技术迅速发展的过程中，整个产业生态面临着诸多挑战。首先，人工智能应用需要产业链各环节的协同合作，单个企业难以独自推动整个产业的发展和升级。没有产业链的协同，人工智能技术很难在实际应用中发挥其最大效益。其次，中小企业在人工智能应用能力上普遍不足，这不仅限制了它们自身的发展，也影响了整个产业的整体升级。最后，人工智能标准体系不健全阻碍了技术的推广和普及。缺乏统一的标准和规范，导致各类人工智能技术和产品难以互通，制约了产业的整体进步。

为应对这些产业生态挑战，可以采取以下对策：构建人工智能产业联盟，推动产业链的协同创新。通过建立产业联盟，企业可以加强与上下游合作伙伴的协作，共同开发和推广人工智能技术和应用，形成合力，实现共赢。产业联盟还可以推动标准化建设，促进技术的互通和共享，提升整体竞争力。

为帮助中小企业提升人工智能应用能力，发展人工智能公共服务平台是关键。通过构建集数据、算法、算力于一体的公共服务平台，中小企业可以低成本、高效率地获取人工智能资源和服务，从而降低技术门槛，推动人工智能技术的应用和创新。这种共享平台不仅可以提供技术支持，还可以通过培训和咨询服务，提升中小企业的技术水平和创新能力。

参与人工智能标准制定也是推动标准体系完善的重要途径。企业应积极参与国际和国内人工智能标准的制定过程，贡献自身的技术经验和应用实践，推动形成统一的标准体系。通过参与标准制定，企业不仅可以推动行业规范化发展，还能提升自身在行业中的话语权和影响力。同时，标准的制定和推广可以加速技术的普及和应用，推动整个产业的健康发展。

为进一步促进产业生态的发展，还可以采取以下深化措施：首先，政府和行业协会应加大对人工智能产业的政策支持和资金投入，鼓励企业参与产业链协同和标准化建设。其次，定期举办人工智能技术和产业应用的研讨会和展览，促进企业间的交流与合作，分享成功经验和最佳实践。最后，建立创新孵化器和加速器，支持初创企业和中小企业在人工智能领域的创新发展，形成良性的产业生态系统。

通过实施这些综合措施，企业和行业可以更好地应对产业生态挑战，推动人工智能技术的广泛应用和产业的整体升级，实现更高水平的创新和发展。

4.2　人工智能+商业模式创新

4.2.1　人工智能驱动商业模式创新的理论基础

人工智能在驱动商业模式创新方面发挥着越来越重要的作用。商业模式创新是企业保持竞争优势和适应快速变化市场环境的关键，而人工智能技术的迅猛发展为创新提供了新的可能性和动力。首先，亚历山大·奥斯特瓦德（Alexander Osterwalder）的商业模式画布理论提供了一个全面的框架，包括客户细分、价值主张、渠道、客户关系、收入来源、核心资源、关键业务、重要合作和成本结构九个要素。人工智能能够在每个要素中带来创新，如通过精准的客户画像和细分，人工智能使得企业能够更好地理解客户需求并提供个性化的产品和服务。人工智能还能优化全渠道营销策略，通过智能客服和个性化推荐改善客户关系，实现动态定价和新型收入模式以优化收入来源结构。此外，人工智能的算法和数据成为核心资源，智能化的业务流程和构建人工智能生态合作网络也在不断推动关键业务和重要合作的创新。

其次，克里斯·安德森（Chris Anderson）的长尾理论进一步强调了在数字经济时代，小众市场的潜力。人工智能技术有效地增强了长尾效应，通过个性化推荐算法精准匹配用户与长尾产品，同时结合 3D 打印等技术降低小批量生产成本，实现长尾市场的精准营销和动态定价，从而获得最大化收益。此外，人工智能还增强了平台战略理论的应用，平台的网络效应得到进一步提升，包括提高供需双方的匹配效率、优化定价策略、增强平台安全性和可信度，以及提供个性化、智能化的用户界面，从而增强平台的价值创造能力。

　　在亨利·切萨布鲁夫(Henry Chesbrough)的开放创新理论下，人工智能时代的开放创新呈现新的特征。企业通过开放人工智能应用程序接口(API)促进创新生态建设，利用"众包"和"众智"平台汇聚全球智慧，促进数据共享与创新，同时与科研机构联合开展人工智能研发。共享经济理论在人工智能时代也得到了新的发展动力，人工智能算法提高了闲置资源的利用效率，建立基于人工智能的信用评估机制增强了平台的可信度，实现实时优化供需匹配和提升共享资源的运营效率。

　　综上所述，人工智能在商业模式创新中的理论基础包含多个关键理论：商业模式画布理论、长尾理论、平台战略理论、开放创新理论和共享经济理论。这些理论不仅能帮助企业理解和应对市场变化，还能指导企业利用人工智能技术创造更加智能化、个性化和高效的商业模式，从而在竞争激烈的市场中保持领先地位。然而，随着人工智能技术的应用，企业面临的挑战也不容忽视，如数据隐私保护、算法透明度、人机协作、伦理和法律责任等问题需要企业和社会各界共同努力解决，以确保人工智能的发展能够与人类的长远利益相一致。

　　基于这些理论基础，我们可以将人工智能驱动的商业模式创新概括为以下几个方向：一是通过利用人工智能提供极致个性化的产品和服务，企业可以实现个性化服务模式。二是构建基于人工智能的多边平台，强化网络效应，形成智能平台模式。三是将数据价值转化为核心竞争力，推动数据驱动模式的实施。此外，围绕人工智能构建开放创新生态系统，形成生态系统模式。利用人工智能实现需求的即时满足，则发展出即时服务模式。通过基于人工智能预测主动提供服务，可以实现预测性商业模式。四是通过人工智能实现业务流程的自动化和智能化，企业可以实施自动化运营模式。这些方向共同推动了人工智能在商业模式创新中的深度应用和广泛影响。

4.2.2　人工智能驱动的商业模式创新案例

1．个性化服务模式：美国奈飞公司(Netflix)的人工智能推荐系统

　　Netflix 利用人工智能技术构建了强大的个性化推荐系统，通过多种方法提升用户体验和观看量。Netflix 使用深度学习算法分析用户的观看行为，从中提取观影偏好。人工智能技术自动分析视频内容，提取出特征标签，从而能够更准确地匹配用户兴趣。此外，Netflix 的界面设计也是动态的，会根据用户的偏好实时调整显示内容，使用户能够更方便地找到感兴趣的视频。为确保推荐系统的精确性和有效性，Netflix 还通过 A/B 测试持续优化推荐算法。这种个性化推荐系统带来了显著的成果，约 75% 的观看量来自推荐系统，显示出个性化推荐在提升用户满意度和平台使用率方面的巨大价值。这一模式不仅展示了人工智能技术在个性化服务中的潜力，还为其他企业提供了借鉴，即如何利用人工智能来深度理解和满足用户需求。

2．智能平台模式：美国的科技公司 Uber 的动态定价系统

Uber 利用人工智能技术研发了高效的动态定价系统，通过多种方式优化平台运营。首先，Uber 使用机器学习算法预测不同时间和地点的用车需求，确保在高峰期有足够的车辆供给。其次，实时分析可用车辆的分布情况，了解当前市场的供给状况。基于这些数据，Uber 的动态定价系统能够根据实时的供需关系自动调整价格，确保价格反映市场的真实情况。此外，通过价格信号引导司机前往高需求区域，Uber 有效地平衡了供需关系，提高了车辆的利用率。这个动态定价系统不仅提高了平台的运营效率，还优化了供需匹配，最终增加了司机收入和平台收益。这一智能平台模式展示了人工智能技术在实时数据分析和市场调控中的应用潜力，为其他企业提供了宝贵的经验，帮助企业通过技术手段提升服务质量和运营效益。

3．数据驱动模式：农业科技公司 Indigo 的数据平台

Indigo 构建了基于人工智能的农业数据平台，通过多种先进技术提升农业生产效率和可持续性。首先，Indigo 利用计算机视觉技术分析卫星图像，详细了解农田状况，识别出潜在的问题和优化空间。其次，平台通过气象数据建模，预测局部天气变化对农作物的影响，帮助农民提前应对天气风险。此外，Indigo 基于历史数据预测不同品种作物的产量，为农民提供科学的种植决策支持。最后，平台还为农民提供个性化的种植和管理建议，帮助他们优化农作物种植和管理方法。这些数据驱动的措施不仅帮助农民提高了作物产量，还显著降低了种植成本和农药使用量，推动了农业的可持续发展。Indigo 的农业数据平台展示了人工智能技术在传统农业中的巨大潜力，为农业生产提供了高效、精准的解决方案，创造了一个可持续发展的商业模式。

4．生态系统模式：美国跨国科技企业 Google 的人工智能开放平台

Google 通过开放人工智能能力构建了一个强大的生态系统，涵盖硬件到软件、基础研究到应用开发的完整链条。首先，Google 推出了开源深度学习框架 TensorFlow，吸引了全球开发者的参与，推动了人工智能技术的广泛应用和创新。其次，Google 提供 Cloud 人工智能云端服务，大大降低了企业使用人工智能技术的门槛，使各种规模的企业都能轻松接入先进的人工智能功能。此外，Google 推出了 TPU 等人工智能专用芯片，提供高效的端到端人工智能解决方案，满足不同应用场景的需求。最后，Google 通过发布前沿人工智能研究成果，推动学术界的交流与合作，进一步巩固其在人工智能领域的领导地位。这一生态系统模式不仅加速了人工智能技术的发展和普及，也为全球开发者和企业提供了强大的支持，巩固了 Google 在人工智能领域的领导地位。

5．即时服务模式：亚马逊的预测性物流

亚马逊利用人工智能技术实现了高效的预测性物流，大幅提升了运营效率和客户满意度。通过分析历史数据和实时趋势，亚马逊能够精准预测产品需求，从而优化库

存分配，确保热门商品始终有货。人工智能算法还用于优化配送路线，保证配送速度和效率。更为先进的是，亚马逊的预测性装箱技术使得其在顾客下单前就开始准备包裹，加速了订单处理过程。这一系列人工智能驱动的措施显著缩短了配送时间，提高了客户的购物体验，同时优化了库存管理，降低了运营成本。这种即时服务模式不仅增强了亚马逊预测性物流的市场竞争力，还为其他企业提供了范例，展示了如何利用人工智能技术实现物流管理的革新和提升。

6. 预测性商业模式：罗尔斯·罗伊斯（Rolls-Royce）公司的发动机即服务

罗尔斯·罗伊斯公司利用人工智能技术成功转型为"发动机即服务"模式，实现了商业模式的创新与优化。该公司通过传感器数据分析实时监控发动机状态，确保每个发动机的运行情况都在掌控之中。利用预测性维护技术，罗尔斯·罗伊斯公司能够预测并预防可能发生的故障，避免意外停机。基于数据分析，罗尔斯·罗伊斯公司还不断优化发动机性能，提升其运行效率。同时，客户根据发动机的使用时间付费，实现了按使用付费的灵活商业模式。这一转变不仅使罗尔斯·罗伊斯公司从单纯的产品销售转变为全生命周期的服务供给者，创造了持续的收入流，还大幅提高了客户满意度，确保客户能够以最佳状态使用发动机。这种预测性商业模式不仅增强了公司的市场竞争力，也为其他行业提供了有益的借鉴。

7. 自动化运营模式：英国在线超市 Ocado 的机器人仓储系统

Ocado 开发了高度自动化的仓储系统，利用人工智能技术实现了显著的运营优化。数千个机器人在仓库中协同工作，通过人工智能算法实时优化路径和任务分配，确保每个机器人高效运作。系统还通过预测性维护技术监控机器人状态，提前预测和预防可能发生的故障，避免监控过程中断。自适应学习功能使系统能够不断学习和优化运作效率，提高整体效能。结果，这一高度自动化的仓储系统大幅提高了订单处理速度和准确性，显著降低了人工成本。此外，Ocado 通过这一技术创新赢得了技术许可收入，进一步增强了其市场竞争力。这个自动化运营模式展示了人工智能在仓储和物流中的巨大潜力，为其他企业提供了宝贵的经验和借鉴。

4.2.3　人工智能驱动商业模式创新的关键策略

1. 数据战略

在当今数字化和智能化的时代，数据战略对企业的重要性愈发凸显。企业面临的首要挑战是构建一个完整的数据生态，这需要整合内部各个部门的数据，并引入外部数据源，以形成一个全面、多维的数据池。通过这种整合，企业能够更好地理解市场趋势、客户需求和业务运营状态，为未来的决策提供坚实的数据基础。人工智能技术的深度挖掘是数据战略的核心，它能帮助企业从海量数据中提炼出有价值的信息和见解，支持业务的优化和创新。随着数据价值的挖掘，企业需要探索数据货币化的新模式，在将数据转化为商业价值的同时，也要平衡数据使用中遇到的伦理和法律问题，确保数据的合法性和隐私保护。

2．技术融合

技术融合是实现企业数字化转型和创新的重要途径。人工智能与物联网的结合可以实现智能感知和控制，提升设备和系统的自动化能力。人工智能与区块链技术的整合能够增强数据的可信度，为数据交换和安全建立新的信任机制。利用 5G 的低延迟特性，人工智能应用可以实现更快速、更实时的响应和服务。而人工智能与增强现实（Augmented Reality，AR）/虚拟现实（Virtual Reality，VR）的结合，则可以创造沉浸式的智能体验，扩展企业的产品和服务边界，提升用户体验和互动性。

3．用户中心设计

用户体验和用户参与是企业数字化转型的关键要素之一。通过利用人工智能技术建立多维度、动态的用户画像，企业能更准确地理解用户需求和行为模式，从而提供个性化的产品和服务。情感计算的引入则使得企业能够更加细致地理解和响应用户的情感和需求，为用户提供更加人性化和情感化的服务体验。同时，通过鼓励用户参与产品设计和改进，企业能够与用户建立更紧密的互动关系，确保产品的持续优化和用户满意度的提升。

4．平台思维

平台思维是推动企业创新和业务扩展的重要策略。建立双边市场，利用人工智能提高供需双方的匹配效率，可以有效促进交易和资源的优化配置。通过构建基于数据的网络效应，企业能够扩展其影响力和市场份额，形成持续增长的动力。开放接口（API）的使用可以吸引更多开发者参与，共同创造新的应用和服务。跨界融合则能够促进不同行业、领域之间的数据和服务整合，创造新的商业价值和市场机会。

5．生态系统构建

在全球化和数字化进程加速的背景下，生态系统的建设对企业来说至关重要。推动产业链上下游企业共同应用人工智能技术，促进跨行业合作，以及与高校、研究机构建立深度合作，都是构建强大生态系统的关键步骤。同时，制定国际化战略，参与全球人工智能创新网络活动，能够为企业在全球范围内影响力和竞争力的增强提供支持。

6．敏捷创新

敏捷创新是企业适应快速变化和不确定性环境的关键策略。采用最小可行产品（Minimum Viable Product，MVP）快速验证人工智能创新概念，通过 A/B 测试持续优化人工智能模型和应用效果，以及利用持续集成/持续部署（Continuous Integration，CI/Continuous Deployment，CD）加速人工智能应用的迭代更新，都能够有效提升企业的创新速度和市场响应能力。建立创新文化，鼓励试错和创新，并建立容错机制，能够激发员工的创造力和积极性，推动企业持续创新和发展。

7. 人机协作

人机协作是实现企业智能化和可持续发展的重要路径。明确人工智能与人类各自的优势，实现优势互补，能够最大化发挥人类的创造力和智慧，同时利用人工智能技术提升员工的工作效率和决策能力。创造与人工智能相关的新型就业岗位，建立员工终身学习和技能提升机制，不仅有助于应对技术变革带来的就业结构变化，还能够为员工提供持续发展的机会和动力。

综上所述，企业在面对数字化转型和人工智能技术快速发展的挑战时，通过有效的数据战略、技术融合、用户中心设计、平台思维、生态系统构建、敏捷创新和人机协作等策略，能够更好地实现业务创新、市场扩展和可持续发展。这些策略不仅能够提升企业的竞争力和市场地位，还能够为社会经济的可持续发展做出积极贡献。

4.2.4　人工智能驱动商业模式创新的挑战与对策

人工智能驱动商业模式创新面临以下挑战。

（1）技术不确定性。在人工智能快速发展的时代，企业面临着技术不确定性带来的多重挑战。首先，人工智能技术的快速迭代使得传统商业模式面临颠覆风险，企业需要建立敏捷的响应机制，不断调整和优化商业策略以适应新的市场变化。其次，人工智能应用的可靠性和稳定性仍然是一个亟待解决的问题，尤其是在关键应用领域（如金融和医疗中），系统的稳定性对业务的持续性至关重要。因此，建立稳健的人工智能架构和持续的技术监控机制尤为重要。最后，人工智能技术本身的局限性可能导致决策偏差，尤其是在复杂情境下，人类的直觉和判断力仍然不可缺少。因此，保持人类监督和建立人工智能决策的审核机制是确保人工智能应用正常运行和决策合理性的关键。

（2）数据挑战。数据作为人工智能的关键驱动力之一，面临着多重挑战。首先，随着数据获取难度的增加和数据成本的上升，企业需要多元化数据获取渠道，重视积累一手数据。其次，数据质量的参差不齐直接影响到人工智能模型的效果和预测能力，因此建立严格的数据治理体系和加强数据质量管理至关重要。同时，数据隐私和安全问题日益突出，企业需要采用隐私计算、联邦学习等技术保护用户数据隐私，建立起用户信任和企业合规的双重保障机制。

（3）伦理与法律风险。人工智能的广泛应用不仅带来了技术上的挑战，也引发了伦理和法律层面的关注。首先，人工智能决策的公平性和透明度成为社会关注的焦点，企业需要建立人工智能伦理委员会，制定人工智能应用的伦理准则，确保决策的公正性和透明性。其次，人工智能应用可能带来新的伦理困境，如何在技术创新和伦理原则之间找到平衡成为企业必须面对的挑战。最后，人工智能相关的法律法规尚不完善，企业面临着合规风险，需要积极参与人工智能治理对话，推动行业自律，同时积极配合政府构建更加完善的法律框架。

(4)商业模式转型阵痛。人工智能技术的广泛应用促使传统企业不得不面对商业模式转型的挑战。首先，传统业务与人工智能创新之间存在冲突，企业需要采用双模式运营策略，平衡传统业务的稳定性和人工智能创新业务的发展潜力。其次，组织结构和流程的调整难以适应人工智能驱动的新模式，因此，推动组织敏捷转型，并建立跨功能的人工智能创新团队成为关键。最后，员工对人工智能的抵触情绪可能成为阻碍企业数字化转型的重要因素，企业要加强内部沟通，消除员工对人工智能的误解，提升员工参与度和接受程度至关重要。

(5)投资回报难以量化。人工智能项目的投资回报问题是企业在推动数字化转型过程中的一大挑战。首先，人工智能项目的前期投入较大，回报周期较长，这对企业的财务健康和战略规划形成了严峻考验。其次，人工智能创新的价值难以用传统指标衡量，企业需要开发新型的评估指标，全面衡量人工智能创新带来的多维度价值。最后，创新失败的风险较高，因此，要采用精益创新方法控制试错成本，减少项目失败的影响。

(6)人才缺口。人工智能人才的供给不足是制约企业数字化转型和创新发展的关键因素之一。首先，人工智能人才的稀缺性导致企业在招聘和留用上面临激烈竞争，需要制定多元化的人才策略，结合培养和引进，确保人才队伍的稳定性和多样性。其次，跨学科人才的匮乏使得企业在人工智能深度应用上面临技术瓶颈，因此加强产学合作，定向培养人工智能应用型人才尤为重要。最后，建立全员人工智能培训体系，提升员工的人工智能素养和应对能力，是企业应对人才挑战的长远解决方案。

(7)用户接受度。用户接受度是企业推广人工智能技术和服务的重要考量因素。首先，用户对人工智能的信任度不足可能导致其对人工智能服务的抵触，因此，增强人工智能系统的可解释性和透明度，能够有效提升用户的信任程度。其次，优化用户界面，降低人工智能服务的使用门槛，能够有效提升用户体验和满意度。同时，采用隐私增强技术，保护用户数据安全，是企业赢得用户信任和市场竞争力的重要策略。最后，通过加强用户教育，提升用户对人工智能技术的认知和接受度，能够有效促进市场的普及和应用推广。

(8)生态系统挑战。人工智能应用的复杂性要求多方协作和资源共享，这对企业构建强大的生态系统提出了新的挑战。首先，企业需要构建开放的人工智能创新生态，促进资源共享和能力互补，实现生态系统内部和外部的协同发展。其次，中小企业在人工智能应用能力上的不足，影响了整个产业链的转型和升级，因此发展人工智能公共服务平台，为中小企业提供技术赋能是必不可少的。最后，积极参与人工智能标准的制定和推广，能够促进人工智能技术的普及和互操作性，推动整个行业的健康发展。

(9)全球竞争压力。在全球化和数字化浪潮下，全球人工智能竞争日益激烈，企业面临着来自全球的技术挑战和竞争压力。首先，技术差距可能扩大，对企业的创新竞争力提出了更高的要求。其次，全球关键资源如数据和算力的不均衡分布，使得企业在全球市场上的竞争地位充满不确定性。最后，地缘政治因素对人工智能技术的获取和应用可能带来新的挑战，企业需要在复杂的全球环境中保持灵活的应对能力。

为应对这些挑战，企业需要制定全面的战略和具体的对策。

(1) 制定全面的战略。在面对技术不确定性时，企业应建立技术"瞭望塔"，定期跟踪和评估人工智能发展趋势，以及竞争对手的创新动态。这有助于企业及时调整战略，应对快速变化的市场环境。此外，采用稳健的人工智能架构和持续的技术监控机制，是确保系统可靠性和稳定性的关键措施。在人才方面，企业可以通过建立多元化的人才战略，结合内部培训和外部引进，应对人工智能人才短缺问题，以确保技术应用的顺利推进。最后，加强国际合作，积极参与全球人工智能创新网络和国际标准制定，是企业应对全球竞争压力和地缘政治风险的重要策略。

(2) 采取具体的对策。在数据挑战方面，企业打通多元化数据获取渠道，注重数据质量管理，建立严格的数据治理体系和隐私保护机制，确保数据的安全性和可信度。在伦理与法律风险方面，建立人工智能伦理委员会，制定人工智能应用的伦理准则，增强人工智能决策的透明度和公正性，同时积极参与人工智能治理对话，推动行业自律和法律法规的完善。在商业模式转型挑战方面，企业可以采用双模式运营策略，推动组织的敏捷转型，加强内部沟通和员工教育，消除员工对人工智能的误解，有效推进数字化转型进程。在投资回报难以量化方面，建立全面的人工智能投资组合，平衡短期和长期项目，开发新型评估指标，以科学的方法评估和控制人工智能创新带来的风险与收益。在用户接受度方面，通过增强人工智能系统的可解释性和用户界面的优化，提升用户对人工智能技术的信任和接受度，采用隐私增强技术保护用户数据安全，提高用户体验和满意度。在生态系统挑战方面，构建开放的人工智能创新生态，促进资源共享和合作，发展人工智能公共服务平台支持中小企业的技术应用，参与人工智能标准制定，推动技术在全球范围内的互操作性和应用扩展。在全球竞争压力方面，制定国际化战略，积极参与全球人工智能创新网络和国际合作，关注自主创新和技术保护，应对全球化带来的挑战和机遇。

综上所述，面对复杂多变的人工智能时代挑战，企业需要在技术、数据、伦理、商业模式、投资、人才、用户和生态系统等多个方面综合施策，不断优化管理模式和应对策略，以实现在全球竞争中的企业地位持续领先和经济稳定增长。

4.3 人工智能+用户体验优化

4.3.1 人工智能驱动用户体验优化的理论基础

在人工智能时代，用户体验(User Experience，UX)的优化不再局限于传统的设计理论，而是融合了先进的人工智能技术，为用户提供更加智能化、个性化和沉浸式的体验。通过以下几个理论来探讨人工智能驱动的用户体验优化。

1. 用户中心设计理论

用户中心设计理论由唐纳德·诺曼（Donald Norman）提出，强调设计过程应以用户需求和体验为中心。人工智能技术在这一理论框架下发挥了重要作用，通过分析大数据深入理解用户需求，快速生成和测试设计原型，提高了可用性测试的效率和准确性，并基于实时用户画像实现了个性化设计。这些技术支持帮助企业更精确地满足用户期望，优化产品和服务的设计和交互体验。

2. 情感设计理论

唐纳德·诺曼提出的情感设计理论强调设计应该唤起用户的积极情感。人工智能技术通过计算机视觉和语音分析，实现情感识别并动态调整界面和交互方式，预测用户对设计的情感反应，并创造具有情感交互能力的人工智能助手。这些技术不仅提升了用户的情感体验，也增强了用户与产品之间的情感连接，促进了用户的长期忠诚度和满意度。

3. 认知负荷理论

约翰·斯威勒（John Sweller）的认知负荷理论关注如何降低用户的认知负担。人工智能通过智能信息过滤减少信息过载，自适应界面根据用户熟悉度调整复杂度，提供上下文相关的帮助和预测性交互，从而简化用户的操作步骤，优化用户的使用体验。这些技术使得用户可以更轻松地接受复杂的产品和服务，提高了用户的效率和满意度。

4. 心流理论

米哈里·希斯赞特米哈伊（Mihaly Csikszentmihalyi）提出的心流理论强调用户在沉浸式体验中获得满足感。人工智能通过动态难度调整、智能引导、实时反馈和沉浸式体验技术（如AR/VR）创造流畅的用户体验。这些技术不仅提高了用户的参与感和投入度，也增强了用户在使用过程中的愉悦感和成就感，从而增加了用户的使用频率和持续参与度。

5. 服务设计理论

服务设计理论关注用户在整个服务过程中的全面体验。人工智能技术通过实现全渠道体验、预测性服务、实时个性化和智能客服等手段，优化了端到端的服务流程，提升了服务的质量和效率，增强了用户与品牌之间的互动和信任。这些技术不仅能够使企业更好地满足用户的需求，也为用户提供了更加便捷和个性化的服务体验。

6. 普适计算理论

马克·维瑟（Mark Weiser）的普适计算理论探索了智能环境中的无缝互联和自然交互。人工智能通过环境感知、自然交互方式的支持、智能信息推送和设备间的智能协作，实现了用户与环境之间更加紧密和无缝的连接。这些技术不仅提升了用户的使用便捷性和体验连贯性，还创造了全新的智能化生活方式和工作方式。

综上所述，人工智能驱动的用户体验优化在多个理论框架下展现了其强大的应用潜力和广泛的影响力。未来，随着人工智能技术的不断进步和应用场景的扩展，企业将更好地通过智能化和个性化的设计，提升用户的参与度、满意度和品牌忠诚度，从而赢得市场竞争优势。

4.3.2　人工智能驱动的用户体验优化案例

1．超个性化：Spotify 的人工智能推荐系统

Spotify 作为一个音乐流媒体平台，利用其先进的人工智能推荐系统，为用户提供了极致个性化的音乐体验。通过协同过滤分析用户的听歌行为和偏好，Spotify 能够找到相似用户群体，为用户推荐他们可能喜欢的音乐。同时，通过深度学习技术对音乐特征进行分析，结合情境感知功能（如时间、地点、活动等），动态调整推荐内容，使用户能够在熟悉的音乐和新发现之间找到平衡。这一智能化的个性体验极大地提高了用户的满意度和留存率，成为 Spotify 在竞争激烈的音乐流媒体市场中稳步发展的核心竞争力。

2．智能交互：Google Assistant 的自然语言交互

Google Assistant 作为领先的语音助手，展示了人工智能在自然语言交互方面的能力。它不仅能够准确理解用户复杂的口语化表达，还具备上下文感知的能力，能够在多轮对话中保持对话的连贯性。Google Assistant 支持多种输入方式（包括语音、文本、图像等），并根据用户的习惯和偏好调整回答的风格，从而大大提升了语音助手的实用性并满足了用户体验。这种智能交互不仅推动了智能家居等领域的发展，还为用户带来了更便捷的日常生活体验。

3．预测性体验：Netflix 的人工智能驱动界面

Netflix 利用人工智能技术实现了预测性的用户体验，使用户能够更快速地发现和观看他们喜欢的内容。通过动态缩略图展示最吸引用户的封面图，根据用户的观看偏好动态个性化排序并调整内容展示顺序。智能搜索预测用户的搜索意图并提供智能补全功能，以及续看推荐功能，推动用户的内容发现效率和观看满意度的显著提升。Netflix 的这些人工智能驱动的功能不仅使其在内容流媒体市场中占据了领先地位，也极大地满足了用户对个性化娱乐体验的期待和需求。

4．情感化设计：Replika 的人工智能情感陪伴

Replika 作为一款基于人工智能的情感陪伴应用，为用户提供了独特的情感支持和陪伴体验。通过个性化对话学习用户的性格和偏好，Replika 能够识别用户的情绪状态并提供相应的情感支持。其记忆功能使得该应用能够持续地与用户互动，创造

连贯性体验。此外，Replika 还能够扮演不同角色，如朋友、恋人等，根据用户的需求和偏好进行角色扮演，进一步增强了用户的情感共鸣和满意度。这种人工智能驱动的情感化设计不仅在心理健康领域展现了巨大潜力，也为智能应用在人机交互中更深层次的应用提供了范例。

5．无缝体验：Apple 生态系统的 Handoff 功能

Apple 的 Handoff 功能展示了人工智能驱动的跨设备无缝体验。通过设备感知技术，Handoff 能够自动检测用户周围的 Apple 设备，并实时同步应用状态和用户数据。智能切换功能可以根据用户的行为和上下文预测设备切换的意图，并在不同设备之间保持任务上下文的连贯性。这种智能化的设备协同能力大大增强了用户在 Apple 生态系统中的使用体验，提高了用户的生态系统黏性和忠诚度。Apple 通过 Handoff 功能，成功创造了跨设备的流畅用户体验，为用户在多种场景下提供了一致的使用体验。

6．自适应界面：Microsoft 的 Fluent Design System

Microsoft 的 Fluent Design System 融入了人工智能驱动的自适应设计，实现了在不同环境和设备上的一致性体验。通过环境感知技术，Fluent Design System 能够根据光线、噪声等环境因素动态调整界面，优化用户的视觉体验。模式学习功能使得系统能够根据用户的使用习惯和行为模式优化界面布局，提供更符合用户习惯的交互方式。此外，注意力引导技术利用人工智能预测用户的注意力焦点，动态调整视觉层次，进一步提高了 Windows 和 Office 等产品的易用性和用户满意度。这些人工智能驱动的自适应设计策略，使 Microsoft 在面对多样化的用户需求和使用场景时能够更加灵活和智能地响应，为用户提供了更符合其个性化需求的产品体验。

7．智能辅助：Grammarly 的人工智能写作助手

Grammarly 作为一款人工智能写作助手，利用其强大的人工智能技术为用户提供智能化的写作辅助。通过实时纠错功能，Grammarly 能够检测并纠正拼写、语法和标点错误，大大提高了用户的写作效率和文本质量。风格建议功能提供了语句改写建议功能，优化了用户的表达方式，同时语气调整功能可以根据写作目的调整语气，使得用户的作品能够更好地呈现表达效果。可读性分析功能评估文本的可读性，并提供改进建议，帮助用户优化文本内容。Grammarly 的这些人工智能驱动的智能辅助功能不仅受到了用户的广泛欢迎，还提升了用户在写作过程中的自信心和专业性。

综上所述，人工智能技术在不同领域内推动了用户体验的极致优化，在个性化推荐、智能交互、情感化设计到跨设备无缝体验、自适应界面和智能辅助等方面，都展现出了其强大的应用潜力和深远的影响力。未来随着人工智能技术的不断进步和应用场景的扩展，企业将能够更好地通过智能化和个性化设计，提升用户的参与度、满意度和品牌忠诚度，从而进一步强化其市场竞争优势。

4.3.3　人工智能驱动用户体验优化的关键策略

人工智能在驱动用户体验优化方面，采用了一系列关键策略，以提升产品和服务的质量，同时增强用户满意度和忠诚度。首要的策略是数据驱动设计。通过全面收集多维度的用户数据，包括行为模式、偏好和反馈，企业能够利用人工智能技术进行实时分析和预测性分析。这种方法不仅支持动态决策和持续优化，还通过 A/B 测试验证和优化设计方案，确保产品和服务能够精准地满足用户需求和期待。

个性化战略是人工智能发展的另一个重要方向，它通过构建动态和多维度的用户画像，并实现微分段，为不同用户群体提供个性化的体验和服务路径。人工智能技术使得动态内容生成和展示成为可能，根据用户特征动态调整信息呈现，从而提升用户参与度和满意度。

情感计算作为人工智能用户体验优化的新兴领域，着重于情感识别和情感响应。通过整合多模态的情绪识别技术，包括表情、语音和文本，人工智能系统能够识别用户情绪状态，并调整相应的交互策略和设计元素，增强用户与产品之间的情感连接和信任感。

智能交互是实现自然、高效用户体验的关键。多模态交互支持语音、手势和眼动等多种方式，使用户能够选择最自然的交互方式与系统进行互动。人工智能技术在自然语言处理、上下文感知和意图理解方面的应用，有效减少了交互摩擦，提升了用户使用的便捷性和满意度。

无缝体验设计强调全渠道整合和一致性设计，确保用户在线上、线下及不同设备之间的体验保持一致性和流畅性。状态同步和智能切换技术能够实时更新用户数据和使用状态，预测并支持用户在不同场景间的自然切换，进一步增强了用户体验的连续性和舒适度。

自适应界面利用环境感知和使用习惯学习技术，根据物理环境和用户习惯自动调整界面呈现和功能复杂度，有效减轻用户的认知负担，并优化信息呈现方式，提升用户体验的效率和深度参与感。

预测性体验通过预测用户的需求、行为和兴趣，主动提供个性化的服务和内容推荐，显著提高了用户对产品和服务的使用便捷性和满意度。持续优化策略则包括建立快速的用户反馈循环和实时监控机制，利用人工智能技术自动诊断和优化用户体验问题，确保产品和服务在市场竞争中保持领先地位，提高用户满意度。

4.3.4　人工智能驱动用户体验优化的挑战与对策

人工智能在驱动用户体验优化的过程中面临多重挑战，一是隐私与个性化的平衡。深度个性化需要大量用户数据，但这也引发了用户对数据隐私的担忧。随着数据保护法规（如GDPR）的实施，企业必须采取隐私增强技术，如联邦学习和差分隐私，以确保数据的安全性和对用户隐私权的尊重。同时，提高数据使用的透明度和建立严格的数据治理机制，使用户能够更好地控制和了解其数据的使用方式，是应对这一挑战的有效途径。

另一个重要挑战是算法偏见的管理。人工智能模型可能会继承并放大现有的社会偏见，导致个性化推荐产生“信息茧房效应”，削弱用户接触多样性内容的能力。为解决这一问题，企业需要在数据收集和模型训练中注重多样性和代表性，引入多样性因素平衡个性化和信息多样性的推荐问题。此外，提高人工智能系统的可解释性，接受外部审核，是确保算法决策公平性和透明度的关键。

技术与人性化的平衡也是一个挑战。虽然人工智能技术可以提高效率和便捷性，但过度依赖人工智能可能使得用户体验失去人性化和情感连接。为解决这一问题，企业应保持“人工智能+人工”的混合服务模式，强调情感化和人性化元素，通过提升人工智能系统的情感智能和共情能力，来缓解用户对与人工智能系统交互的疏离感和不适感。

用户适应性是另一个挑战，特别是对于不同年龄、文化背景和技术接受度的用户群体。创新的人工智能驱动体验可能超出部分用户的适应能力，因此企业应提供渐进式的学习路径和本地化的人工智能体验，帮助用户逐步适应新技术。同时，增强人工智能决策的透明度，建立用户信任机制，对提升用户对人工智能技术的接受度和使用意愿至关重要。

在技术限制方面，人工智能处理的实时性要求严格，对硬件资源和网络稳定性有较高要求。在优化人工智能算法的同时，采用边缘计算和新技术（如 5G），能有效降低网络延迟的影响，提升人工智能驱动的实时交互体验。在伦理考量上，企业需建立人工智能伦理委员会，制定明确的伦理准则，并在人工智能系统中嵌入伦理约束条件，确保人工智能系统在操作中遵守伦理规范，减少潜在的伦理风险。

最后，可持续性是一个涵盖技术、经济和环境维度的挑战。人工智能模型的训练和运行消耗大量能源，频繁更新的人工智能系统可能导致设备快速淘汰，增加资源消耗。因此，企业可以研发更高效的人工智能算法和硬件，采用云端服务延长设备使用寿命，并在个性化和资源效率间寻找平衡点，使人工智能应用和服务实现可持续发展。

4.4　人工智能+决策优化

4.4.1　人工智能驱动决策优化的理论基础

人工智能在驱动决策优化过程中，基于多个理论基础提供了丰富的理论支持。

首先，理性决策理论从赫伯特·西蒙（Herbert Simon）的有限理性理论出发，认为人类决策受认知能力和信息获取的限制。人工智能技术通过快速处理海量数据、进行多维度分析和模拟大量可能情景，能够突破人类的认知限制，减少人为偏见对决策的影响，从而提升决策的效率和准确性。

其次，数据驱动决策理论强调基于数据分析进行决策，即数据驱动的决策制定

（Data-Driven Decision Making，DDDM）。人工智能通过整合多源异构数据、实现实时数据处理和预测分析，以及探索数据背后的因果关系，增强了决策的基于事实和趋势的能力，从而支持组织在动态环境中做出更具前瞻性和适应性的决策。

系统思维理论由彼得·圣吉（Peter Senge）提出，强调从整体角度理解复杂问题。人工智能技术在这一理论框架下，通过建立复杂系统的数学模型、进行系统仿真和分析长期和间接影响，有助于企业在制定决策时考虑多个相互作用的因素，实现多目标的优化和系统性决策。

行为经济学理论研究心理、情感和社会因素如何影响经济决策。人工智能结合行为经济学洞见，能够识别和纠正决策中的认知偏差，基于行为预测原理预测人类行为，并设计智能化的决策辅助机制，从而提升决策的有效性和合理性。

群体决策理论探讨如何整合多个决策者的意见以达成共识。人工智能技术在这一理论背景下，通过智能汇总和分析群体意见、识别和解决决策者之间的观点分歧，以及模拟专家团队的决策过程，能够优化群体决策的效率和准确性，帮助企业更好地应对复杂的集体决策挑战。

最后，适应性决策理论强调在不确定和动态环境中持续学习和调整决策策略。人工智能通过在线学习、强化学习和根据环境变化动态调整决策，支持企业在快速变化的市场和技术条件下做出灵活和有效的决策，从而增强企业的适应性和竞争力。

综上所述，人工智能在决策优化中结合多种理论基础，为企业管理提供了全面的决策支持，从而促进企业在竞争激烈的市场中取得持续发展和创新的优势。

4.4.2　人工智能驱动的决策优化案例

1．智能分析和预测决策

在医疗决策支持领域，基于人工智能的医疗决策支持系统（IBM Watson for Oncology，WFO）利用知识图谱整合了海量医学文献和临床指南，结合自然语言处理技术理解非结构化的医疗记录，评估不同治疗方案的证据强度，并为患者个体提供个性化的治疗建议。评估显示，Watson 的建议与顶级肿瘤专家的一致性很高，诊疗决策的质量和效率显著提高。

同样地，亚马逊利用人工智能技术实现了预测性库存管理，通过分析历史数据和市场趋势，预测需求、优化供应链决策，并动态调整商品价格和优化库存位置，从而显著降低库存成本、提高供应链效率，缩短了订单履行时间。

2．自动决策和增强决策

Waymo 公司的自动驾驶系统展示了人工智能在复杂环境中的自动决策能力。该系统利用多传感器融合技术感知周围环境，预测其他道路使用者的行为，并实时规划最优行驶路径，做出转向、加速、制动等控制决策。截至 2021 年，Waymo 公司的自动驾驶汽车已在公共道路上行驶超过 3000 万千米,彰显了人工智能在复杂决策任务中的应用潜力。

另外,摩根大通开发的 COiN(Contract Intelligence)平台利用人工智能技术进行文本分析、自动提取关键合同条款、识别潜在风险条款,并分析合同条款的历史趋势。这一平台将原本需要 36 万小时的合同审查工作缩短到几秒钟,显著提高了法律和风险管理决策的效率和准确性。

这些案例展示了人工智能在各个领域,如医疗、零售、交通、金融和技术设施管理中的多样化应用,以及如何通过智能分析、预测决策、自动化和增强决策等方式优化决策过程并显著提升效率和准确性。

<h3>4.4.3 人工智能驱动决策优化的关键策略</h3>

在实施人工智能驱动的决策优化过程中,以下策略尤为关键。

1.数据战略

数据的质量和数据整合是人工智能决策的基础。企业需要打破"数据孤岛",建立统一的数据平台,确保数据的准确性和实时性。同时,建立严格的数据治理机制和安全措施,保护敏感数据,并确保所有数据的使用符合法规和道德标准。

2.算法选择

在选择人工智能算法时,需明确决策问题的性质和目标。对于不同的决策场景,选择适合的人工智能算法至关重要。同时,需要在算法的精度和可解释性之间进行权衡,并持续优化算法性能和效率,以适应不断变化的业务需求和数据环境。

3.人机协作

明确人工智能和人类在决策中的角色和直观的界面设计是确保决策成功的关键。设计直观的人工智能决策支持界面,并提高人工智能决策的透明度和可解释性,以建立用户对人工智能决策的信任。此外,通过技能培养,培养员工利用人工智能辅助决策的能力,实现最佳的人机协作。

4.流程重塑和场景应用

通过识别可由人工智能优化的决策环节和将静态决策流程转变为实时决策流程,实现决策流程的重塑和自动化。选择高价值的业务场景进行人工智能决策试点,建立科学的评估体系,评估人工智能决策效果,并将成功经验推广到其他业务场景中。

5.风险管理和伦理考量

全面评估人工智能决策可能带来的风险,建立安全机制和应急预案,以应对人工智能系统可能出现的失效情况。制定人工智能决策的伦理准则,确保决策公平、透明,且不带有歧视和偏见。同时,保持适度的人类监督和干预,以确保人工智能决策的合理性和可靠性。

这些关键策略不仅能帮助企业实现人工智能驱动的决策优化,还能够提升决策效率、降低决策成本,并支持企业在快速变化的市场环境中保持竞争优势。

4.4.4 人工智能驱动决策优化的挑战与对策

在推动人工智能驱动的决策优化过程中,有以下几个关键挑战。

1. 数据质量和可用性

数据的质量不一致性和可用性问题是人工智能决策面临的首要挑战。数据质量参差不齐可能影响决策的准确性和可靠性,同时关键数据的缺失或获取困难也是人工智能决策遇到的问题之一。为应对这些挑战,企业需要建立严格的数据质量管理体系,包括数据整合、质量评估和数据治理规范。此外,开发替代数据源和数据估算技术,以及采用隐私保护人工智能技术,如联邦学习,可以有效解除数据隐私法规的限制。

2. 算法透明度和可解释性

复杂的人工智能模型常常表现为"黑箱",由于难以解释其决策过程和依据,这给决策者带来信任和接受度的挑战。监管机构和决策者对人工智能决策透明度的要求日益增加。为解决这一问题,需要开发可解释的人工智能模型和解释工具,提供详细的决策理由和证据链。同时,结合领域知识,增强人工智能解释的可理解性,以提高决策的可信度和可接受性。

这些对策不仅有助于提升人工智能决策的质量和透明度,还能够有效应对当前和未来可能面临的挑战,推动人工智能在决策优化中的广泛应用和持续发展。

本 章 小 结

本章深入探讨了人工智能如何在产业升级、商业模式创新、用户体验优化和决策优化等关键领域赋能创新创业。通过对理论基础的分析、丰富的实际案例和实施策略的讨论,揭示了人工智能提升效率、推动生产力、催生新商业模式和价值创造的进程。然而,人工智能应用也带来了技术、管理和伦理等多重挑战,需要企业和社会共同努力应对。随着人工智能技术的进步,未来充满创新与突破的可能性,但我们也需保持警惕,确保人工智能发展符合人类长远利益,创新者应在利用人工智能机遇的同时,承担起对技术使用的责任,为未来人工智能的进步贡献积极力量。

思 考 题

1. 人工智能如何改变传统产业的生产方式和价值链?请举例说明。

2．在商业模式创新中，人工智能能带来哪些新的可能性？分析各自优势和潜在风险。

3．人工智能如何提升用户体验？请从个性化推荐、智能客服和交互界面三个方面讨论。

4．在企业决策过程中，人工智能可以发挥哪些作用？探讨其在战略制定、风险管理和资源配置等方面的应用。

5．人工智能赋能创新创业可能面临哪些伦理和法律挑战？如何平衡技术创新和社会责任？

实 践 项 目

1．人工智能产业升级分析

选择一个传统行业（如制造业、农业或零售业），研究并提出一个基于人工智能的创新方案，以提高该行业的生产效率或服务质量。撰写一份详细的报告，包括人工智能技术可行性分析、预期效益和实施计划。

2．人工智能驱动的商业模式设计

设计一个基于人工智能的创新商业模式。可以是全新的商业概念，也可以是对现有商业模式的改进。制作一幅商业画布，阐述价值主张、客户细分、收入来源等关键要素，并重点说明人工智能在其中的作用。

3．用户体验优化方案

选择一个现有的产品或服务，提出一个基于人工智能的用户体验优化方案。设计原型或使用流程图展示优化后的用户流程，并解释人工智能技术如何提升用户满意度和忠诚度。

4．人工智能辅助决策系统设计

为一家虚构的公司设计一个基于人工智能的决策支持系统。确定系统的目标（如销售预测、风险评估或资源分配），选择适当的人工智能算法，并说明如何收集和处理数据。制作一份系统架构图和使用说明。

5．人工智能创业伦理案例分析

选择一个真实的人工智能创业公司，分析其在发展过程中面临的伦理或法律挑战。提出可行的解决方案，并讨论如何在追求创新和承担社会责任之间取得平衡。

第 5 章　大语言模型与创新创业

在人工智能技术快速发展的今天，大语言模型（Large Language Models，LLMs）作为一种革命性的技术突破，正在深刻地改变着我们的生活、工作方式及商业世界的格局。本章将深入探讨大语言模型的原理、应用及它们在创新创业领域中所带来的巨大机遇和挑战。首先介绍大语言模型的基本原理和核心技术，然后通过一系列具体的应用案例，展示大语言模型如何在各个行业中推动创新和创业。我们还将探讨大语言模型的未来发展趋势，以及在应用过程中可能面临的挑战。最后，我们将分析大语言模型对整个创新创业生态系统的深远影响。通过本章的学习，读者将能够深入理解大语言模型的工作原理，掌握如何利用这一强大工具来推动创新和创业，并对未来的发展方向有更清晰的认识。

5.1　大语言模型的原理与应用

大语言模型是自然语言处理（Natural Language Processing，NLP）领域的一项重大突破，它基于深度学习技术，通过对海量文本数据的训练，能够理解和生成人类语言。本节将深入探讨大语言模型的基本原理、核心技术及其广泛的应用场景。

5.1.1　大语言模型的基本原理

大语言模型的核心思想是通过对大规模文本数据的学习，捕捉语言的统计规律和语义信息。这些模型通常采用"自监督学习"的方法，即在没有人工标注的情况下，从原始文本中学习语言的结构和知识。

以 GPT（Generative Pre-trained Transformer）系列为例，其基本训练过程如图 5.1 所示。

图 5.1　GPT 基本训练过程

（1）预训练阶段：模型在海量的文本数据上进行训练，学习预测下一个词或填充缺失的词。这个过程使模型能够理解语言的基本结构和语义。

（2）微调阶段：针对特定任务，如文本分类、问答等，使用相关的标注数据对预训练模型进行微调，使其适应特定领域或任务。

（3）推理阶段：模型根据输入的提示（Prompt）生成相应的文本输出。

大语言模型的核心架构通常基于 Transformer，这是一种革命性的、基于自注意力机制的神经网络结构。Transformer 自 2017 年被提出后迅速成为自然语言处理领域的主导架构，其主要优势体现在三个方面：首先，它具有强大的并行处理能力，能够同时处理输入序列中的所有元素，而不是像传统的循环神经网络那样按顺序处理，这极大地提高了模型的训练和推理速度；其次，通过精妙的自注意力机制，Transformer 能够有效捕捉序列中的长距离依赖关系，使模型能够理解和生成更加连贯和语义丰富的文本；最后，Transformer 架构展现出了优秀的可扩展性，研究人员可以通过增加模型的层数和参数数量来扩展模型规模，理论上模型可以无限增大，这为构建越来越强大的语言模型提供了可能性。正是由于这些优势，Transformer 成为 GPT、BERT 等大语言模型的基础架构，推动了自然语言处理技术的快速发展。

5.1.2　大语言模型的核心技术

大语言模型的核心技术包括几个关键组成部分，这些技术共同构建了强大的语言理解和生成能力，如图 5.2 所示。

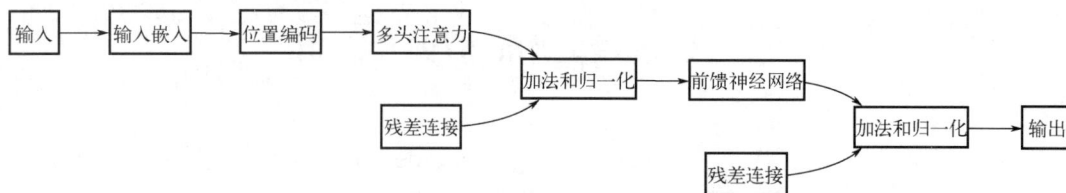

图 5.2　Transformer 的整体架构

自注意力机制是 Transformer 架构的核心，它彻底改变了传统序列处理的方式。这种机制在计算过程中允许模型在处理序列中的每个元素时，同时考虑序列中其他所有元素的影响。通过计算查询(Q)、键(K)和值(V)之间的关系，自注意力机制能够捕捉到复杂的上下文关系，使模型能够理解长距离依赖和微妙的语义联系。这一机制的实现涉及一系列矩阵运算，最终计算出能够表示元素间关系强度的注意力分数。自注意力机制的引入使得模型能够更好地理解句子结构、语义关系，甚至跨段落间的上下文信息。自注意力机制的计算过程如图 5.3 所示。

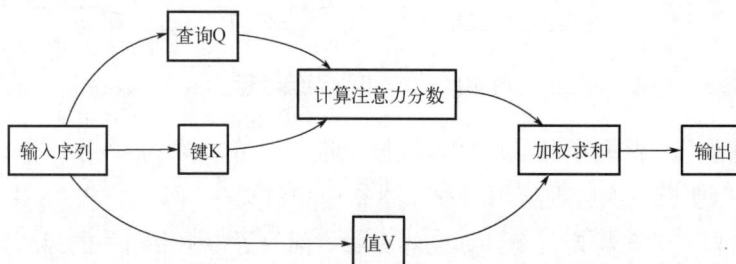

图 5.3　自注意力机制的计算过程

位置编码是大语言模型另一个关键技术，它解决了 Transformer 模型缺乏处理序列顺序能力的问题。由于 Transformer 不像循环神经网络那样本身具有序列处理能力，位置编码通过为每个位置生成唯一的编码来为模型提供位置信息。常用的方法是使用正弦和余弦函数生成编码，这种方法能够使模型学习到相对位置关系，从而理解序列中元素的顺序。位置编码的巧妙之处在于，它允许模型处理任意长度的序列，并且能够外推到训练时未见过的序列长度。

多头注意力机制是对基本自注意力的扩展，它允许模型同时关注序列的不同方面。通过并行计算多个注意力"头"，每个"头"关注不同的表示子空间，模型能够捕捉更丰富、更多样化的特征信息，如图 5.4 所示。这种机制大大增强了模型的表达能力，使其能够同时处理多种语言现象，如语法结构、语义关系等。多头注意力机制的使用使得模型能够从多个角度理解输入，类似于人类在理解语言时会考虑多个方面的信息。

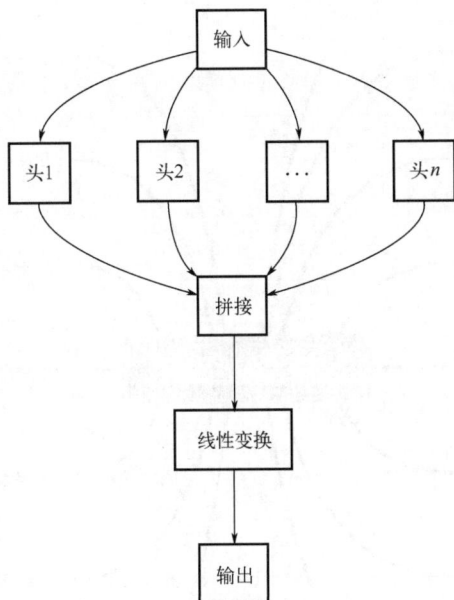

图 5.4　多头注意力机制

为稳定深层网络的训练并加速收敛，层归一化技术被广泛应用。它对每个样本的特征进行归一化处理，有效减少了内部协变量偏移的问题。层归一化使得模型对不同批次的输入数据更加稳健，有助于模型在训练过程中保持稳定性。与之配合的是残差连接技术，它通过在每个子层的输出添加输入，帮助解决深层网络中的梯度消失问题，使得非常深的网络也能够得到有效训练。残差连接的使用使得信息可以更容易地在网络中流动，允许构建更深的模型结构。

在生成任务中，掩码注意力机制扮演着至关重要的角色。为了防止模型在生成过程中看到未来的信息，这种机制巧妙地将尚未生成的位置的注意力分数设为极低值，确保模型只能基于已知信息进行预测。这不仅保证了生成过程的因果性，也模拟了人类的语言生成过程。

掩码注意力的应用使得模型能够进行自回归生成，这是许多自然语言生成任务的基础。

这些核心技术的结合使得大语言模型能够理解复杂的语言结构，捕捉长距离依赖关系，并生成连贯、流畅的文本。随着研究的深入，这些技术还在不断优化和发展，如引入稀疏注意力机制以处理更长的序列，或者设计更高效的位置编码方法。这些进展持续推动着自然语言处理领域的快速进步，为研发更强大、更高效的语言模型铺平了道路。

5.1.3　大语言模型的应用场景

大语言模型作为人工智能领域的重大突破，正在革新各行各业的运作方式。其应用范围之广，几乎涵盖了人类社会的方方面面，从日常生活到专业领域，无处不在，如图5.5所示。

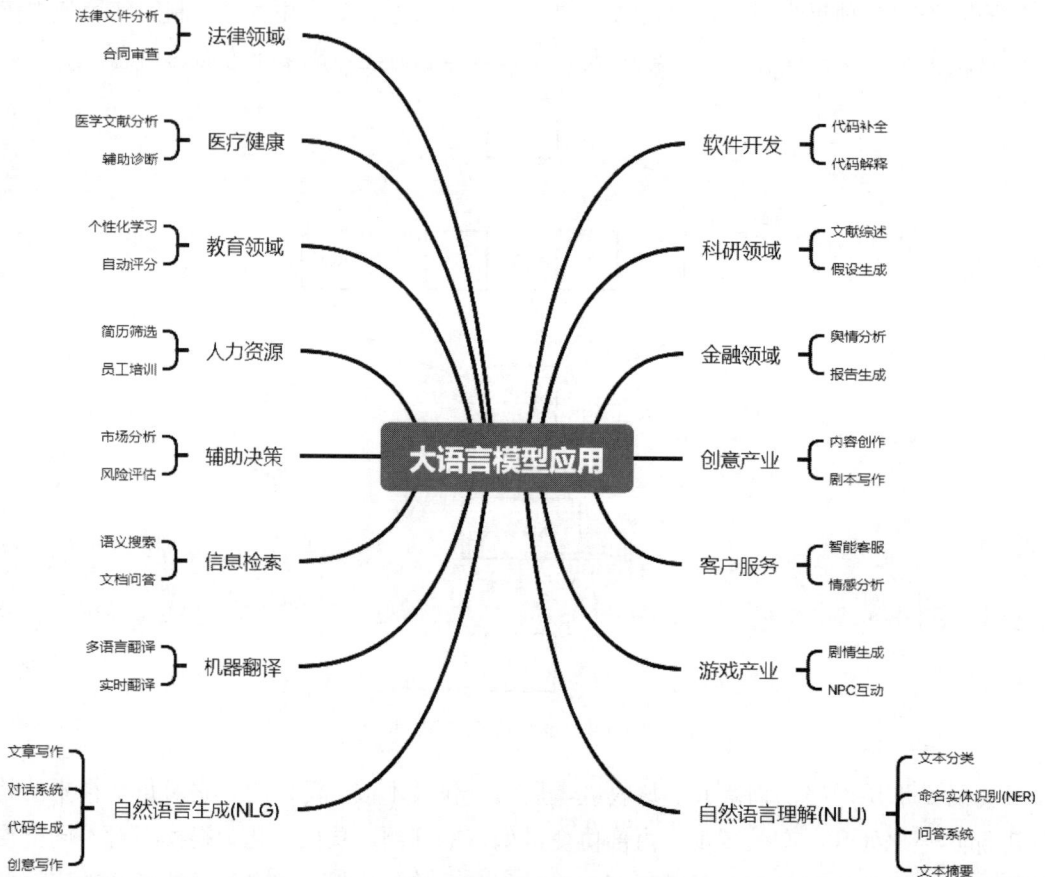

图 5.5　大语言模型的应用

在信息处理和语言交互领域，大语言模型展现出了惊人的能力。它们可以执行自然语言理解任务，如文本分类、命名实体识别和问答系统；同时还能进行自然语言生成，包括文章写作、对话系统和代码生成等。这些能力使得机器翻译、语义搜索和文档问答等应用变得更加精准和高效。在创意领域，大语言模型可以辅助内容创作，甚至能够生成诗歌、小说和广告文案，为创意产业的发展注入新的活力。

在专业领域，大语言模型的应用同样广泛而深入。在教育方面，它可以提供个性化学习内容和自动评分服务。在医疗健康领域，模型可以分析医学文献并辅助诊断。法律和金融行业也受益于大语言模型的文件分析和报告生成能力。此外，在科研、软件开发和人力资源等领域，大语言模型都发挥着重要作用，如文献综述、代码补全和简历筛选等。

大语言模型还在改变着企业与客户之间的互动方式。智能客服系统可以提供全天的服务，同时通过情感分析及时发现和解决问题。在游戏产业，大语言模型能够生成丰富的剧情和对话，提升非玩家角色的互动体验。这些应用不仅提高了效率，还为用户带来了更加个性化和智能化的体验。

随着技术的不断进步，大语言模型的潜力还未被完全挖掘。可以预见，未来将会涌现出更多创新的应用场景。这不仅会推动各个行业的数字化转型，还将催生新的商业模式和创业机会。然而，在享受大语言模型带来便利的同时，也需要警惕其可能带来的伦理和隐私问题，以确保技术发展与人类价值观相协调。

总之，大语言模型正在以前所未有的方式重塑我们的工作和生活。它的应用涵盖了从基础的语言处理任务到复杂的决策支持系统，几乎影响着每一个行业。未来，随着更多创新应用的出现，大语言模型将继续推动社会进步，为人类创造更多价值。

5.2　大语言模型在创新创业中的应用案例

大语言模型在创新创业领域的应用范围正在迅速扩大，为企业家们提供了强大的工具和无限的可能性。本节将通过一系列具体案例，展示大语言模型如何在不同行业和应用场景中推动创新和创业。

5.2.1　智能客服与对话系统

案例　智能客服机器人"AI 助手"

在电子商务行业竞争日益激烈的背景下，一家新兴初创公司面临着客户服务压力大和人力成本高的双重挑战。为了提高服务质量和运营效率，公司决定开发一个名为"AI 助手"的智能客服系统，充分利用大语言模型的强大能力。

在"AI 助手"项目实施过程中，团队采取了系统性的方法，如图 5.6 所示。首先，他们收集并预处理了大量历史客服对话记录，为模型训练提供高质量的数据基础。随后，他们选择了预训练的 GPT 模型，并将收集到的数据进行微调，使其更好地适应电商领域的特定需求。在此基础上，团队精心设计了多轮对话流程，涵盖问题理解、信息提取和答案生成等关键环节。为进一步提升系统的智能化水平，他们将公司的产品信息和政策等整合到知识库中，供模型在对话过程中实时查询。考虑到人工智能的局限性，团队还设置了置信度阈值，当模型无法确定答案时，问题会被转交给人工客服，以确保服务质量。

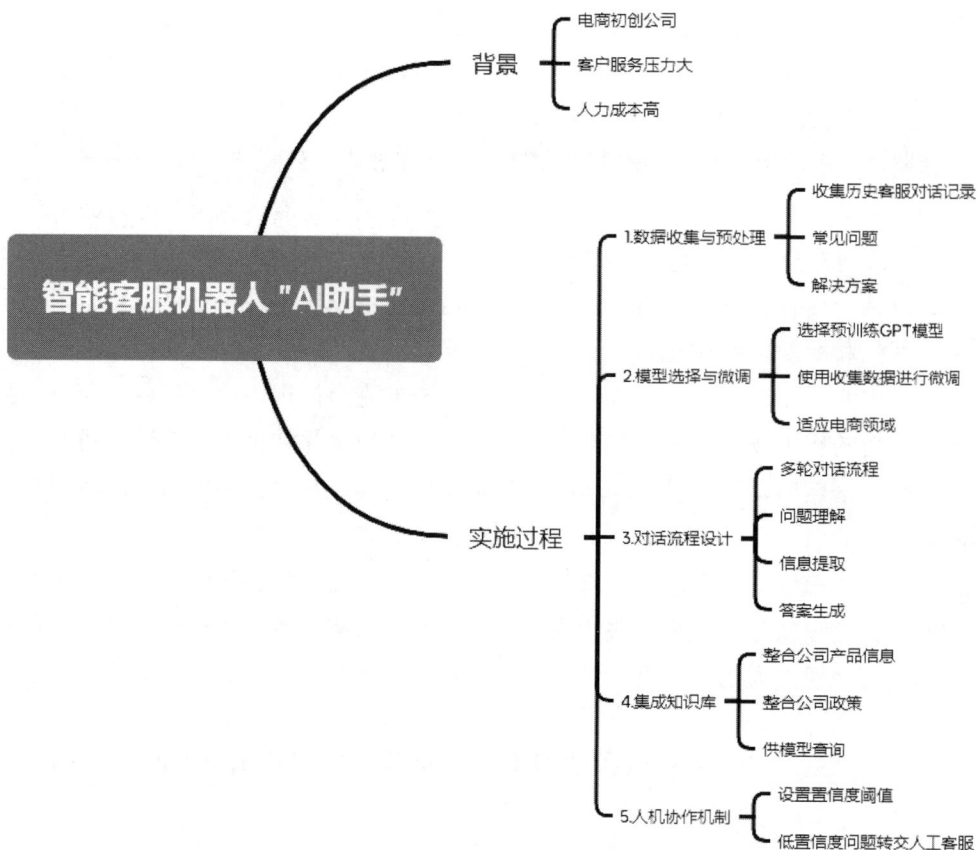

图 5.6   "AI 助手"实施过程

实施结果令人振奋。客服响应时间大幅减少，24 小时内解决的客户问题比例显著提升。更值得注意的是，客户满意度也大幅提升，同时客服人员成本降低。这些显著的改善充分证明了大语言模型在客户服务领域的巨大潜力。

项目的成功可以归因于几个关键因素：高质量的训练数据确保了模型的表现；持续的优化和更新使系统能够适应不断变化的需求；有效的人机协作机制则在保证服务质量的同时，自动化实现效益最大化。

这个案例生动地展示了大语言模型如何在实际业务中创造价值。通过提高服务效率和质量，同时显著降低运营成本，"AI 助手"不仅解决了公司面临的迫切问题，还为未来的业务增长奠定了基础。随着技术的不断进步，可以预见，类似的智能系统将在更多行业中发挥重要作用，推动服务创新和业务转型。

5.2.2   内容创作与营销

案例   AI 驱动的内容营销平台 "ContentGenius"

一群年轻的营销专业人士察觉到中小企业在内容营销方面面临的挑战，如创意枯竭和效率低下等问题。因此，他们开发了一个基于大语言模型的内容创作和营销平台。该平台集成了多个大语言模型 API，提供了一系列功能，包括文案生成、标题优化、社交媒体内容创作、内容扩展和搜索引擎(Search Engine Optimization，SEO)优化等。平台还为不同行业开发了特定的模型和模板，以提供更精准的服务。

为了持续改进，团队设计了用户反馈系统和 A/B 测试功能，如图 5.7 所示，不断收集用户对生成内容的评价，并帮助用户比较不同版本内容的效果。这些机制有助于平台不断优化其模型和功能。

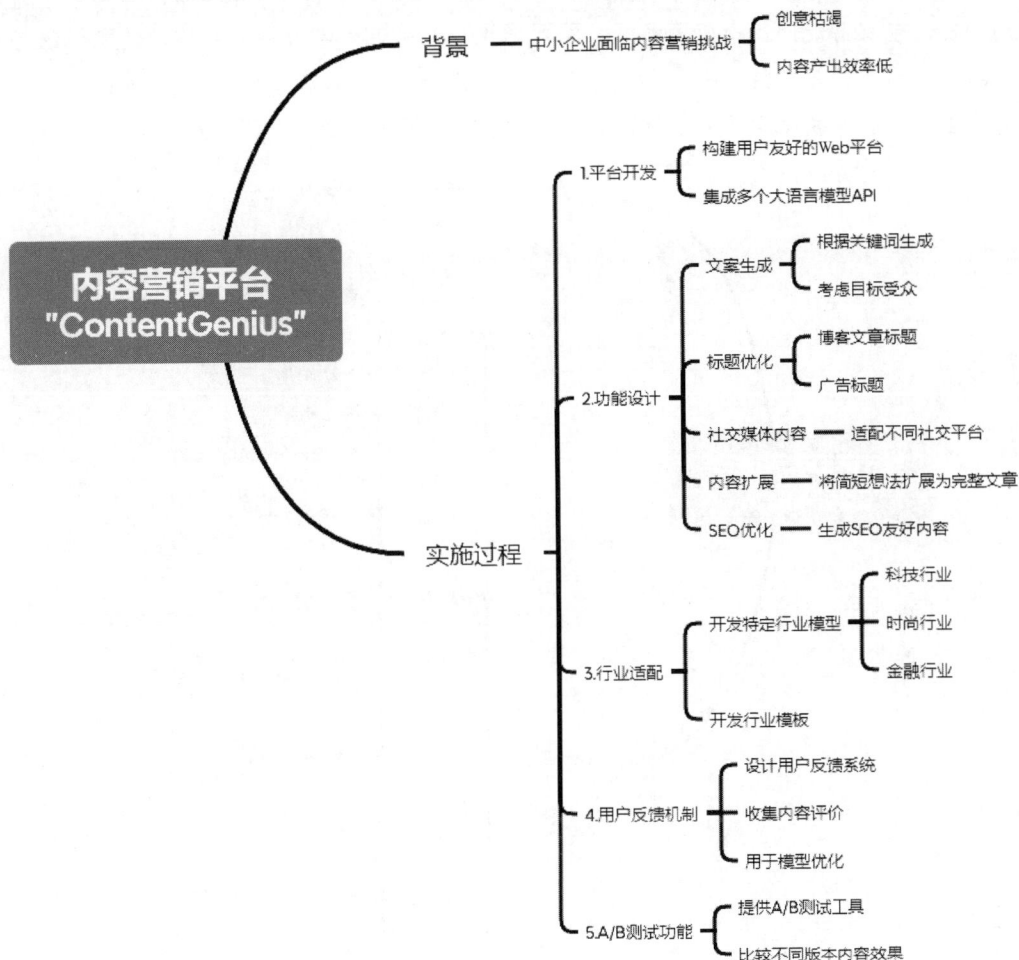

图 5.7　"ContentGenius"实施过程

该平台推出后取得了显著成果。在 6 个月内吸引了大量的中小企业用户，用户报告内容创作效率显著提升，社交媒体互动率提高，部分用户的网站流量因优质内容而增加。该平台的成功归功于针对性强的行业模型、用户友好的界面设计、持续的优化更新及有效的内容效果分析工具。

这个案例充分展示了大语言模型在内容营销领域的潜力，它不仅帮助创业者解决了创意和效率方面的挑战，还使他们能够创造出高质量、有针对性的营销内容，从而在竞争激烈的市场环境中脱颖而出。

5.2.3　教育科技

案例　AI 驱动的个性化学习助手"EduMentor"

一群教育工作者和技术专家意识到传统教育难以满足学生的个性化需求，因此开发了一个名为"EduMentor"的 AI 驱动智能学习助手。这个基于大语言模型的平台提供了多样化的功能，包括智能问答、概念解释、练习题生成、个性化学习计划制订、作文批改与建议，以及多语言学习支持。平台初期覆盖了数学、语文、英语、物理、化学等核心学科，并为学生、家长和教师提供了全面的学习数据分析和报告功能，如图 5.8 所示。

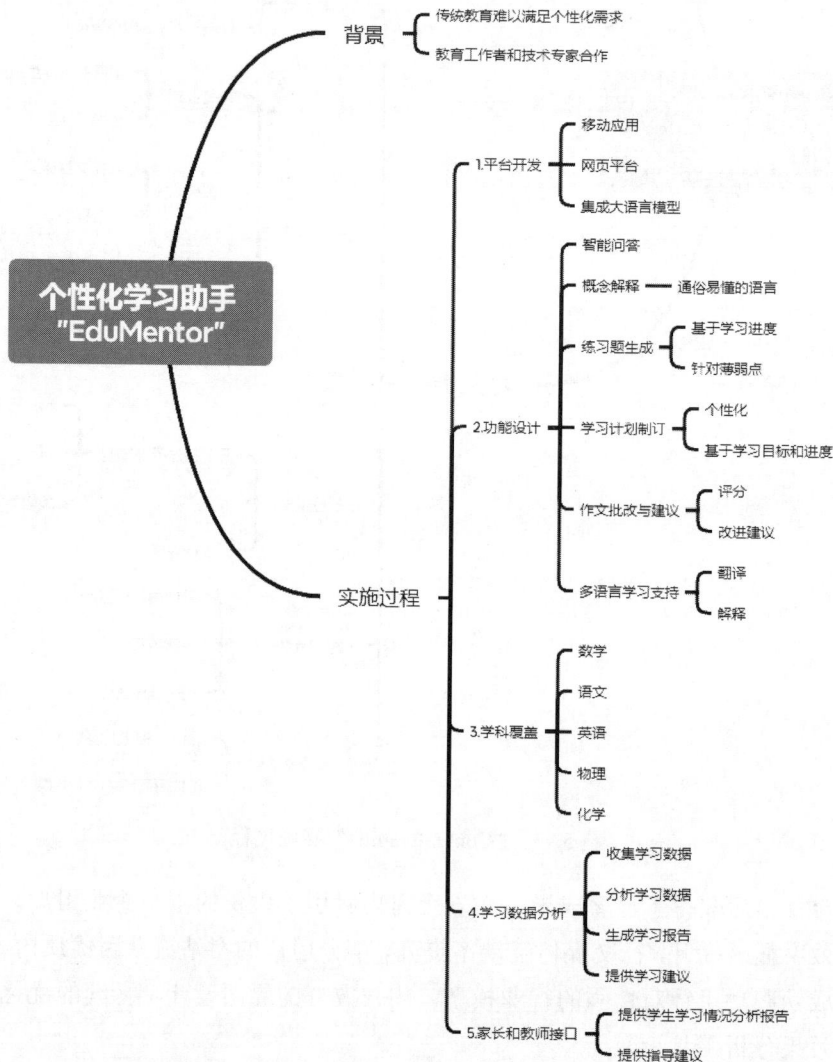

图 5.8　"EduMentor"实施过程

"EduMentor"上线不到一年吸引了超过 100 万个注册用户，取得了显著成效。用户报告学习效率平均提升 30%，持续使用该应用的学生在标准化考试中成绩平均提高 15%。此外，95% 的教师表示该工具有效减轻了他们的工作负担，90% 的家长认为该应用帮助他们更好地了解和支持了孩子的学习。

这个创新平台的成功可归因于几个关键因素：高度个性化的学习体验、全面的学科覆盖、直观和可视化的数据分析、与现有教育体系的有效集成，以及持续的内容更新和模型优化。

这个案例充分展示了大语言模型在教育科技领域的创新潜力。通过提供个性化、智能化的学习体验，"EduMentor"不仅有效提高了学习效率和教学质量，还为未来教育的发展方向提供了有价值的参考。它展示了技术如何能够弥合传统教育的不足，为学生、教师和家长创造更好的教育生态系统。

5.2.4　法律科技

案例　AI 法律助手"LegalMind"

一群法律专业人士和 AI 工程师注意到法律服务存在高成本和低效率问题，特别是对中小企业和个人而言。因此，他们开发了一个名为"LegalMind"的 AI 法律助手。这个基于大语言模型的平台提供了多样化的功能，包括法律文件分析、法律问答、合同生成、判例检索、风险评估和法律更新提醒。平台还设置了人工律师审核机制，确保 AI 生成内容的准确性和合规性，并实施了严格的数据加密和隐私保护措施，如图 5.9 所示。

"LegalMind"推出后不到 18 个月就吸引了超过 50 000 家企业用户和 200 000 个个人用户，取得了显著成效。用户报告法律咨询成本平均降低 60%，合同审查时间从平均 3 天减少到 4 小时。90% 的用户表示平台可以帮助他们更好地理解法律问题，多家中小企业因使用该平台而避免了潜在的法律风险。

这个创新平台的成功可归因于几个关键因素：高质量的法律数据库和模型训练、严格的专业审核机制、用户友好的界面设计、强大的隐私保护措施，以及持续的法律更新和模型优化。

这个案例充分展示了大语言模型在法律科技领域的创新潜力。通过提供高效、经济的法律服务，"LegalMind"不仅降低了法律服务的门槛，还使法律服务变得更加普及和便捷。它为法律服务的未来发展方向提供了有价值的参考，展示了技术如何能够改善传统法律服务的不足，为企业和个人创造了更加公平和高效的法律服务环境。

5.2.5　医疗健康

案例　AI 辅助诊断系统"MedAssist"

一群医疗专业人士和 AI 研究者注意到医疗资源分配不均和诊断效率低下的问题，特别是在偏远地区。因此，他们开发了一个名为"MedAssist"的 AI 辅助诊断系统。这个基于大语言模型和医学知识图谱的系统提供了多样化的功能，其中包括病历分析、症状问询、辅助诊断、治疗方案推荐、医学文献检索和患者教育。系统支持多模态输入，包括文本、语音和图像，并设置了人工医疗专家审核机制以确保 AI 建议的准确性和安全性，如图 5.10 所示。

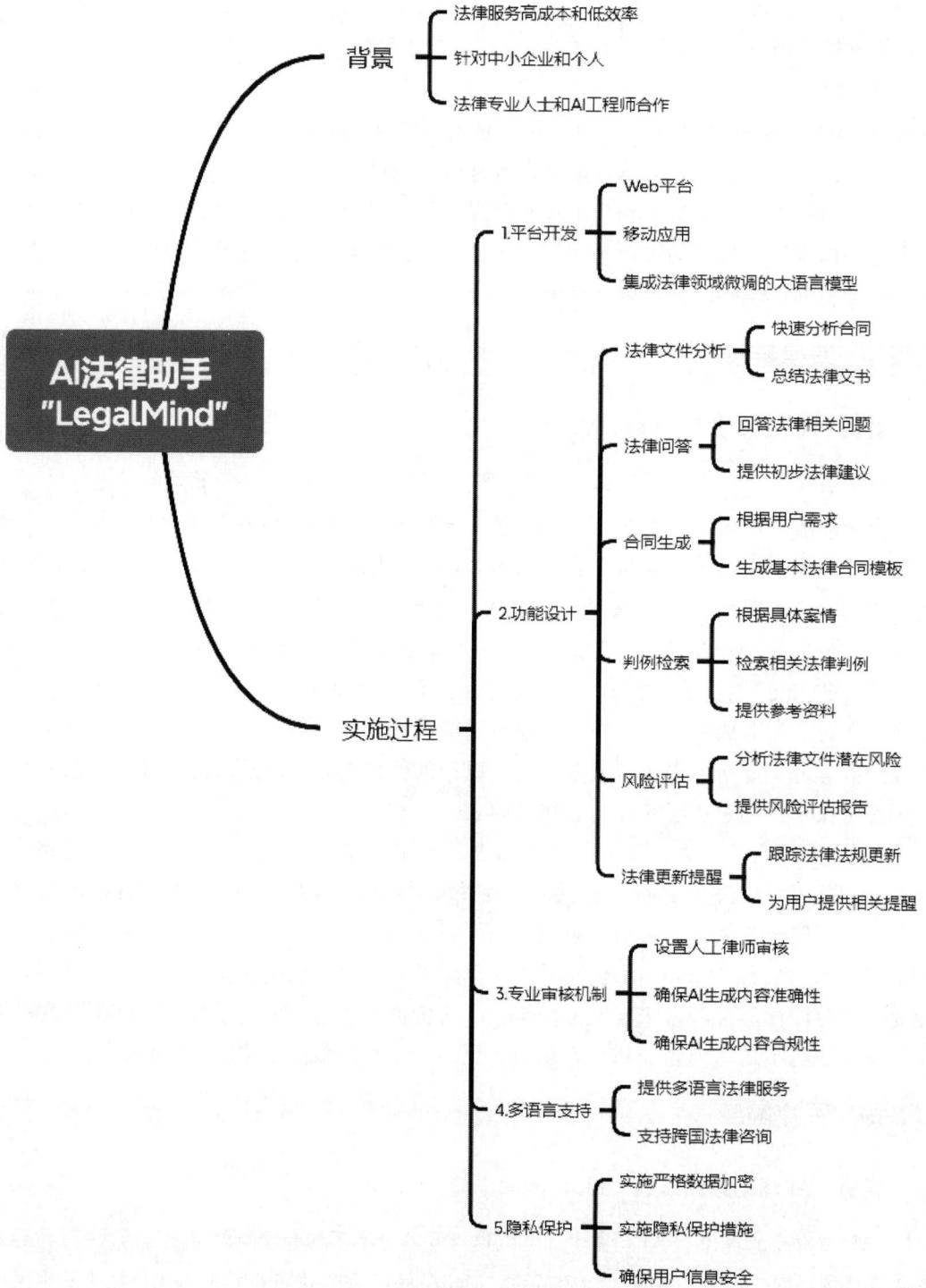

图 5.9 "LegalMind" 实施过程

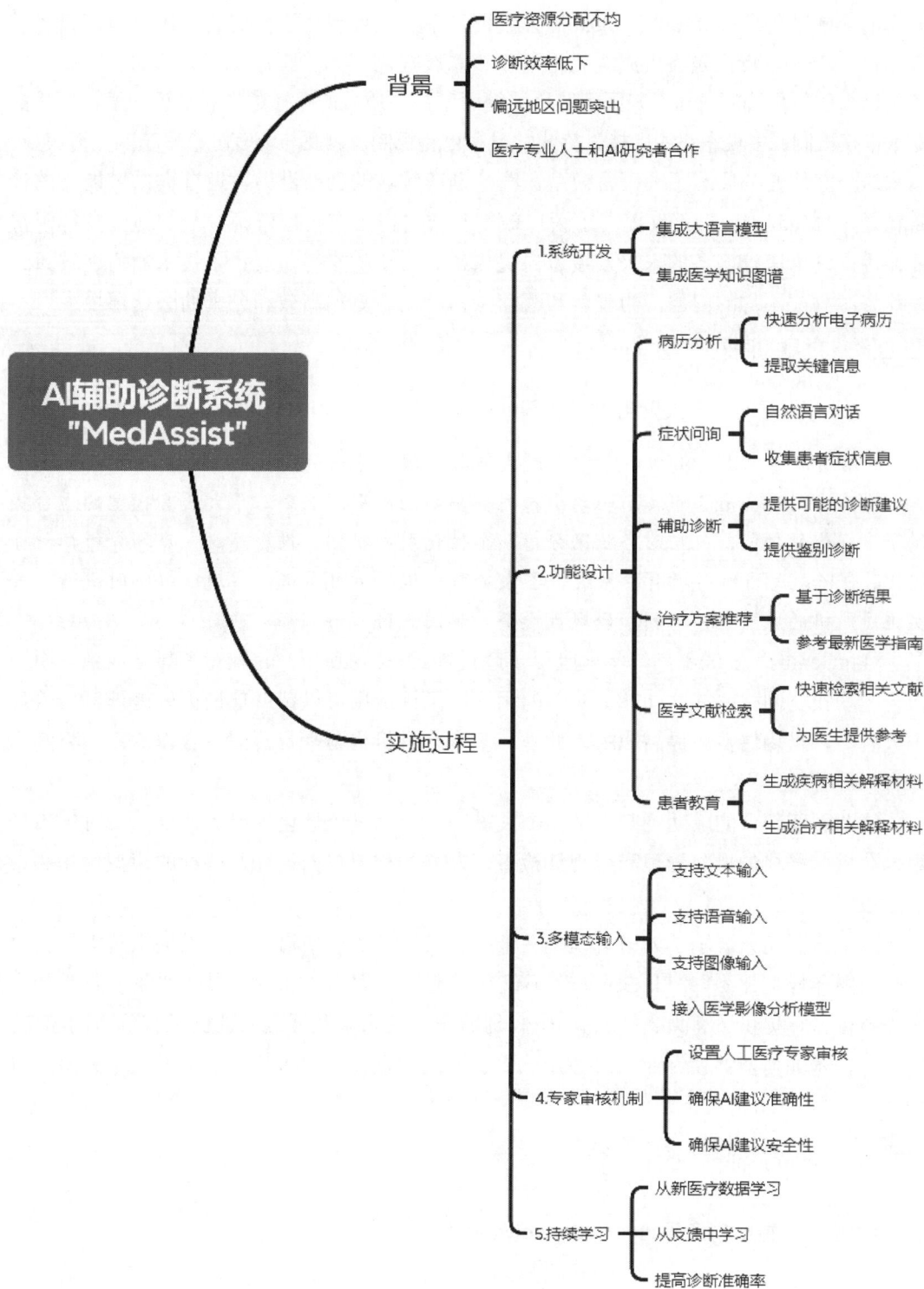

图 5.10　"MedAssist"实施过程

"MedAssist"在 100 家医院的试点中取得了显著成效。平均诊断时间缩短 40%，罕见病的诊断准确率提高 30%。80%的医生报告系统有效减轻了他们的工作负担，患者满意度提升 25%。特别是在资源匮乏地区，该系统提高了基层医疗水平。

这个创新系统的成功可归因于几个关键因素：高质量的医疗数据和知识图谱、严格的专家审核机制、多模态输入支持、持续学习和更新机制，以及与现有医疗系统的无缝集成。

这个案例充分展示了大语言模型在医疗健康领域的创新潜力。通过提供智能化的诊断辅助，"MedAssist"不仅提高了医疗效率和质量，还在医疗资源匮乏的地区发挥了重要作用。它为医疗服务的未来发展方向提供了有价值的参考，展示了技术如何能够改善医疗资源分配不均的问题，为患者和医疗工作者创造更加高效和公平的医疗环境。

5.2.6　金融科技

案例　AI 驱动的个人财务顾问"FinGenius"

一群金融专家和 AI 工程师意识到大多数人缺乏专业的财务规划知识，因此开发了一个名为"FinGenius"的 AI 驱动个人财务顾问的应用。这个基于大语言模型的平台提供了多样化的功能，包括财务状况分析、个性化财务规划、投资建议、市场分析、税务优化、保险规划和财务教育。系统与各大金融机构的 API 集成，实现数据实时更新，并实施了严格的风险评估机制和合规性检查，如图 5.11 所示。

"FinGenius"上线不到一年就吸引了超过 50 万个注册用户，取得了显著成效。用户报告平均投资回报率提高 15%，90%的用户表示该应用可以帮助他们更好地理解和管理个人资产，平均储蓄率提高 20%。此外，多家金融机构与平台建立了合作关系，将其作为客户服务的补充工具。

这个创新平台的成功可归因于几个关键因素：高度个性化的财务建议、实时的市场数据分析、严格的风险管理和合规性检查、友好的用户界面设计及持续的模型优化和市场适应。

这个案例充分展示了大语言模型在金融科技领域的创新潜力。通过提供智能化、个性化的财务顾问服务，"FinGenius"不仅帮助普通人做出更明智的财务决策，还为他们实现财务目标提供了有力支持。它为个人理财服务的未来发展方向提供了有价值的参考，展示了技术如何能够使专业的财务建议更加普及和便捷，为用户创造更好的个人财务管理体验。

5.2.7　创意产业

案例　AI 辅助创意平台"CreativeMuse"

一群艺术家和技术专家注意到创意产业中的创意枯竭问题及小型创意公司面临的挑战，因此开发了一个名为"CreativeMuse"的 AI 辅助创意平台。这个基于大语言模型的平台提供了多样化的功能，包括创意生成、剧本写作、广告文案、产品命名、音乐创作、视觉创意和创意评估。平台还包含协作功能，允许多用户共同工作，并为不同创意领域开发了特定的模型和模板。此外，系统实施了版权检查机制，确保生成内容的原创性，如图 5.12 所示。

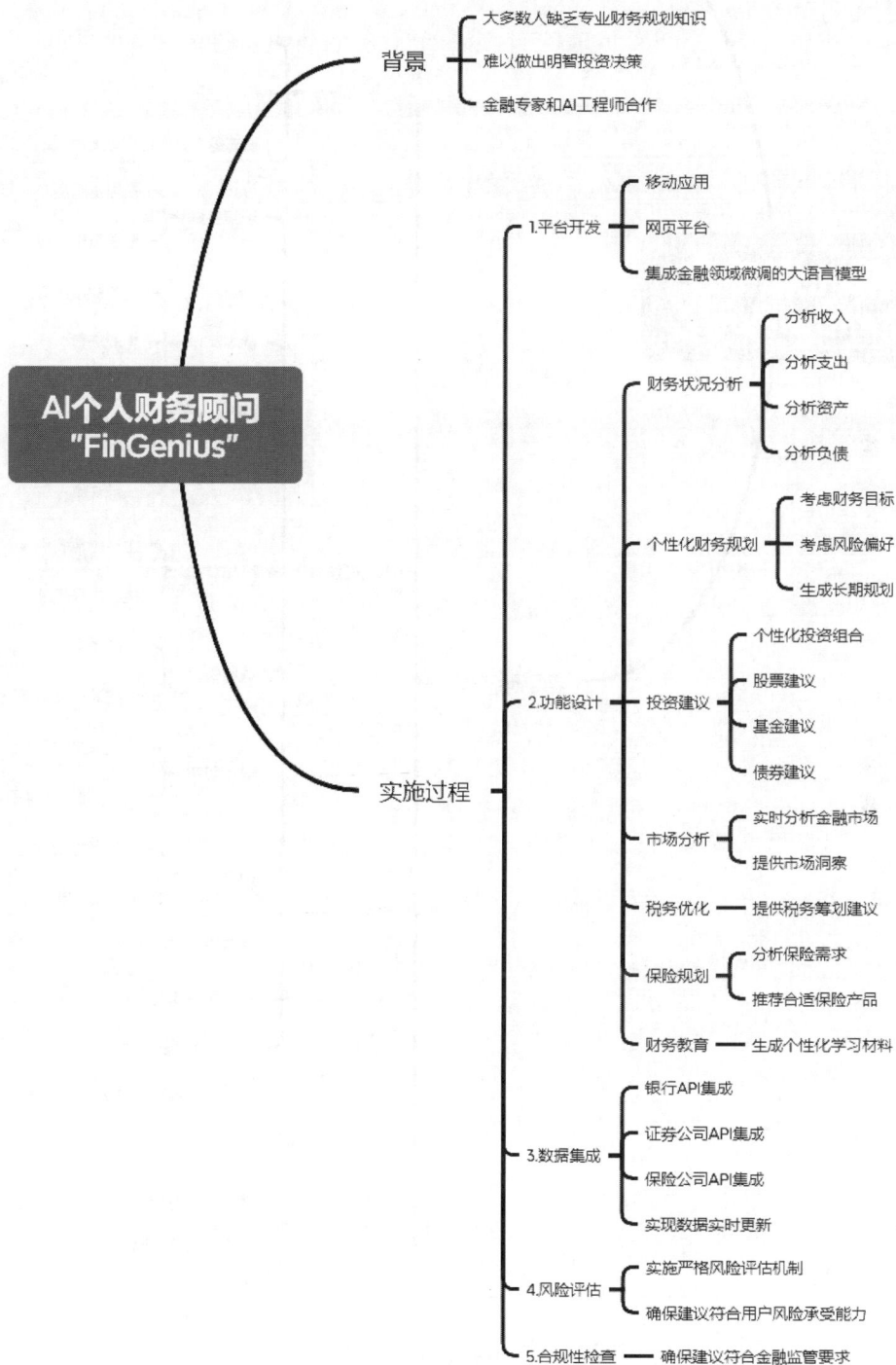

图 5.11　"FinGenius"实施过程

背景
├─ 创意产业面临创意枯竭问题
├─ 小型创意公司难以生产高质量内容
└─ 艺术家和技术专家合作

AI辅助创意平台 "CreativeMuse"

实施过程
├─ 1.平台开发
│   ├─ Web平台
│   ├─ 移动应用
│   └─ 集成多个针对创意领域微调的大语言模型
├─ 2.功能设计
│   ├─ 创意生成
│   │   ├─ 根据主题生成
│   │   └─ 根据风格生成
│   ├─ 剧本写作
│   │   ├─ 生成故事大纲
│   │   ├─ 生成场景描述
│   │   └─ 生成对话
│   ├─ 广告文案
│   │   ├─ 生成各种形式广告文案
│   │   └─ 生成标语
│   ├─ 产品命名
│   │   ├─ 生成创意名称
│   │   └─ 生成产品描述
│   ├─ 音乐创作
│   │   ├─ 生成歌词
│   │   └─ 生成简单旋律描述
│   ├─ 视觉创意
│   │   ├─ 描述视觉创意概念
│   │   └─ 可与图像生成AI配合
│   └─ 创意评估
│   ├─ 分析创意新颖性
│   └─ 评估潜在影响
├─ 3.协作功能
│   ├─ 多用户同项目协作
│   ├─ 共享AI生成的创意
│   └─ 讨论AI生成的创意
├─ 4.行业适配
│   ├─ 电影行业模型和模板
│   ├─ 广告行业模型和模板
│   └─ 游戏行业模型和模板
└─ 5.版权管理
    ├─ 实施版权检查机制
    └─ 确保内容不侵犯现有版权

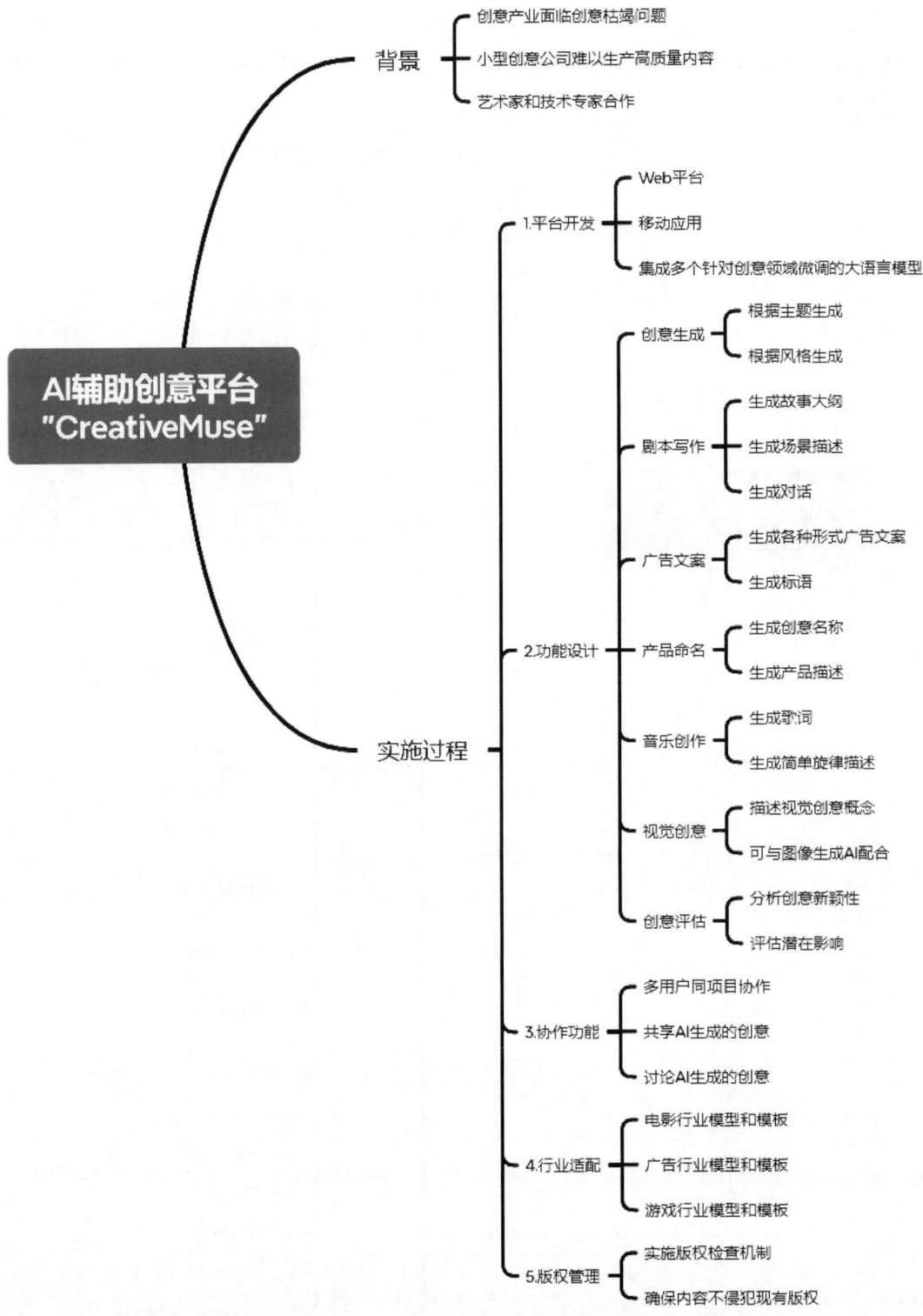

图 5.12 "CreativeMuse" 实施过程

"CreativeMuse"推出不到 9 个月就吸引了超过 10 万名创意工作者和 5 000 家创意公司使用，取得了显著成效。用户报告创意产出效率平均提升 150%，80%的用户表示平台帮助他们克服了创意瓶颈。多个使用该平台的广告案例在国际广告节上获奖，几部由平台辅助创作的影视作品也取得了商业成功。

这个创新平台的成功可归因于几个关键因素：高质量、多样化的创意生成能力，用户友好的协作功能，针对不同创意领域的专业化模型，有效的版权管理机制以及持续的创意趋势学习和模型更新。

这个案例充分展示了大语言模型在创意产业中的应用潜力。通过提供智能化的创意辅助，"CreativeMuse"不仅帮助创意工作者突破思维局限，还显著提高了创作效率和质量。它为创意产业的未来发展提供了新的可能性，展示了技术如何能够赋能创意过程，为创意工作者和公司提供强大的工具支持，推动整个行业的创新和发展。

5.2.8　人力资源管理

案例　AI 驱动的人才管理平台"TalentSphere"

一群人力资源专家和 AI 研究者注意到企业在人才管理方面面临的挑战，因此开发了一个名为"TalentSphere"的 AI 驱动人才管理平台。这个基于大语言模型的系统具有全面的功能，包括智能简历筛选、面试问题生成、员工技能图谱、个性化培训计划、绩效评估辅助、职业发展规划和员工情绪分析。平台支持多语言服务，并与企业现有系统集成，与此同时实施了严格的数据隐私保护措施，如图 5.13 所示。

"TalentSphere"在 50 家中大型企业的试点中取得了显著成效。平均招聘周期缩短 30%，新员工岗位匹配度提高 25%，早期离职率下降 20%。员工培训完成率提高 40%，技能提升速度加快 35%。人力资源部门工作效率提升 50%，员工满意度提高 15%。这些改善主要归功于平台提供的更个性化和精准化的人才管理服务。

这个创新平台的成功可归因于几个关键因素：全面的人才管理功能、高度个性化的分析和建议、与现有企业系统的无缝集成、严格的数据隐私保护措施及持续的模型优化和行业适应。

这个案例充分展示了大语言模型在人力资源管理领域的创新潜力。通过提供智能化、个性化的人才管理解决方案，"TalentSphere"不仅提高了企业的人才管理效率和效果，还帮助企业在竞争激烈的市场中获得了人才优势。它为人力资源管理的未来发展方向提供了有价值的参考，展示了技术如何能够改革传统的人才管理方式，为企业和员工创造更加高效、公平和满意的工作环境。

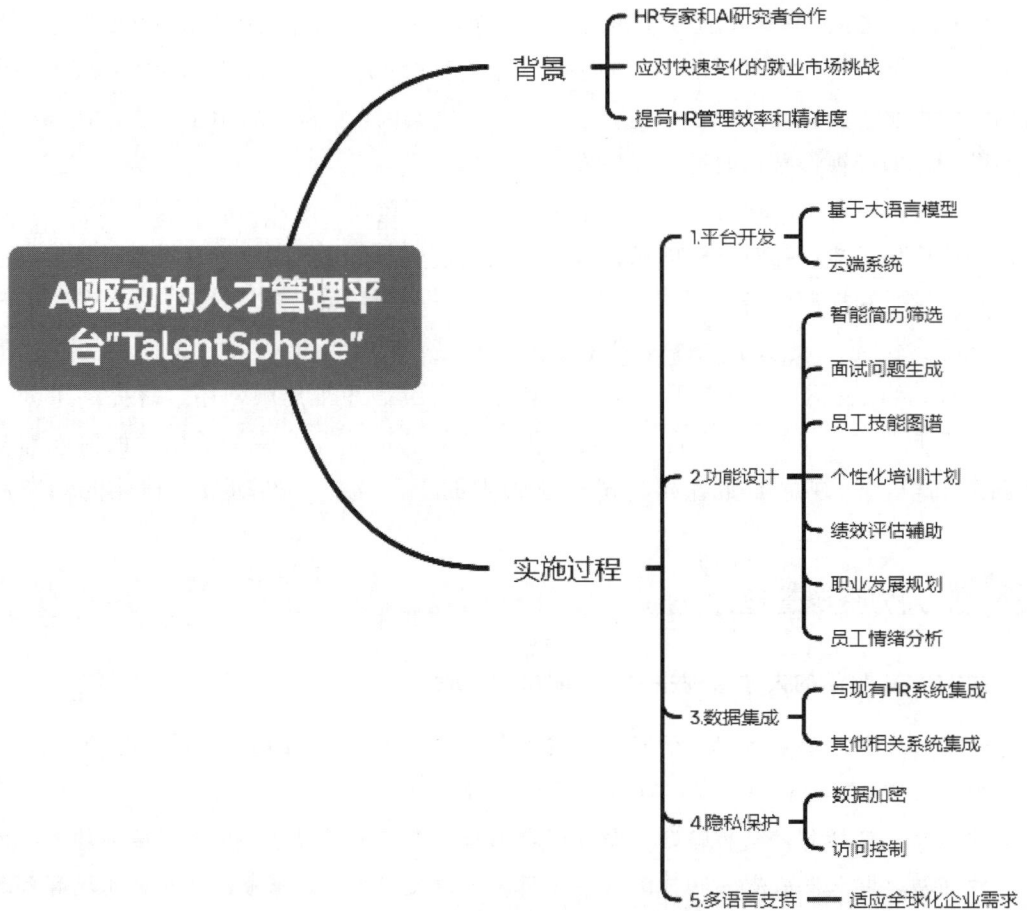

图 5.13   "TalentSphere" 实施过程

5.2.9 智能制造

案例   AI 驱动的智能工厂助手 "SmartFactory AI"

一组制造业专家和 AI 工程师注意到制造业在数字化转型过程中面临的挑战，因此开发了一个名为 "SmartFactory AI" 的智能工厂助手。这个基于大语言模型和工业物联网的系统提供了全面的功能，包括生产计划优化、设备维护预测、质量控制辅助、供应链管理、能源管理、安全监控和技术文档生成。系统整合了多源数据，提供自然语言查询接口和直观的数据可视化界面，方便各级人员使用，如图 5.14 所示。

"SmartFactory AI" 在 10 家制造企业的试点中取得了显著成效。平均生产效率提高 20%，设备故障停机时间减少 40%，维护成本降低 25%。产品质量合格率提升 10%，客户满意度提高 15%。此外，能源使用效率提高 15%，减少了碳排放量，工厂安全事故发生率也降低了 30%。这些改善充分体现了系统在优化生产流程和提高决策质量方面的强大能力。

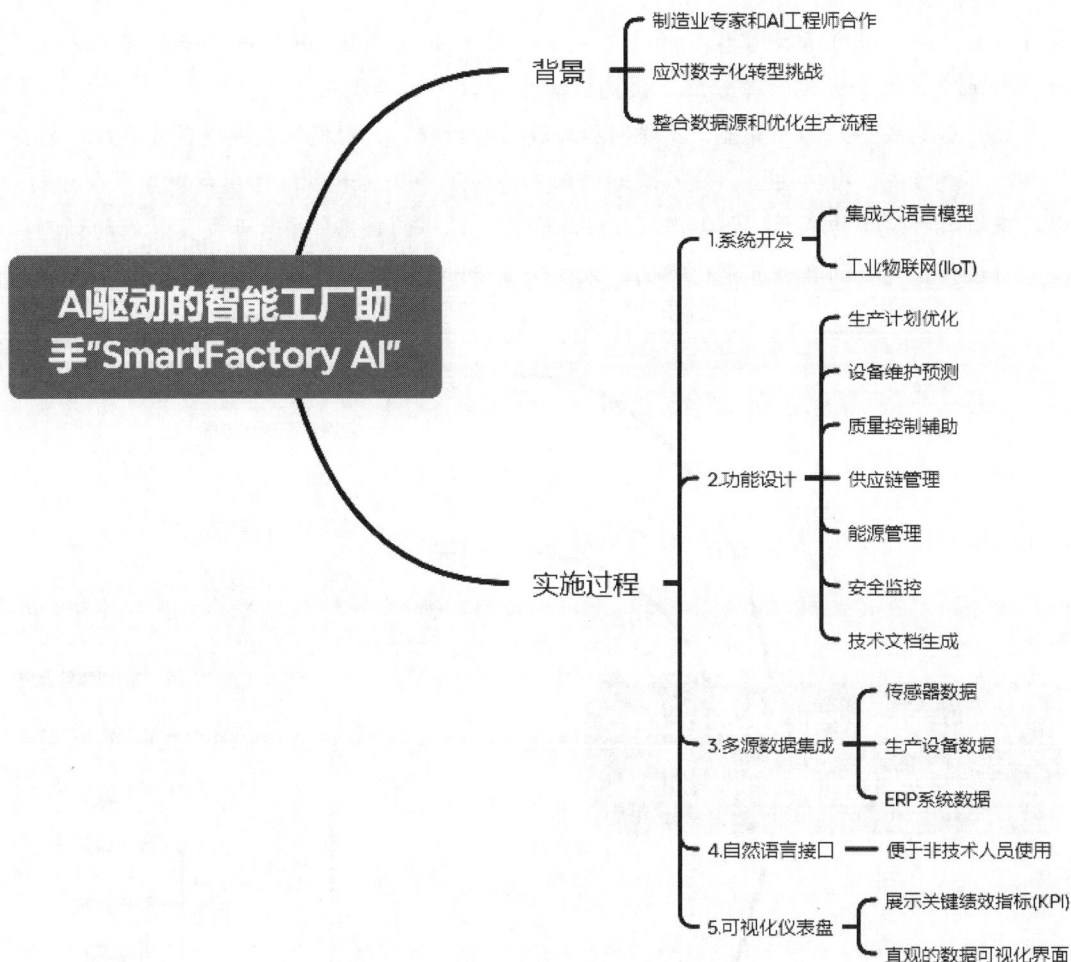

图 5.14　"SmartFactory AI"实施过程

　　这个创新系统的成功可归因于几个关键因素：全面的制造流程覆盖、强大的数据整合和分析能力、友好的用户自然语言接口、实时的数据处理和决策支持及持续的模型优化和行业适应。

　　这个案例充分展示了大语言模型在智能制造领域的应用潜力。通过提供全面的数据分析和决策支持，"SmartFactory AI"不仅帮助制造企业实现了数字化转型，还显著提高了企业的生产效率和竞争力。它为制造业的未来发展创造了新的可能性，展示了技术如何能够推动传统制造业向智能制造转型，为企业创造更高效、更安全、更环保的生产环境，推动整个行业的创新和可持续发展。

5.2.10　智慧城市

案例　AI 驱动的智慧城市管理平台"CityBrain"

在现代城市管理日益复杂的背景下，一群城市规划专家、数据科学家和 AI 研究者携手开发了一个基于大语言模型的智慧城市管理平台"CityBrain"。这个平台旨在通过整合各种城市数据和优化资源分配，提高城市运营效率和居民生活质量。

　　该平台集成了大语言模型、物联网和大数据分析技术，功能涵盖交通流量优化、能源管理、环境监测、公共安全、城市规划辅助、公共服务优化和智能问答系统等多个方面。整合来自各种城市传感器、公共部门数据库和社交媒体的数据，平台开发了精准的预测模型，并设计了直观的数据可视化界面，方便决策者和市民使用，如图5.15所示。

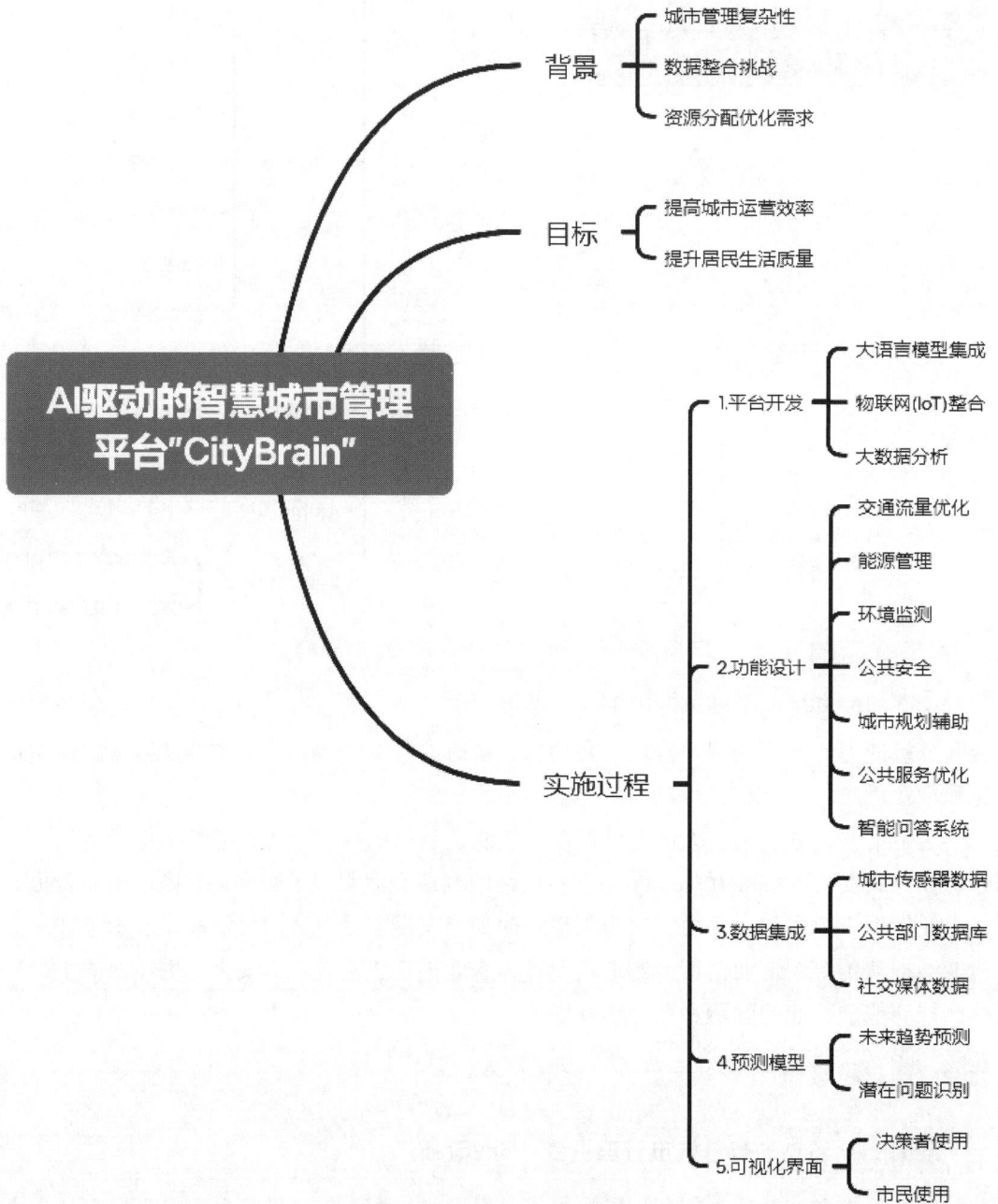

图 5.15　"CityBrain"实施过程

在一个中等规模城市的试点中，该平台取得了显著成效。交通拥堵时间大幅减少，能源使用效率和碳排放均有明显改善。此外，紧急事件响应时间缩短，公共安全事件发生率降低，市民对公共服务的满意度显著提升。城市规划决策效率和公共资源利用率也有了显著提高。

这个案例成功的关键在于平台对城市系统的全面覆盖、强大的数据整合和分析能力、精准的预测模型、友好的用户界面设计、与现有城市管理系统的无缝集成及持续的模型优化和本地化适应。它展示了大语言模型在智慧城市领域的创新应用，通过提供全面的数据分析和决策支持，帮助城市管理者更好地理解和管理复杂的城市系统，从而提高城市运营效率和居民生活质量。

5.3 大语言模型的发展趋势与挑战

大语言模型作为人工智能领域的前沿技术，正在快速发展并不断突破。然而，随着其应用范围的扩大，也面临着一系列技术和伦理挑战。本节将探讨大语言模型的主要发展趋势及其在应用过程中可能遇到的挑战。

5.3.1 发展趋势

大语言模型的发展趋势呈现出多元化和深入化的特点，涵盖了技术、应用和社会影响等多个层面，如图 5.16 所示。这些趋势不仅反映了当前的技术进步，也预示了人工智能未来的发展方向。

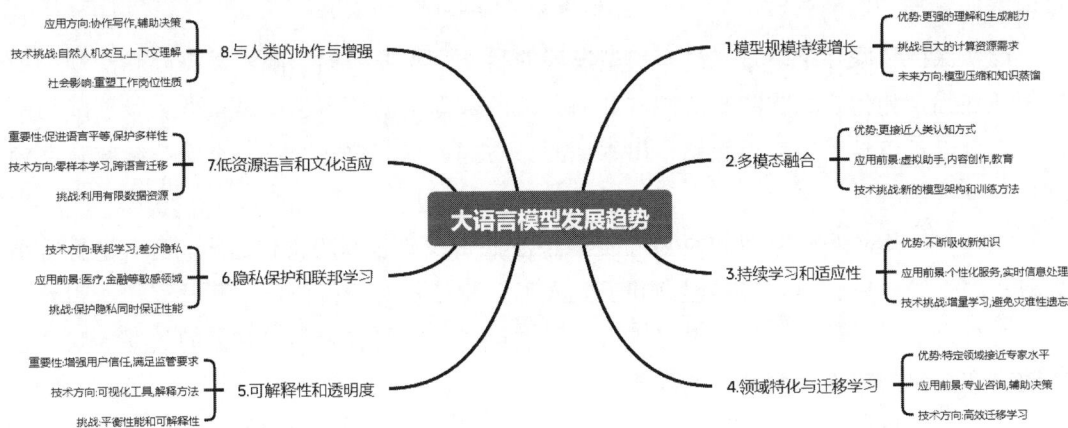

图 5.16 大语言模型的发展趋势

首先，模型规模的持续增长是一个显著趋势。从早期的 BERT 到最新的 GPT-4，模型参数规模呈指数级增长态势，带来了性能的显著提升。更大的模型通常具有更强的理解和生成能力，可以处理更复杂的任务。然而，这也带来了巨大的计算资源和能源消耗需求，可能加剧人工智能领域的不平等。未来的研究方向可能会转向探索模型压缩和知识蒸馏技术，以实现"小而精"的模型，在保持性能的同时降低资源消耗需求。

多模态融合是另一个重要趋势。未来的大语言模型将不再局限于文本处理，而是整合文本、图像、语音、视频等多种数据类型。这种融合能够使模型理解和生成更丰富的内容，更接近人类的认知方式。在虚拟助手、内容创作、教育等领域，多模态模型将带来革命性的应用变革。然而，开发有效融合不同模态信息的新模型架构和训练方法仍然是一个技术挑战。

其次，持续学习和适应是大语言模型发展的另一个关键方向。当前的模型通常是静态的，一旦训练完成就难以更新。未来的趋势是开发能够持续学习和适应的模型，使其能够不断吸收新知识，适应变化的环境和需求。这在个性化服务、实时信息处理等领域将产生重大影响。技术挑战在于如何在保持模型稳定性的同时实现增量学习，避免灾难性遗忘。

领域特化与迁移学习也是大语言模型发展的一个重要方向。虽然通用大语言模型表现出色，但针对特定领域或任务的专门化模型仍有巨大潜力。在医疗、法律、金融等专业领域，这些模型可能达到接近专家水平的表现。未来的研究将探索如何高效地将通用模型适用到特定领域中，发展迁移学习技术。

随着大语言模型在关键决策领域应用范围的扩大，提高模型的可解释性和透明度变得越来越重要。这不仅有助于增强用户信任，满足监管要求，还便于诊断和改进模型。开发新的可视化工具和解释方法，如注意力机制分析、决策路径追踪等，将成为未来大语言模型的研究重点。然而，在保持模型性能的同时提高可解释性也是一个挑战，因为这两者通常是矛盾的。

隐私保护和联邦学习是大语言模型发展的另一个重要方向。随着数据隐私法规保护力度的加强，如何在保护隐私的同时利用分散的数据资源变得越来越重要。发展联邦学习、差分隐私等技术，实现数据不出本地的分布式训练，将在医疗、金融等敏感数据领域产生重大影响。

此外，未来大语言模型的发展将更多关注低资源语言和跨文化适应。这一趋势旨在促进语言平等，保护语言多样性，并扩大人工智能技术的受益群体。开发零样本和少样本学习、跨语言迁移学习等技术将成为发展重点，但如何有效利用有限的数据资源，处理语言和文化的特殊性仍是一个挑战。

最后，未来大语言模型发展的趋势不是人工智能取代人类，而是探索如何更好地实现人机协作并达到互相增强的效果。在协作写作、辅助决策、创意激发等领域，人机协作将带来新的可能性。这需要开发更自然的人机交互接口，提高模型的上下文理解能力。同时，这种趋势可能重塑许多工作岗位的性质，要求人类培养新的技能以适应人工智能时代。

这些发展趋势相互关联，共同推动大语言模型向着更智能、更普适、更负责任的方向发展。模型规模的增长和多模态融合提高了模型的能力，而持续学习和领域特化则使模型更加灵活和专业。可解释性和隐私保护的提升则回应了社会对人工智能的担忧，使其更加可信和安全。关注低资源语言和人机协作则体现了人工智能技术的包容性和协作性。

5.3.2　挑战

大语言模型的发展面临着多方面的挑战，如图 5.17 所示，需要技术创新和社会协作来解决。首要是伦理和偏见问题，模型可能继承并放大训练数据中的偏见，导致不公平输出。解决这一问题需要开发去偏见技术、建立全面的评估框架，并确保训练数据的多样性。

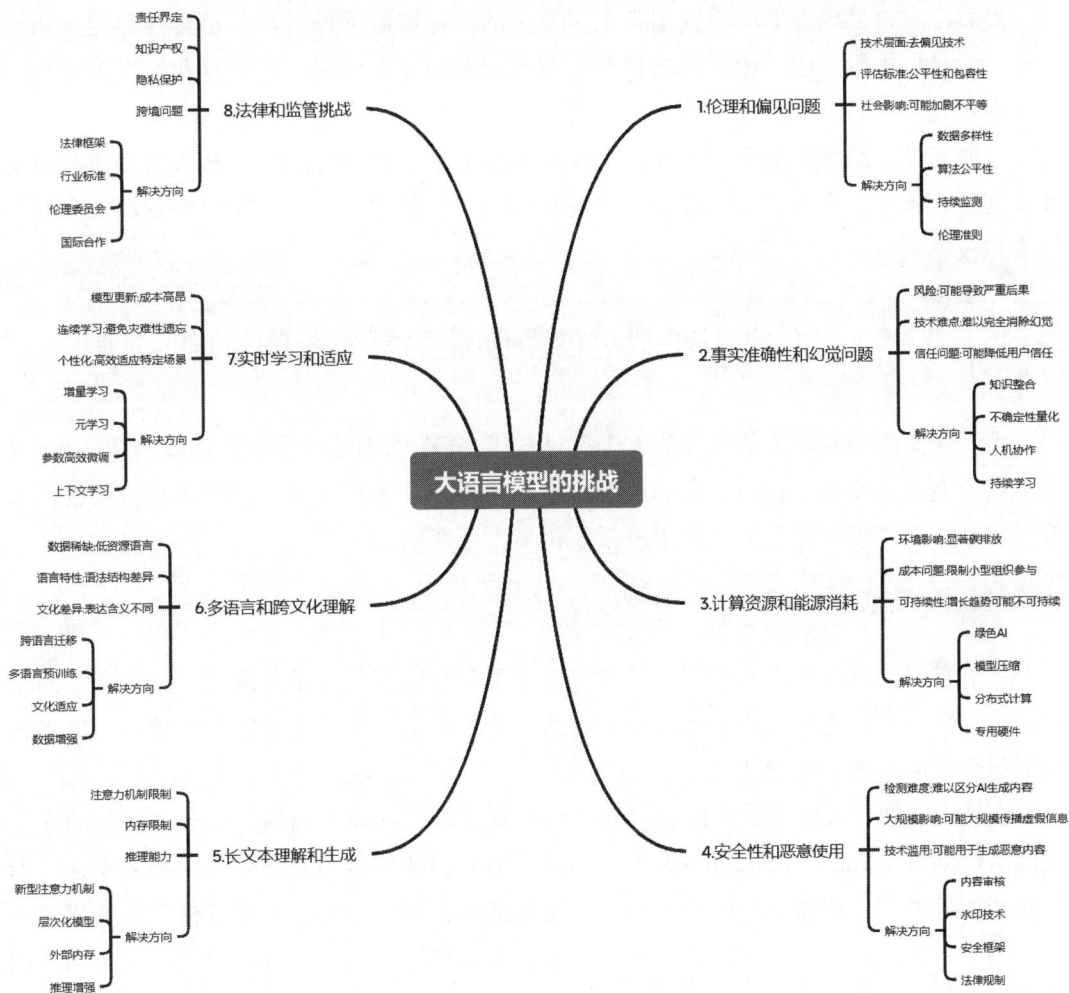

图 5.17　大语言模型的发展面临的挑战

事实准确性和"幻觉"问题也是一大挑战。模型有时会产生看似合理但实际虚构的内容，这在关键决策领域可能造成严重后果。解决方向包括将结构化知识库与模型结合、开发输出置信度评估机制，以及设计有效的人机协作机制。

随着模型规模的增长，计算资源和能源消耗问题日益突出。这不仅带来环境影响，还可能限制小型组织的参与。应对策略包括开发更节能的硬件和算法、研究模型压缩技术及探索更高效的分布式计算方案。

安全性和恶意使用是另一个重要挑战。大语言模型可能被用于生成虚假信息或其他有害内容。解决这一问题需要开发先进的内容检测工具、应用数字水印技术,并建立全面的人工智能安全框架。

在技术层面,长文本处理、多语言和跨文化理解,以及实时学习和适应仍存在困难。这些挑战需要开发新型注意力机制、设计层次化模型架构、探索跨语言知识迁移技术,以及研究增量学习和元学习方法。

最后,大语言模型的广泛应用带来了复杂的法律和监管挑战,包括责任界定、知识产权、隐私保护等问题。应对这些挑战需要制定新的法律框架、建立行业标准,并推动国际合作。

总的来说,这些挑战反映了大语言模型领域的复杂性和动态性。解决这些问题需要技术创新、跨学科合作,以及社会各界的共同努力,以确保大语言模型的发展能为社会带来积极影响。

5.4   大语言模型对创新创业生态系统的影响

大语言模型作为一项革命性的人工智能技术,正在深刻地改变创新创业的生态系统。它不仅为创业者提供了新的工具和机会,也正在重塑许多行业的商业模式和价值链。本节将探讨大语言模型对创新创业生态系统的多方面影响。

5.4.1   降低创业门槛

大语言模型的出现为创新创业领域带来了革命性的变化,显著降低了多个方面的创业门槛,使得更广泛的人群能够参与到创新创业中。这种变革主要体现在技术、成本和效率三个方面,如图 5.18 所示。

在技术层面,大语言模型的普及极大地降低了创业的技术门槛。大公司提供的人工智能 API(Application Programming Interface,API)服务使得小型创业公司不需要自己训练复杂的大模型,就能够利用先进的人工智能能力。同时,基于大语言模型的低代码或无代码平台的出现,让没有技术背景的创业者也能快速开发人工智能应用。这意味着创业不再局限于具有深厚技术背景的人群,而是向更多具有创新想法的人开放。

在成本方面,大语言模型带来了成本的显著降低。人工智能技术可以承担许多原本需要人工完成的任务,如客户服务、内容创作等,这大大减少了创业初期的人力成本。此外,云计算和人工智能即服务(AIaaS)模式的兴起,也降低了技术基础设施的投资成本。这使得创业者能够以更少的启动资金开始他们的创业之旅。

在效率方面,大语言模型为创业者带来了显著的提升。它可以帮助创业者快速生成产品原型、商业计划等，加速整个创业过程。同时，许多烦琐的业务流程可以通过人工智能实现自动化，让创业者能够更专注于核心业务的发展。这种效率的提升不仅加快了创业项目的落地速度，也使得创业者能够更快地响应市场需求和变化。

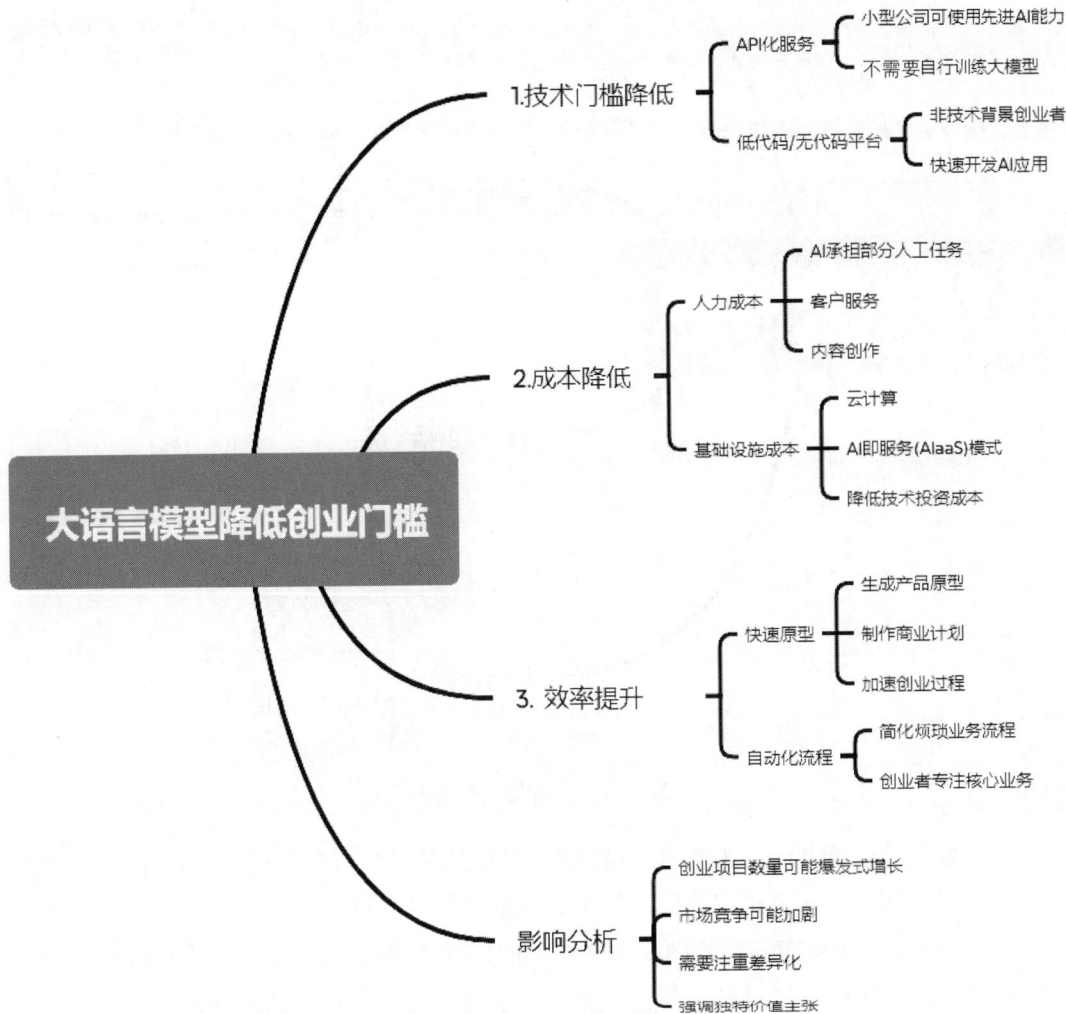

图 5.18　降低创业门槛

　　然而，这种创业门槛的降低也带来了新的挑战。它可能导致创业项目数量的爆发式增长，加剧市场竞争。在这种情况下，创业者需要更加注重项目的差异化和独特价值主张，才能在竞争激烈的市场中脱颖而出。

5.4.2　创新模式的转变

　　大语言模型正在深刻改变创新的方式和过程，推动创新模式向更加智能化、协作化和持续化的方向转变。这种转变主要体现在数据驱动创新、协作式创新和持续创新三个方面，如图 5.19 所示。

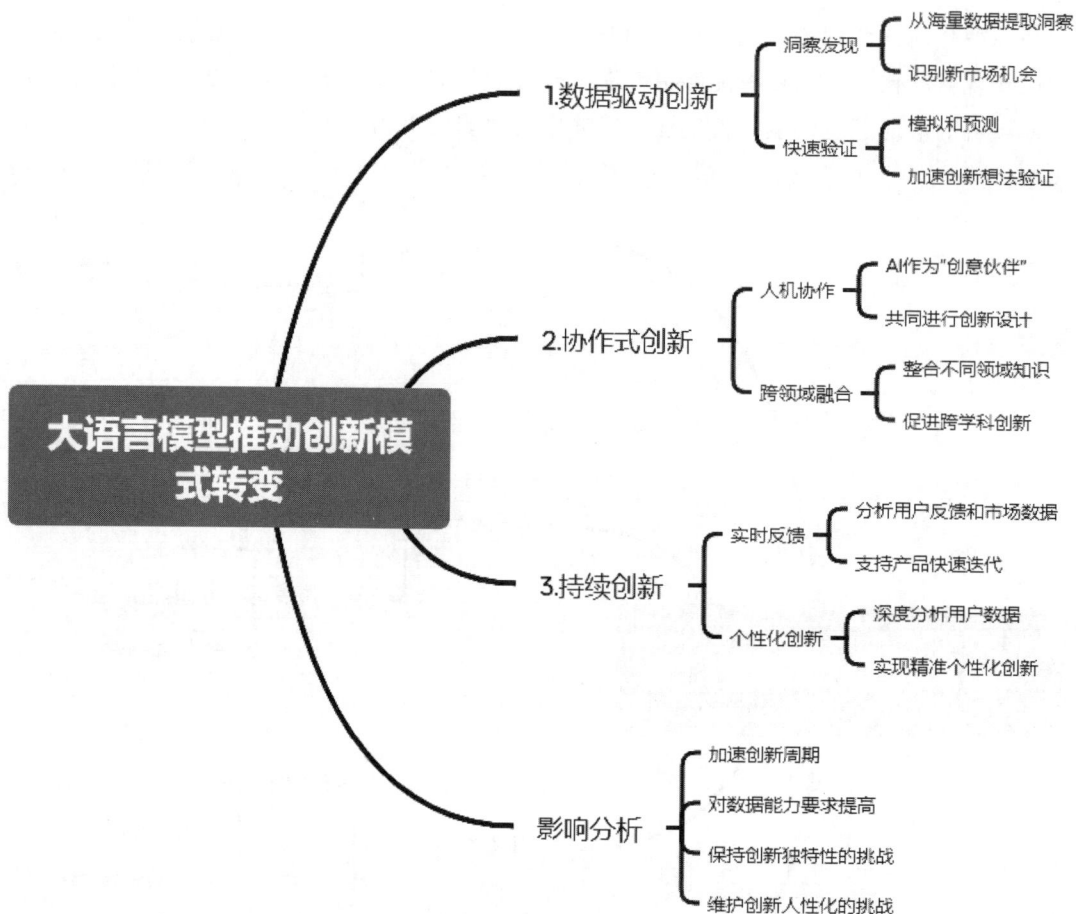

图 5.19　创新模式的转变

　　在数据驱动创新方面,大语言模型展现出强大的能力。它可以从海量数据中提取有价值的洞察,帮助创新者识别新的市场机会和潜在需求。同时,借助模拟和预测功能,大语言模型能够加速创新想法的验证过程,使创新者能够更快速、更准确地评估其创意的可行性和潜在影响。这种基于数据的创新方法显著提高了创新的效率和成功率。

　　协作式创新是另一个重要的转变。大语言模型正在成为人类的"创意伙伴",与创新者共同进行创新设计。这种人机协作模式不仅提高了创新效率,还能激发出更多独特和富有创意的想法。此外,大语言模型强大的知识整合能力促进了跨领域和跨学科的创新。它可以将不同领域的知识和见解融合在一起,为创新者提供更广阔的视角和更多元化的灵感来源。

　　持续创新是大语言模型带来的第三个重要变革。人工智能技术能够实时分析用户反馈和市场数据,为产品的快速迭代提供支持。这使得创新不再是一次性的活动,而是一个持续优化的过程。同时,基于对用户数据的深度分析,大语言模型能够支持更精准的个性化创新,使产品和服务更好地满足个体用户的需求。

　　这种创新模式的转变无疑会加速整个创新周期,使得新产品和新服务能够更快地推向市场。然而，它也对创新者提出了新的挑战：一方面，创新者需要具备更强的数据获取和分析能力，以充分利用大语言模型的潜力；另一方面，在人工智能辅助下如何保持创新的独特性和人性化也成为一个重要问题。创新者需要在利用人工智能工具的同时，保持自己的创造力和洞察力，确保创新成果既有技术先进性，又能体现人文关怀。

大语言模型正在重塑创新的生态系统，为创新者提供了强大的工具和新的可能性。未来的创新将更加智能化、协作化和持续化，这不仅会加速技术进步，也将为解决复杂的社会问题提供新的途径。

5.4.3　商业模式的重构

大语言模型正在深刻影响商业世界，不仅催生了新的商业模式，还在重构现有的商业模式。这种变革主要体现在四个方面：人工智能即服务、平台经济升级、个性化经济和知识变现新模式，如图 5.20 所示。

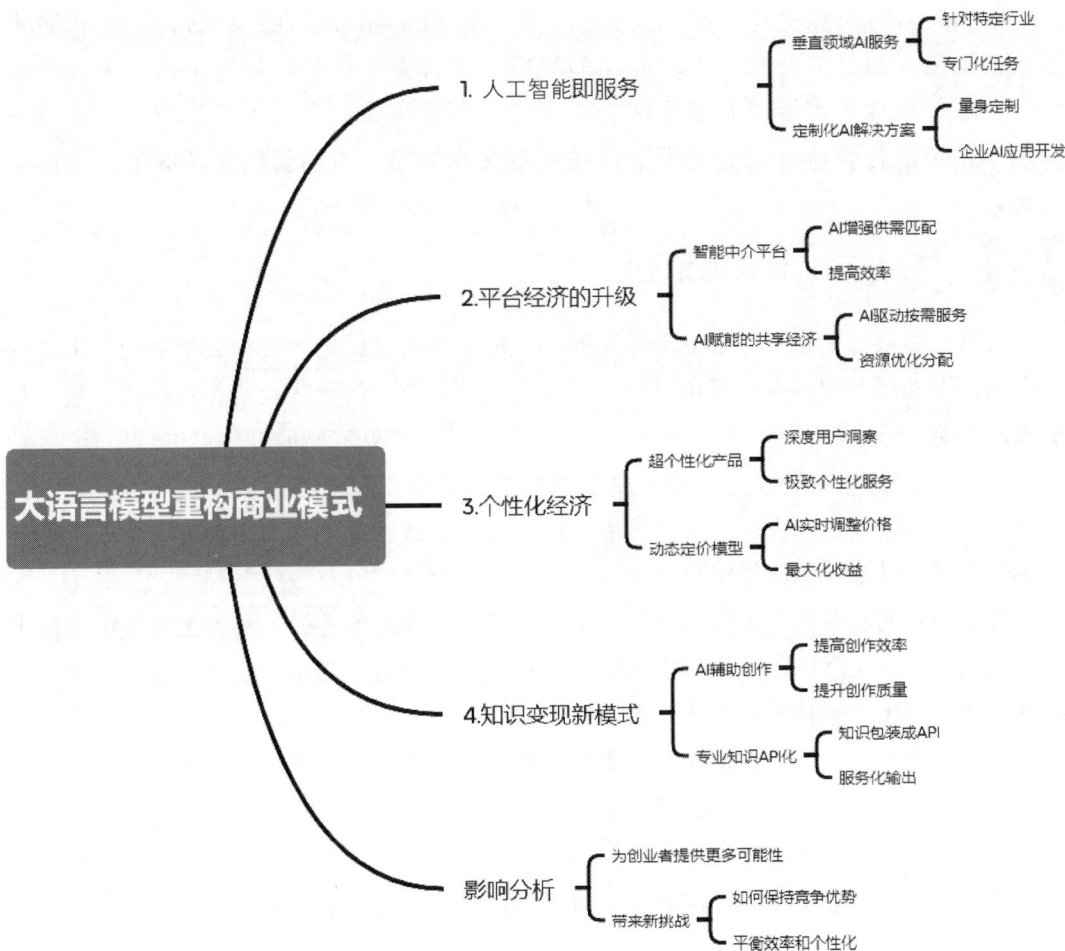

图 5.20　商业模式的重构

人工智能即服务模式正在蓬勃发展，包括针对特定行业或任务的垂直领域人工智能服务，以及为企业提供量身定制的人工智能应用开发服务。这使得更多企业能够以较低成本获取人工智能能力，加速了人工智能技术的普及和应用。

平台经济也在人工智能的推动下升级换代。智能中介平台利用人工智能技术提高供需匹配效率，而人工智能赋能的共享经济模式，如人工智能驱动的按需服务和资源优化分配，正在重塑多个行业的运营模式。

个性化经济在人工智能的支持下达到了新的发展高度。基于人工智能的深度用户洞察，企业能够提供极致个性化的产品和服务。同时，人工智能驱动的动态定价模型使得企业能够实时调整产品价格，实现最大化收益。

在知识变现方面，人工智能也带来了新的可能性。创作者可以借助人工智能提高创作效率和质量，而专业人士则可以将自己的知识通过人工智能模型包装成 API 服务，开辟新的收入来源。

这些新兴的商业模式为创业者提供了更多的机会和可能性。同时，它们也带来了新的挑战，包括如何在人工智能化的环境中保持竞争优势，如何平衡效率和个性化等问题。创业者需要深入理解这些新模式，并思考如何在人工智能驱动的新商业环境中创造独特价值。大语言模型正在重塑商业格局，为创新创业开辟了广阔的新天地。

5.4.4　产业链和价值链的重塑

大语言模型正在深刻重塑多个行业的产业链和价值链结构，这种变革主要体现在四个方面：中间环节的减少、新角色的出现、价值创造方式的变化及协作网络的扩展，如图 5.21 所示。

首先，人工智能技术正在促进产业链的扁平化发展。通过直接连接生产者和消费者，以及利用基于区块链和人工智能的智能合约，许多传统的中间环节正在被简化或取代。这不仅提高了效率，也降低了交易成本。

其次，新的职业角色正在涌现。例如，人工智能训练师专门从事人工智能模型的训练和优化，而人工智能伦理顾问则帮助企业处理人工智能应用中的伦理问题。这些新兴职业反映了人工智能技术对人才需求的转变。

再次，价值创造的方式正在发生变化。数据已成为关键资产，其收集、处理和应用能力成为企业的核心竞争力。同时，通过人工智能为传统产品和服务赋能，企业能够创造新的价值点，提升竞争优势。

最后，人工智能技术正在推动协作网络的扩展。它促进了不同行业间的深度协作，形成新的产业生态。此外，大语言模型的多语言能力也在促进全球范围内的无缝协作，打破了地理和语言的障碍。

这种产业链和价值链的重塑为创业者带来了新的机遇，但也提出了更高的要求。创业者需要具备更强的跨领域整合能力和生态系统思维，才能在这个新环境中把握机会。同时，传统产业链中的一些角色可能面临被取代的风险，需要积极寻求转型。

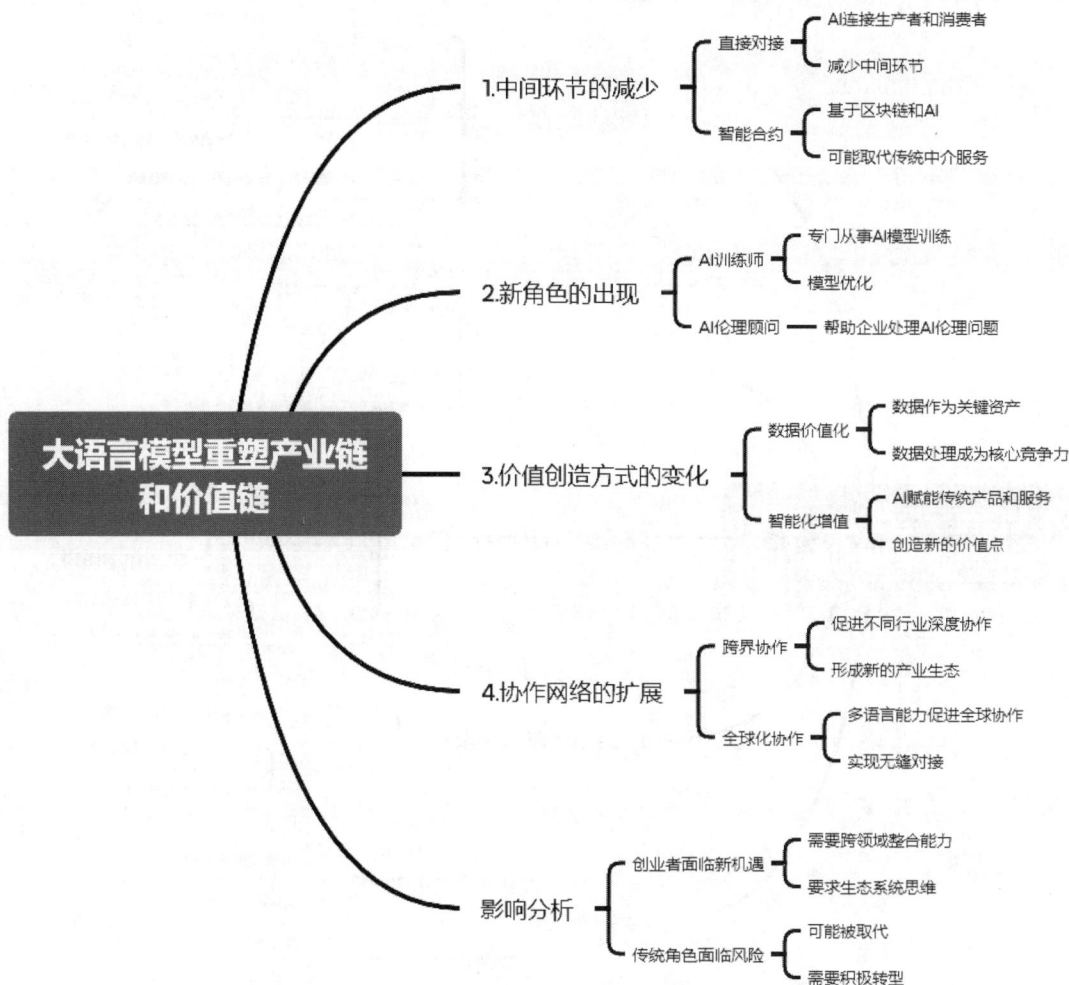

图 5.21　产业链和价值链的重塑

5.4.5　人才需求和就业市场的变化

大语言模型的快速发展正在深刻改变创新创业领域的人才需求结构和就业市场。这种变革主要体现在四个方面：新兴职业的出现、技能需求的变化、劳动力市场的结构性变化及教育和培训模式的转变，如图 5.22 所示。

首先，一系列新兴职业正在涌现。例如，人工智能产品经理负责设计和管理人工智能驱动的产品和服务，提示工程师专门设计和优化与人工智能模型的交互，而人工智能伦理专家则确保人工智能应用符合伦理标准和监管要求。这些新职业反映了人工智能技术对人才市场的深远影响。

其次，技能需求正在发生显著变化。跨学科能力、人机协作能力和持续学习能力变得越来越重要。人才需要同时具备技术知识和领域专业知识，能够有效地与人工智能系统协作，并且能够适应快速变化的技术环境。

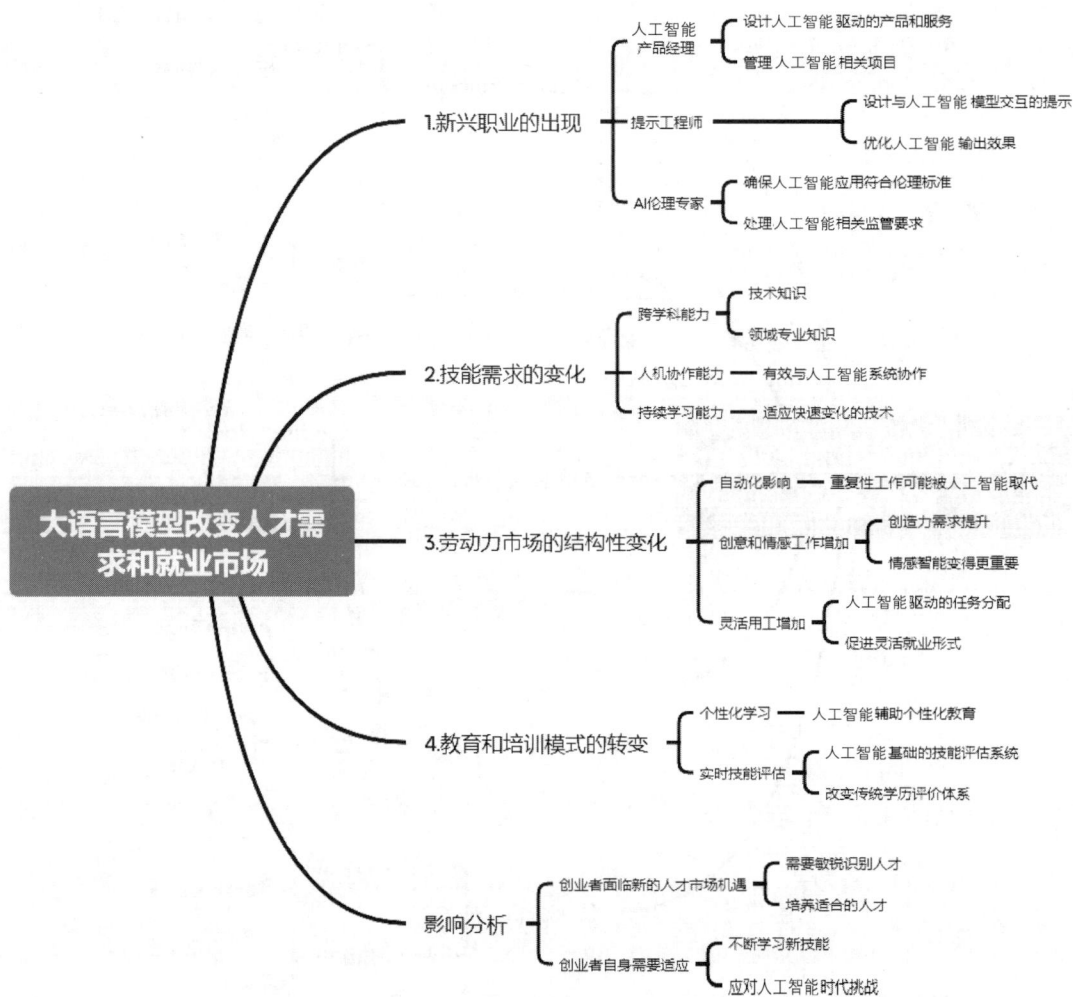

图5.22　人才需求和就业市场的变化

再次，劳动力市场正在经历结构性变化。一些重复性工作可能被人工智能取代，而需要创造力和情感智能的工作可能变得更加重要。同时，基于人工智能的任务分配可能催生更灵活的就业形势。

最后，教育和培训模式也在转变。人工智能辅助的个性化教育可能成为主流，而基于人工智能的实时技能评估系统可能改变传统的学历评价体系。

这些变化为创业者提供了新的人才市场机遇，但也提出了更高的要求。创业者需要更加敏锐地识别和培养所需人才，同时自身也需要不断学习和适应，以应对人工智能时代的挑战。大语言模型正在重塑人才市场的格局，创业者需要积极应对这些变化，才能在新的人才生态中保持竞争力。

5.4.6　创业融资和估值模式的变化

大语言模型和人工智能技术的快速发展正在重塑创业公司的融资和估值方式。这种影响主要体现在以下几个方面，如图 5.23 所示。

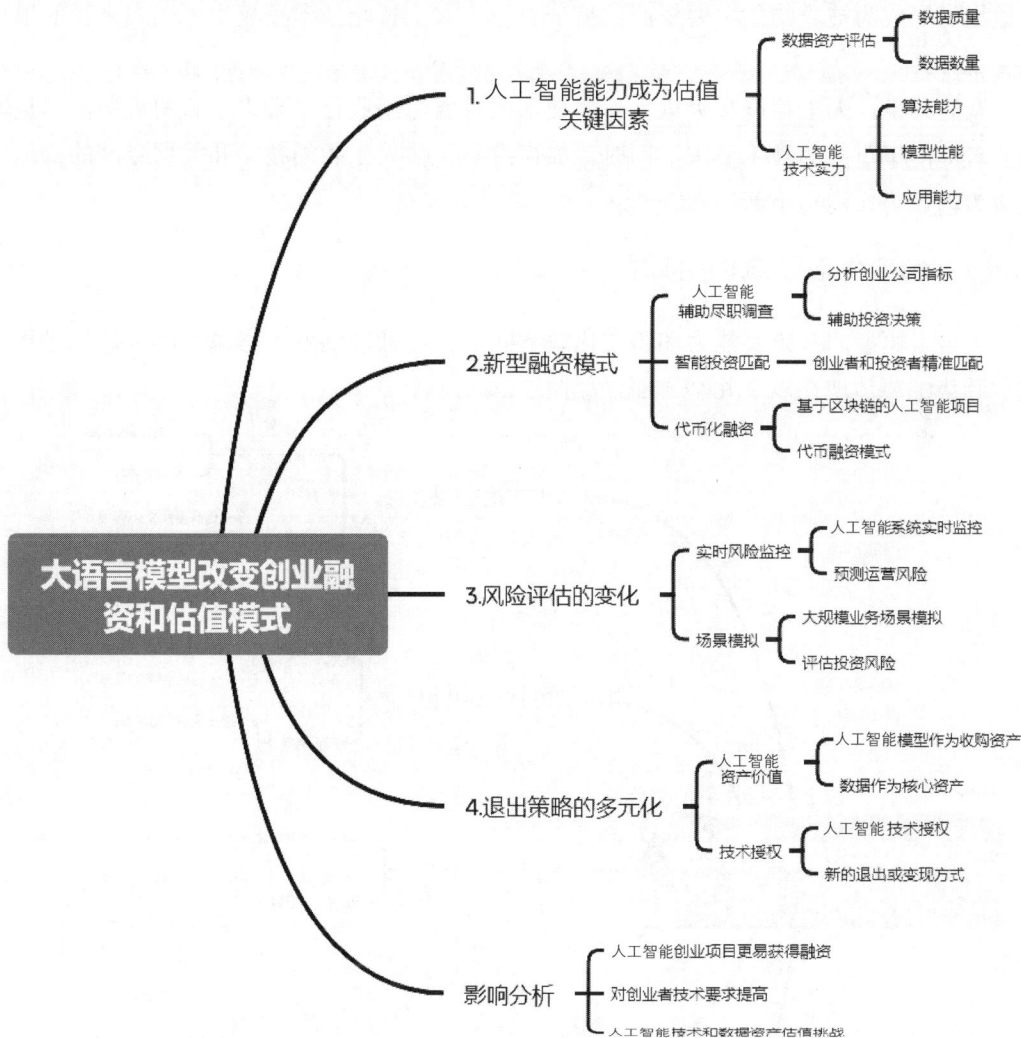

图 5.23　创业融资和估值模式的变化

首先，人工智能能力成为估值的关键因素。公司拥有的数据质量和数量，以及人工智能算法、模型和应用能力，都将直接影响公司的估值水平。数据资产和人工智能技术实力已经成为衡量公司价值的重要指标。

其次，创业融资领域出现了新型的融资模式。一方面，投资机构开始利用人工智能系统分析创业公司的各项指标，辅助投资决策和尽职调查；另一方面，智能投资匹配系统可以帮助创业者和投资者更精准地寻找合适的对手。此外，基于区块链的人工智能项目还可能采用代币融资的新模式。

再次，人工智能技术也改变了对创业公司风险的评估方式。人工智能系统可以实时监控和预测创业公司的运营风险，并通过大规模的业务场景模拟来评估投资风险，为投资决策提供更准确的依据。

最后，人工智能技术还影响了创业公司的退出策略。一方面，公司的人工智能模型和数据可能成为被收购的主要资产；另一方面，人工智能技术授权也可能成为新的退出或变现方式。

总的来说，人工智能和大语言模型技术的发展为创业公司带来了新的机遇，但也对创业者提出了更高的技术要求。同时，如何准确评估人工智能技术和数据资产的价值，也成为创业公司的一个新挑战。

5.4.7 创业生态系统的全球化

大语言模型的多语言能力和跨文化理解能力正在推动创业生态系统的全球化进程。这一趋势主要体现在以下几个方面，如图 5.24 所示。

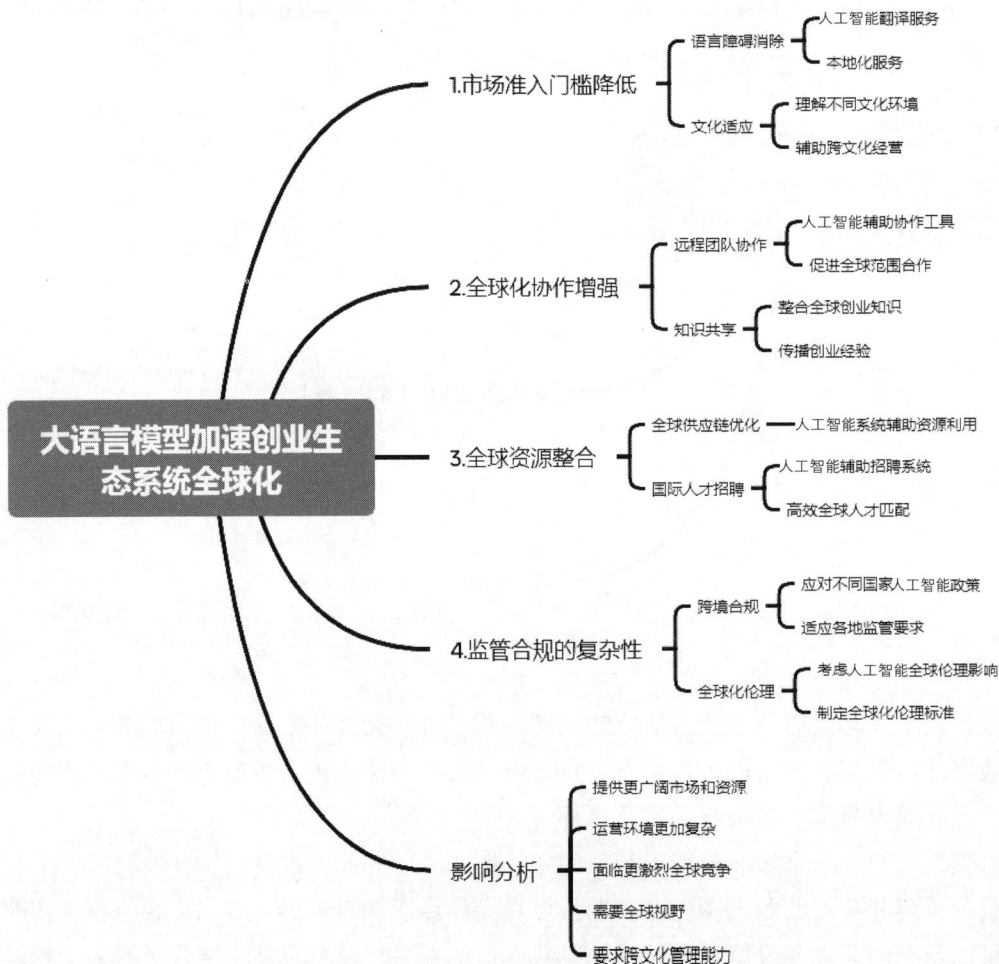

图 5.24 创业生态系统的全球化

首先，市场准入门槛显著降低。人工智能翻译和本地化服务消除了语言障碍，使跨国经营变得更加便捷。同时，大语言模型能够辅助创业者更好地理解和适应不同的文化环境，促进业务在全球范围内的拓展。

其次，全球化协作得到增强。人工智能辅助的协作工具促进了全球范围内的团队合作，使远程办公和跨国协作更加高效。大语言模型还可以帮助整合和传播全球范围内的创业知识，推动创新思想的交流与碰撞。

再次，全球资源整合能力提升。人工智能系统可以帮助创业者更好地利用全球资源，优化供应链管理。同时，人工智能辅助的招聘系统使得全球范围内的人才匹配更加精准和高效，为创业公司吸引国际人才提供了便利条件。

然而，这种全球化趋势也带来了新的挑战。创业者需要应对不同国家和地区的人工智能监管政策，确保跨境合规。同时，还需要考虑人工智能应用在全球范围内的伦理影响，确保技术发展与社会责任的平衡。

总的来说，大语言模型驱动的全球化趋势为创业者提供了更广阔的市场和资源，但也带来了更复杂的运营环境和更激烈的全球竞争。创业者需要具备全球视野和跨文化管理能力，才能在这个日益互联的世界中把握机遇，应对挑战。

5.4.8　创业文化和伦理的演变

大语言模型和人工智能技术的广泛应用正在推动创业文化和伦理观念的深刻变革。这种变革主要体现在以下几个方面，如图 5.25 所示。

首先，创业公司面临着速度与伦理的平衡挑战。人工智能驱动的快速开发和迭代可能与负责任的产品开发理念产生冲突。因此，在创业过程中引入人工智能伦理审查机制变得至关重要，确保创新不会以牺牲道德标准为代价。

其次，透明度和可解释性成为人工智能创业的核心议题。用户和监管机构对人工智能决策过程的透明度要求日益提高，开发可解释的人工智能系统已成为创业公司的重要课题。这不仅关乎用户信任程度，也是满足监管要求的必要条件。

再次，数据责任成为创业公司的基本义务。负责任的数据收集、使用和保护，以及在创新过程中保护用户隐私，已经成为人工智能创业公司面临的关键挑战。建立健全的数据治理机制不仅是法律要求，也是赢得用户信任的关键。

此外，包容性和多样性在人工智能创业中扮演着越来越重要的角色。创业公司需要积极应对人工智能系统中可能存在的偏见问题，构建多元化的团队确保人工智能产品的包容性。这不仅是道德要求，也是拓展市场的必要条件。

最后，人机协作伦理成为新的关注点。创业公司需要合理分配人类员工和人工智能系统之间的工作，确保人工智能的应用不会对员工的工作满意度和心理健康产生负面影响。

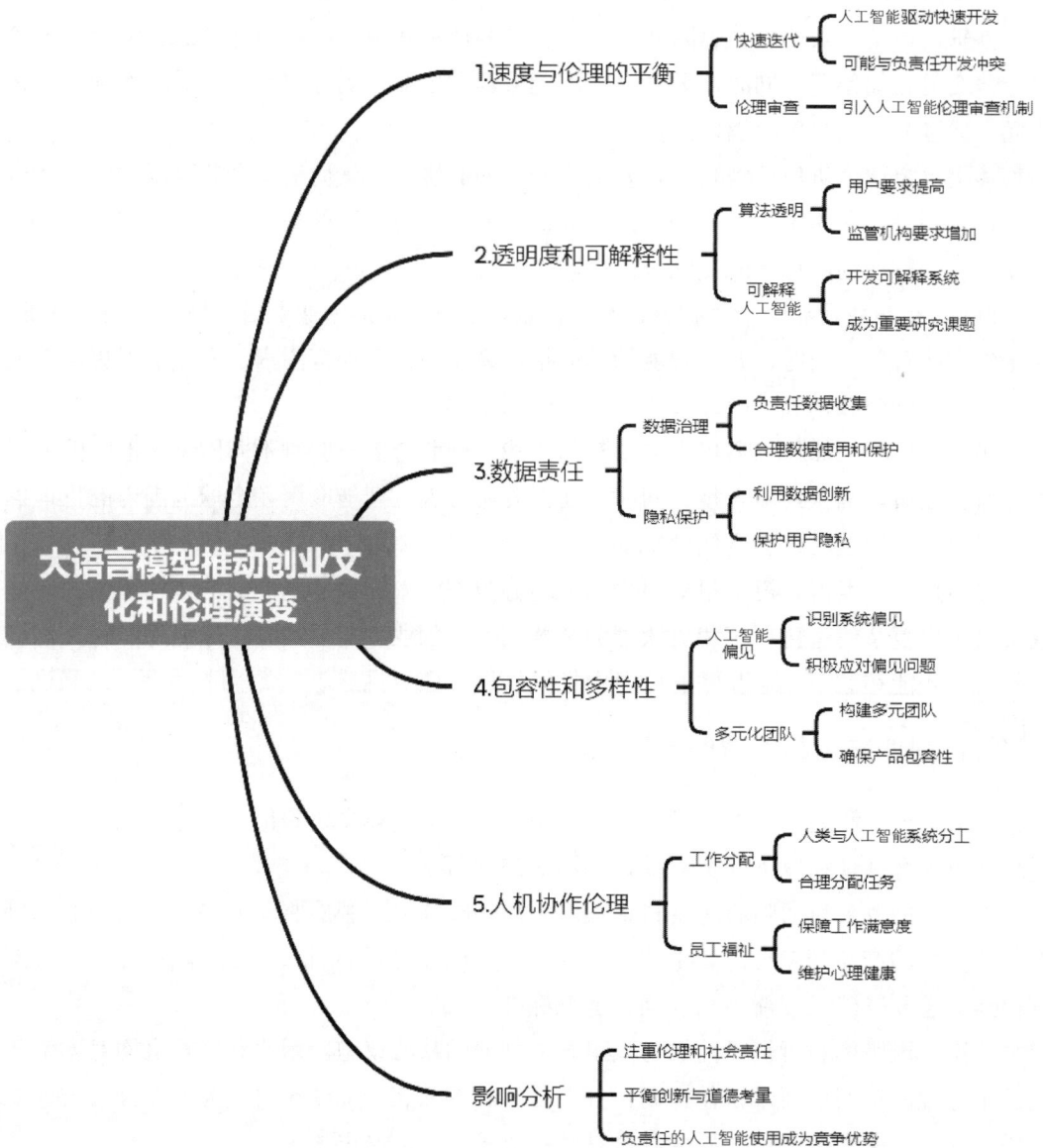

图 5.25　创业文化和伦理的演变

这些变化要求创业者在追求创新和效率的同时，更加注重伦理和社会责任。建立负责任的人工智能使用文化不仅是道德要求，也可能成为创业公司的重要竞争优势。在未来，那些能够在技术创新和伦理责任之间找到平衡的创业公司，将更有可能在市场竞争中脱颖而出，赢得用户信任和社会认可。

5.4.9　创业教育的转型

大语言模型正在推动创业教育的内容和形式发生重大变革，这种转变主要体现在以下几个方面，如图 5.26 所示。

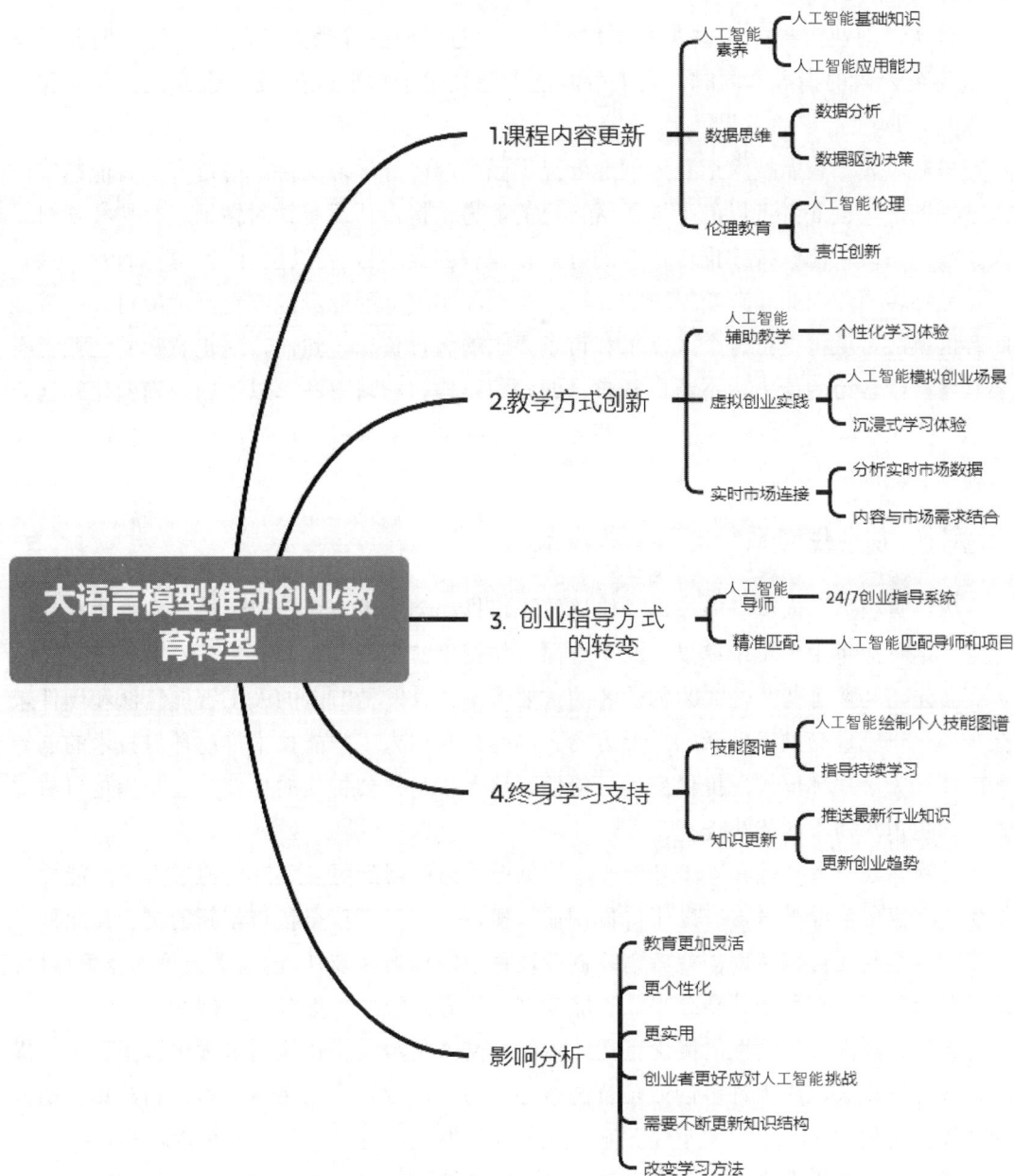

图 5.26　创业教育的转型

首先，创业教育课程内容正在进行全面更新。人工智能素养已成为创业课程的重要组成部分，包括人工智能基础知识和应用能力的培养。同时，数据思维的培训得到加强，旨在提升创业者的数据分析和数据驱动决策能力。此外，人工智能伦理和责任创新等内容也被纳入课程，以培养创业者的社会责任意识。

其次，创业教育教学方式正在经历创新。大语言模型被用于提供个性化的学习体验，人工智能模拟技术则为学生提供沉浸式的虚拟创业实践机会。通过人工智能分析实时市场数据，教学内容能够与市场需求保持紧密结合，确保学习的实用性和时效性。

再次，创业指导方式也在发生转变。人工智能创业导师系统的开发使得创业者可以获得全天候的指导。同时，人工智能技术还被用于精准匹配最合适的人类导师和创业项目，增强指导的效果。

最后，人工智能技术正在为创业者提供强大的终身学习支持。通过人工智能绘制个人技能图谱，创业者可以清晰地了解自己的能力结构，从而有针对性地进行持续学习。人工智能系统还能够持续推送最新的行业知识和创业趋势，帮助创业者保持知识的更新。

这种转型使创业教育变得更加灵活、个性和实用。创业者能够更好地应对人工智能时代的挑战，获得更符合个人需求和市场要求的教育资源。然而，这也意味着创业者需要具备持续学习的能力，不断更新自己的知识结构和学习方法，以适应快速变化的创业环境。人工智能驱动的创业教育变革为创业者提供了更多机会，同时也对他们的学习能力提出了更高的要求。

5.4.10　创业生态系统的可持续发展

大语言模型和人工智能技术的快速发展正推动创业生态系统对可持续发展进行深入思考，这种思考主要集中在以下几个方面，如图 5.27 所示。

首先，环境可持续性成为创业者的重要考量。开发更节能的人工智能算法和硬件来减少碳足迹已成为技术创新的重要方向。同时，利用人工智能技术推动环保技术的创新和应用，为解决环境问题提供新的可能性。这不仅是社会责任的体现，也是满足日益增长的绿色市场需求的战略选择。

其次，社会包容性在人工智能驱动的创业生态中得到更多关注。通过人工智能技术提供更普惠的创业教育，有助于降低创业门槛，让更多人获得参与创新的机会。此外，人工智能系统还可以帮助创业者消除创业过程中的偏见和歧视，创造更公平的竞争环境。这种包容性不仅有利于社会公平，也能为创业生态系统注入更多元的创新力量。

再次，经济可持续性的概念正在被重新定义。利用人工智能技术优化资源利用，推动循环经济模式，成为许多创业项目的核心理念。创业者需要在追求短期利益和长期可持续发展之间找到平衡，这不仅关乎企业的长远发展，也是对社会责任的承担。

最后，技术伦理成为创业者必须面对的重要议题。确保人工智能技术的发展符合伦理标准和社会价值观，探索人类和人工智能和谐共处的创业模式，这些都是负责任的人工智能发展所必需的。创业者需要在技术创新的同时，充分考虑其对社会的影响，并采取相应的措施。

这种多维度的可持续发展思维要求创业者在追求经济效益的同时，更多地考虑社会和环境影响。长期来看，这不仅是承担社会责任的体现，也可能成为创业项目成功的关键因素之一。那些能够在创新、盈利和可持续发展之间找到平衡的创业项目，将更有可能在未来的市场中脱颖而出，获得持久的成功。

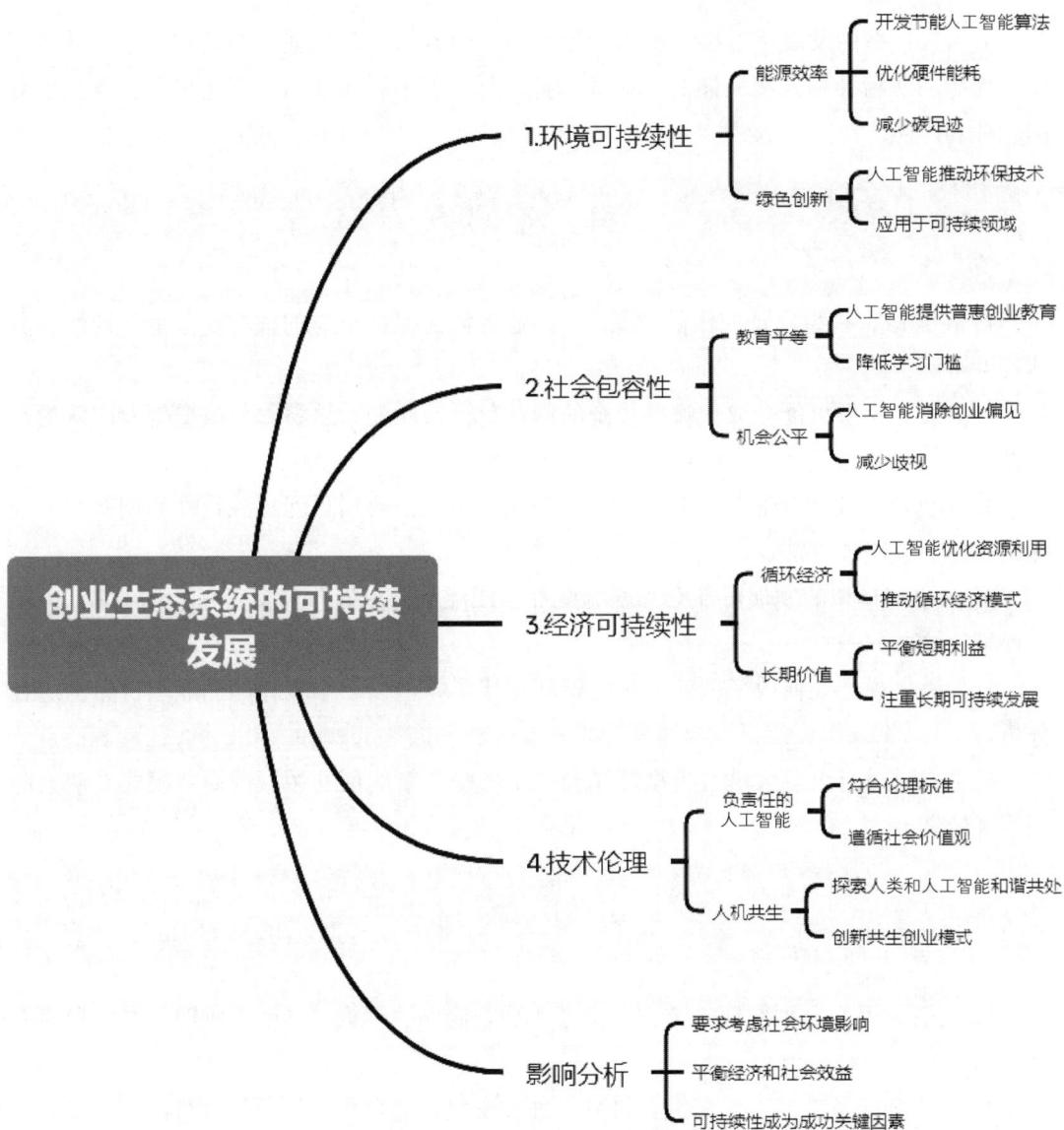

图 5.27　创业生态系统的可持续发展

本 章 小 结

　　大语言模型对创新创业生态系统的影响是全方位的：从降低创业门槛到重塑商业模式、从改变人才需求到推动全球化、从转变创业文化到促进可持续发展。这些变化为创业者带来了前所未有的机遇，也提出了新的挑战。在这个人工智能驱动的新时代，创业者需要不断学习和适应，平衡技术创新与伦理责任，在全球化与本地化之间找到平衡，在效率与人性化之间寻求最佳点。同时，整个创业生态系统也需要进行调整，包括投资者、教育机构和政策制定者等，共同构建一个更加智能、包容和可持续的创新环境。

大语言模型的发展将继续深刻影响创新创业的未来。那些能够有效利用这一技术，同时保持创新精神和人文关怀的创业者，将在新时代中脱颖而出，创造出真正改变世界的企业和产品。

思 考 题

1. 在大语言模型广泛应用的背景下，创业者如何保持自身的核心竞争力？请结合具体行业举例说明。

2. 大语言模型可能会取代哪些传统的创业角色或职能？这将如何改变创业团队的组织结构？

3. 如何在利用大语言模型提高效率的同时，确保创业项目保持独特性和创新性？请提出具体的策略或方法。

4. 大语言模型的发展可能会加剧哪些社会或经济问题？作为负责任的创业者，应该如何解决这些问题？

5. 大语言模型如何改变创业公司的国际化战略？请以一个具体的创业项目为例进行分析。

6. 展望未来十年，大语言模型可能会催生哪些全新的创业领域或商业模式？请大胆预测并论证。

实 践 项 目

1. 利用大语言模型实现一个创业点子生成，输入关键词，自动生成创业方向和简要计划书。

2. 人工智能驱动的市场研究，利用大语言模型自动收集、分析和总结特定行业或产品的市场信息。

3. 利用大语言模型，根据用户输入的创业信息，自动生成完整的商业计划书。

4. 人工智能创业风险评估，利用大语言模型评估你所在领域的创业项目在不同情景下的潜在风险和回报。

5. 大语言模型创业生态地图，绘制一张详细的大语言模型创业生态地图，包括主要的技术提供商、应用开发者和投资机构等，分析其中的机会和面临的挑战。

6. 设计一个基于大语言模型的创业学习助手，提供个性化的学习内容推荐和问题解答服务。

第6章 大数据与算法驱动的创新创业

大数据和算法是人工智能的两大基石，也是驱动创新创业的关键引擎。本章将深入剖析大数据的特点与应用，系统梳理算法的类型与选择，详细介绍数据驱动的创新创业案例，并重点探讨数据安全与隐私保护等问题。通过理论阐述和案例分析，帮助读者全面把握大数据和算法在创新创业中的重要作用，掌握数据驱动的思维方式和实践路径，了解数据安全和隐私保护的基本原则和关键举措。

6.1 大数据的特点与应用

6.1.1 大数据的定义与特征

大数据是指海量、高增长率和多样化的信息资产，其数量巨大、类型繁多、价值密度低，但可以通过新型处理模式进行优化，从中挖掘出新的认知，创造新的价值。IBM提出的大数据"4V"特征被广泛接受。

(1) 体量(Volume)：数据规模巨大，从 TB 级别到 PB 级别不等。

(2) 速度(Velocity)：数据生成和处理速度快，要求实时或近实时处理。

(3) 多样性(Variety)：数据类型和来源多样，包括结构化、半结构化和非结构化数据。

(4) 真实性(Veracity)：数据质量和可信度参差不齐，需要处理和验证；

后来，有学者提出了"5V"特征，增加了：

价值(Value)：大数据中蕴含着巨大的潜在价值，通过分析可以获得洞察。

理解这些特征对创新创业者至关重要，因为它们决定了如何收集、存储、处理和分析数据，以及如何从中提取价值。

6.1.2 大数据的来源

大数据的来源多种多样，主要包括：

(1) 互联网和社交媒体数据：用户生成内容、点击流数据、社交网络关系等；

(2) 物联网(IoT)数据：来自各种传感器、智能设备的数据；

(3) 交易数据：电子商务、金融交易等产生的数据；

(4) 企业运营数据：ERP、CRM 系统等产生的内部数据；

(5) 公共部门数据：政府开放数据、公共服务记录等；

(6) 科研数据：基因组学、天文学等领域产生的海量数据。

创新创业者需要根据自身业务特点，识别和获取相关的数据源，为后续的分析和应用奠定基础。

6.1.3 大数据处理技术

处理大数据需要一系列先进的技术和工具，主要包括：

(1) 分布式存储：如 Hadoop 分布式文件系统(HDFS)、NoSQL 数据库等；

(2) 分布式计算：如 MapReduce、Spark 等并行计算框架；

(3) 流处理：如 Apache Flink、Apache Kafka 等实时数据处理技术；

(4) 数据湖：如 Amazon S3、Azure Data Lake 等，用于存储和管理各类原始数据；

(5) 数据仓库：如 Amazon Redshift、Google BigQuery 等，用于结构化数据的存储和分析；

(6) 机器学习和人工智能：如 TensorFlow、PyTorch 等框架，用于高级数据分析和预测。

创新创业者需要根据自身需求和资源情况，选择适合的技术栈来构建大数据处理平台。

6.1.4 大数据的应用领域

大数据在各行各业都有广泛的应用，主要包括：

(1) 商业智能与决策支持：通过数据分析优化业务流程，提高决策效率；

(2) 个性化推荐：利用用户行为数据，提供定制化的产品和服务推荐；

(3) 风险管理：在金融、保险等领域，利用大数据进行风险评估和欺诈检测；

(4) 预测性维护：在制造业和能源行业，利用传感器数据预测设备故障；

(5) 智慧城市：利用城市各类数据，优化交通、能源、环境等管理；

(6) 精准医疗：利用基因组学和电子健康记录数据，实现个性化诊疗；

(7) 科学研究：在气候变化、粒子物理等领域，利用大数据推动科学发现。

案例研究 阿里巴巴的数据驱动创新

阿里巴巴集团是大数据应用的先驱之一。公司通过收集和分析电商平台、支付宝、高德地图等产品的海量数据，不断优化用户体验和业务运营。

(1) 个性化推荐：阿里巴巴利用用户浏览、搜索、购买历史等数据，构建了复杂的推荐算法，为用户提供个性化的商品推荐，显著提高了转化率。

(2) 信用评估：蚂蚁金服利用用户的交易、支付、社交等多维度数据，开发了芝麻信用评分系统，为小微企业和个人提供信用评估服务，推动了普惠金融的发展。

(3) 智慧物流：菜鸟网络利用订单、仓储、运输等数据，优化物流网络和配送路径，提高配送效率，降低成本。

(4)城市大脑：阿里云与杭州等城市合作，利用交通、公共服务等数据，开发了"城市大脑"系统，优化交通信号控制，提高道路通行效率。

这个案例展示了如何将大数据应用于多个业务领域，创造新的价值和商业模式。

6.1.5 大数据面临的挑战

尽管大数据为创新创业带来了巨大机遇，但也面临着一些挑战：

(1)数据质量：确保数据的准确性、完整性和一致性是一个持续的挑战；

(2)技术复杂性：大数据技术栈复杂，需要专业的技术团队来实施和维护；

(3)人才短缺：具备数据科学和工程技能的人才稀缺且价格昂贵；

(4)数据孤岛：组织内部数据往往分散在不同系统中，难以整合和共享；

(5)隐私和安全：大规模数据收集和使用引发了隐私保护和数据安全问题；

(6)投资回报：大数据项目往往需要大量投资，如何实现投资回报是一个挑战。

创新创业者需要充分认识这些挑战，并制定相应的策略来应对。

大数据的应用为创新创业带来了众多的机会和广阔的空间。创业者需要具备数据思维和数据驱动的意识，善于从海量数据中发现问题、捕捉机会、验证假设，并将数据洞见转化为可行的商业方案和落地的创新产品。同时，创业者还需要掌握数据采集、存储、处理、分析和可视化等技术手段，或者与数据技术团队紧密合作，将业务知识与数据技术充分结合，真正实现数据价值的释放和转化。

6.2 算法的类型与选择

6.2.1 算法的定义和重要性

算法是解决特定问题的一系列明确指令或规则。在大数据时代，算法扮演着至关重要的角色，它们能够从海量数据中提取有价值的信息，支持决策制定和自动化操作。

对创新创业者来说，理解和选择合适的算法至关重要，因为算法直接影响了产品或服务的性能、效率和用户体验。

6.2.2 常见算法类型

1. 机器学习算法

机器学习算法是当前最受关注的算法之一，它们能够从数据中学习并改进性能。主要包括：

① 监督学习算法：如线性回归、决策树、支持向量机（Support Vector Machine，SVM）

和随机森林等，用于分类和预测任务。

② 无监督学习算法：如 K 均值聚类、主成分分析(Principal Component Analysis，PCA)、关联规则学习等，用于发现数据中的隐藏结构。

③ 半监督学习算法：结合了有标签和无标签数据的学习方法。

④ 强化学习算法：如 Q 学习、策略梯度法等，通过与环境交互学习最优策略。

2. 深度学习算法

深度学习是机器学习的一个子领域，主要基于人工神经网络。常见的深度学习算法包括：

① 卷积神经网络(Convolutional Neural Network，CNN)：主要用于图像识别和计算机视觉任务。

② 循环神经网络(Recurrent Neural Network，RNN)和长短期记忆网络(Long Short-Term Memorg，LSTM)：用于处理序列数据，如自然语言处理。

③ 生成对抗网络(Generative Adversarial Networks，GAN)：用于生成新的、逼真的数据样本。

④ 变换器(Transformer)：在自然语言处理任务中表现优异，是大语言模型的基础。

3. 优化算法

优化算法用于寻找给定问题的最优解，在机器学习和运筹学中广泛应用。常见的优化算法包括：

① 梯度下降法及其变体：如随机梯度下降(Stochastic Gradient Descent，SGD)、Adam等，用于训练机器学习模型。

② 遗传算法：模拟生物进化过程，用于解决复杂的优化问题。

③ 粒子群优化：模拟群体行为，用于寻找全局最优解。

4. 图算法

图算法用于处理网络结构数据，在社交网络分析、推荐系统等领域有广泛应用。主要包括：

① 最短路径算法：如 Dijkstra 算法、Floyd-Warshall 算法等。

② 最小生成树算法：如 Kruskal 算法、Prim 算法等。

③ 社区检测算法：如 Louvain 算法、标签传播算法等。

④ PageRank 算法：用于网页排序和节点重要性评估。

5. 数据挖掘算法

数据挖掘算法用于从大型数据集中发现模式和关系。主要包括：

① 关联规则挖掘：如 Apriori 算法，用于发现项目间的关联关系。

② 序列模式挖掘：如 PrefixSpan 算法，用于发现时序数据中的模式。

③ 异常检测算法：如孤立森林(Isolation Forest)、局部离群因子(Local Outlier Factor，LOF)等。

6.2.3　算法选择的考虑因素

在创新创业实践中，算法的选择需要考虑问题的特点、数据的规模和质量、计算资源的约束等因素。

(1)问题特性：明确问题的类型(如分类、回归、聚类等)和数据特征。

(2)数据规模：考虑数据量大小和处理速度要求。

(3)模型可解释性：在某些领域(如医疗、金融)，模型的可解释性很重要。

(4)计算资源：评估可用的硬件资源和计算能力。

(5)实现复杂度：考虑团队的技术能力和开发时间。

(6)精度要求：权衡模型精度和计算效率。

(7)可扩展性：考虑算法在未来数据增长时的表现。

对于结构化程度高、规模适中的数据，可以选择一些传统的机器学习算法，如决策树、支持向量机等；对于非结构化的大规模数据，往往需要采用深度学习算法，如卷积神经网络、循环神经网络等；对于需要在线实时决策的场景，可以考虑一些轻量级的在线学习算法；对于需要解决长期规划和动态决策的问题，可以采用强化学习和多臂老虎机等算法；对于需要解释性强、有较强先验知识的场景，可以选择贝叶斯方法和基于规则的专家系统等。

6.2.4　算法优化与集成

在实际应用中，单一算法往往难以满足复杂问题的需求。因此，算法优化和集成成为提升性能的重要手段。

(1)超参数调优：使用网格搜索、随机搜索或贝叶斯优化等方法调整算法参数。

(2)特征工程：通过创建、选择和转换特征来提升算法性能。

(3)集成学习：结合多个基本模型，如随机森林(多个决策树的集成)、XGBoost等。

(4)迁移学习：利用预训练模型，加速新任务的学习过程。

案例研究　Netflix 的推荐算法

Netflix 是流媒体行业的领军企业，其成功在很大程度上归功于其先进的算法推荐。Netflix 的推荐系统是一个复杂的算法集成，包括：

(1)协同过滤：基于用户-项目交互矩阵，预测用户对未看过内容的兴趣值；

(2)基于内容的过滤：基于电影/剧集的特征(如类型、演员、导演)进行推荐；

(3)深度学习模型：使用神经网络处理用户行为序列，捕捉用户长期和短期兴趣；

(4)上下文感知推荐：考虑时间、设备类型等上下文信息；

(5)A/B测试：持续进行在线实验，优化算法性能。

Netflix通过这种多算法集成的方式，实现了个性化推荐，大幅提高了用户满意度和留存率。该公司估计，其推荐系统每年为公司节省约10亿美元，充分展示了算法在创新创业中的巨大价值。

6.3   数据驱动的创新创业案例

6.3.1   零售业：沃尔玛的数据驱动转型

沃尔玛作为传统零售巨头产业，通过数据驱动实现了数字化转型。

(1)需求预测：利用机器学习算法分析历史销售数据、天气数据、经济指标等，精准预测各地区、各品类的需求，优化库存管理。

(2)个性化营销：通过分析客户购买历史、浏览行为等数据，为不同客户群提供定制化的促销信息和产品推荐。

(3)供应链优化：利用物联网技术和大数据分析，实时监控商品流通状况，优化配送路线，提高供应链效率。

(4)价格优化：使用动态定价算法，根据竞争对手价格、库存水平、需求预测等因素，实时调整商品价格。

(5)欺诈检测：应用机器学习算法分析交易数据，识别潜在的欺诈行为，保护公司利益。

通过这些数据驱动的创新，沃尔玛不仅提高了运营效率，还成功应对了来自亚马逊等电商巨头的挑战，实现了线上线下的融合发展。

6.3.2   金融科技：蚂蚁集团的普惠金融实践

蚂蚁集团(原蚂蚁金服)是利用大数据和人工智能技术推动普惠金融的典型。

(1)信用评估：通过分析用户在支付宝平台的交易行为、社交关系、信用记录等多维度数据，开发了"芝麻信用"评分系统，为没有传统信用记录的用户提供信用评估。

(2)小额贷款：基于大数据信用评估，蚂蚁集团能够为小微企业和个人提供快速、低成本的小额贷款服务(如花呗、借呗)，填补了传统银行难以覆盖的市场空白。

(3)风险控制：利用机器学习算法实时监控交易行为，识别异常模式，有效控制信贷风险。

(4)智能客服：运用自然语言处理技术，开发智能客服系统，提高客户服务效率和满意度。

(5)区块链应用：利用区块链技术构建跨境汇款平台，降低费用，提高效率。

通过这些创新，蚂蚁集团不仅创造了巨大的商业价值，也极大地推动了普惠金融的发展，为数亿用户提供了便捷的金融服务。

6.3.3　医疗健康：IBM Watson Health 的人工智能诊断

IBM Watson Health 是人工智能在医疗领域应用的先驱，其创新实践包括：

（1）辅助诊断：Watson for Oncology 通过分析海量医学文献和患者数据，为癌症诊断和治疗方案制订提供建议，帮助医生做出更精准的决策。

（2）药物研发：利用机器学习算法分析基因组学数据和科研文献，加速新药研发过程，降低研发成本。

（3）医疗影像分析：应用深度学习技术分析 X 射线、CT、MRI 等医学影像，辅助医生进行疾病诊断。

（4）个性化治疗：基于患者的基因组数据和病史，推荐个性化的治疗方案。

（5）流行病预测：通过分析社交媒体数据、气象数据等，预测流行病的暴发和传播。

虽然 IBM Watson Health 在商业上并未取得预期的成功，但其为人工智能在医疗领域的探索应用指明了方向，启发了众多后来者。

6.3.4　智慧城市：新加坡的数据驱动城市管理

新加坡作为全球领先的智慧城市，其数据驱动的城市管理实践值得关注。

（1）交通管理：利用传感器网络和大数据分析，实时监控交通状况，动态调整信号灯配时，优化公共交通路线，减少拥堵。

（2）能源管理：通过智能电网和用电数据分析，实现能源需求预测和动态定价，提高能源使用效率。

（3）安全监控：运用计算机视觉技术分析监控摄像头数据，快速识别异常行为，提高公共安全水平。

（4）环境保护：利用物联网传感器收集空气质量、水质等环境数据，实时监测和预警环境问题。

（5）公共服务：开发一站式政务服务平台，通过数据共享和流程优化，提高政府服务效率。

新加坡的实践展示了如何将大数据和人工智能技术应用于城市管理的方方面面，为其他城市提供了宝贵的经验。

6.3.5　教育科技：Knewton 的自适应学习平台

Knewton 是教育科技领域的创新者，其自适应学习平台充分体现了数据驱动的理念。

（1）个性化学习路径：通过分析学生的学习行为、成绩表现和知识掌握程度，为每个学生量身定制学习内容和进度规划。

（2）实时反馈：基于学生的作答情况，提供即时反馈和解释，帮助学生及时纠正错误。

（3）预测分析：利用机器学习算法预测学生的学习表现和可能遇到的困难，提前采取干预措施。

（4）教学资源优化：通过分析大量学习数据，识别最有效的教学内容和方法，不断优化课程设计。

（5）学习行为分析：为教育者提供详细的学生学习行为分析报告，帮助他们更好地了解学生需求和改进教学方法。

Knewton 的案例展示了如何将大数据和人工智能技术应用于教育领域，实现个性化学习和教学效果的提升。

6.3.6　农业科技：Climate Corporation 的精准农业解决方案

Climate Corporation（现为拜耳子公司）是农业科技领域的创新者，其数据驱动下的精准农业解决方案如下：

（1）天气预测：利用机器学习算法，分析历史气象数据和卫星图像，提供高精度的局部天气预报。

（2）土壤分析：通过遥感技术和土壤传感器，分析土壤成分和肥力，为农民提供精准施肥建议。

（3）作物监测：使用无人机和卫星图像，结合计算机视觉技术，实时监测作物生长状况和病虫害情况。

（4）收成预测：基于历史数据、天气预报和作物生长模型，预测作物产量，帮助农民做出种植决策。

（5）保险产品：开发基于天气指数的农业保险产品，为农民提供更精准的风险管理工具。

Climate Corporation 的实践展示了如何将大数据和人工智能技术应用于传统农业，提高生产效率和抗风险能力。

这些案例充分展示了大数据和算法在各个行业中的创新应用。创新创业者可以从中汲取灵感，探索如何将这些技术应用到自己的领域，创造新的商业模式和价值。

6.4　数据安全与隐私保护

大数据时代，海量的用户数据成为创新创业的关键资源，但也带来了数据安全和隐私保护方面的巨大挑战。用户的数据主权、隐私权益、伦理道德等问题日益受到关注和重视。对创业者而言，需要在合法合规的前提下开展数据驱动的创新实践，建立严格的数据安全管理制度和隐私保护机制，培养数据伦理意识和社会责任感。

6.4.1　数据安全的主要威胁

(1) 数据泄露：对未经授权的数据进行访问和传播，可能导致敏感信息落入他人之手。

(2) 数据篡改：恶意修改数据，影响数据的完整性和可靠性。

(3) 拒绝服务攻击：通过大量请求使系统瘫痪，导致数据服务不可用。

(4) 内部威胁：员工有意或无意造成的数据泄露或滥用。

(5) 云存储安全：使用云服务可能带来的数据安全风险。

(6) 物联网安全：大量连接设备带来的潜在安全漏洞。

6.4.2　数据安全保护措施

(1) 数据加密：使用高强度加密算法保护数据的存储和传输。

(2) 访问控制：实施严格的身份认证和授权机制，确保只有授权人员能访问敏感数据。

(3) 数据备份与恢复：定期备份数据，制订有效的灾难恢复计划。

(4) 安全审计：实时监控和记录数据访问行为，及时发现异常。

(5) 安全培训：定期对员工进行的安全意识培训，以减少人为风险。

(6) 漏洞管理：定期进行安全评估和漏洞修复管理。

(7) 第三方风险管理：对合作伙伴和供应商的安全进行评估和管理。

6.4.3　隐私保护的法律框架

近年来，各国政府都在加强数据隐私保护立法。创新创业者需要了解并遵守相关法规：

(1) 欧盟《通用数据保护条例》（General Data Protection Regulation，GDPR）：2018年生效，为欧盟公民提供了强有力的数据保护。

(2) 美国《加州消费者隐私法案》（California Consumer Privacy Act，CCPA）：2020年生效，为加州居民提供了更多的数据隐私权。

(3) 《中华人民共和国数据安全法》、《中华人民共和国网络安全法》和《中华人民共和国个人信息保护法》：规定了网络运营者的责任和个人信息保护要求。

这些法规普遍要求企业：

① 获得用户明确同意后才能收集和使用个人数据；

② 保障用户查看、更正、删除个人数据的权利；

③ 实施适当的技术和组织措施来保护数据安全；

④ 发生数据泄露时及时通知用户和监管机构。

6.4.4　隐私保护技术

(1) 差分隐私（Differential Privacy）：通过向数据中添加精心设计过的"噪声"，在保护个体隐私的同时保留数据的统计特性。

(2)联邦学习(Federated Learning)：允许多方在不共享原始数据的情况下共同训练机器学习模型，保护数据隐私。

(3)同态加密(Homomorphic Encryption)：允许在加密数据上直接进行计算，不需要解密，保护数据处理过程中的隐私。

(4)零知识证明(Zero-Knowledge Proof)：允许一方证明自己知道某个秘密，而不需要透露秘密本身。

(5)安全多方计算(Secure Multi-party Computation)：允许多方共同计算一个函数，而不泄露各自的输入。

6.4.5 数据伦理与责任

除了技术和法律层面，创新创业者还需要考虑数据使用过程中产生的伦理问题。

(1)透明度：向用户清晰说明数据收集和使用的目的；

(2)公平性：确保数据分析和算法决策不会导致歧视现象或遭遇不公平对待；

(3)问责制：建立明确的责任机制，及时纠正数据使用中产生的问题；

(4)数据最小化：只收集和保留必要的数据；

(5)目的限制：严格按照声明的目的使用数据，不得滥用。

案例研究　剑桥分析公司事件的教训

2018 年发生的 Facebook-剑桥分析公司数据泄露事件，展示了数据滥用带来的严重后果。

(1)事件经过：剑桥分析公司通过 Facebook 第三方应用收集了大量用户数据，并将其用于政治广告定向投放，影响了 2016 年美国总统大选。

(2)影响：Facebook 因此面临巨额罚款和信任危机，股价大跌，用户流失。

(3)教训：

① 必须严格管控第三方应用对用户数据的访问；

② 用户数据不得用于未经授权的目的；

③ 企业需要建立完善的数据治理机制；

④ 用户隐私保护应该成为产品设计的核心考虑因素。

这个案例警示创新创业者，必须将数据安全和隐私保护作为首要考虑因素，否则可能面临严重的法律和商业风险。

总体而言，创业企业应该遵循数据应用最小化、目的明确、透明告知、用户授权等基本原则，采集和使用必要的数据，明确告知用户数据使用的目的和方式，并经用户明确同意。在数据传输、存储、处理等环节，要采用数据加密、脱敏、访问控制等安全防护措施，防止造成数据泄露、篡改、滥用等风险。要建立数据分类分级管理制度，对敏感数据、重要数据进行重点保护和监控。要通过内部培训、制度约束、技术保障等方式，提高员工的数据安全和隐私保护意识和能力。

同时，创业企业还应该积极履行社会责任，在数据使用和算法决策中坚持公平、公正、无歧视的原则，避免基于性别、年龄、种族等因素的不当歧视。要建立健全的数据伦理审查机制，评估数据使用和算法决策的潜在影响和风险，并采取必要的防范和补救措施。要加强与用户、社会公众的沟通和互动，提高数据使用的透明度和可解释性，接受社会监督。

总之，数据安全和隐私保护既是创业者的法律义务，也是道德责任和企业竞争力所在。只有在确保数据安全、尊重隐私权益的前提下，数据驱动的创新创业才能真正实现可持续发展和社会价值最大化。

6.5　动手实践：咖啡店选址分析

利用数据分析进行创业规划的例子：咖啡店选址分析

1．公司简介

CoffeeHaven 是一家即将开业的咖啡店，其目标是为都市白领提供高质量的咖啡和舒适的社交环境。为确保成功，需要找到一个理想的店铺位置，通过数据分析选择最佳的选址区域。

2．数据集

这里将使用一个假设的数据集，包含以下信息：

(1) 人口密度数据；

(2) 收入水平数据；

(3) 竞争对手位置；

(4) 办公楼分布；

(5) 交通便利性。

这些数据可以从公开的政府数据网站、第三方市场研究报告或通过问卷调查获取。

3．数据集示例

将创建一个包含上述信息的 CSV 文件，`coffee_shop_data.csv`，学生可以下载并使用。

```csv
Location , Population_Density , Average_Income , Competitors , Office_
Buildings, Public_Transport_Access
Location1, 15000, 70000, 3, 15, 5
Location2, 12000, 65000, 2, 10, 4
```

```
Location3, 18000, 80000, 5, 20, 6
Location4, 10000, 60000, 1, 8, 3
Location5, 17000, 75000, 4, 18, 5
Location6, 14000, 72000, 3, 14, 4
Location7, 16000, 68000, 2, 12, 5
Location8, 13000, 69000, 3, 13, 4
Location9, 15000, 71000, 4, 16, 5
Location10, 12000, 64000, 1, 9, 3
Location11, 19000, 85000, 5, 21, 6
Location12, 10000, 60000, 2, 7, 3
Location13, 18000, 78000, 4, 19, 5
Location14, 16000, 74000, 3, 15, 4
Location15, 17000, 77000, 4, 17, 6
Location16, 15000, 72000, 2, 13, 5
Location17, 14000, 73000, 3, 14, 4
Location18, 12000, 66000, 1, 11, 3
Location19, 18000, 82000, 5, 20, 6
Location20, 10000, 61000, 2, 8, 4
```

4. 实际操作步骤

加载数据 → 数据探索 → 数据可视化 → 选择最佳位置 → 可视化最佳位置

(1) 加载数据。

```python
import pandas as pd

# 加载数据集
df = pd.read_csv('coffee_shop_data.csv')
print(df)
```

(2) 数据探索。

```python
# 查看数据集基本信息
print(df.describe())
```

(3) 数据可视化。

```python
import matplotlib.pyplot as plt
import seaborn as sns
# 可视化人口密度与竞争对手数量的关系
```

```python
plt.figure(figsize=(10, 6))
sns.scatterplot(data=df, x='Population_Density', y='Competitors')
plt.title('Population Density vs Competitors')
plt.show()
```

(4) 选择最佳位置。

```python
# 定义选址评分标准
df['Score'] = (
    df['Population_Density'] * 0.4 +
    df['Average_Income'] * 0.3 +
    df['Office_Buildings'] * 0.2 +
    df['Public_Transport_Access'] * 0.1 -
    df['Competitors'] * 0.5
)

# 查找得分最高的位置
best_location = df.loc[df['Score'].idxmax()]
print(f"The best location for the coffee shop is {best_location['Location']} with a score of {best_location['Score']}.")
```

(5) 可视化最佳位置。

```python
# 可视化所有位置的得分
plt.figure(figsize=(10, 6))
sns.barplot(data=df, x='Location', y='Score')
plt.title('Location Scores')
plt.show()
```

(6) 代码整合。

```python
import pandas as pd
import matplotlib.pyplot as plt
import seaborn as sns

# 加载数据集
df = pd.read_csv('coffee_shop_data.csv')
print(df)

# 查看数据集基本信息
```

```
print(df.describe())

# 可视化人口密度与竞争对手数量的关系
plt.figure(figsize=(10, 6))
sns.scatterplot(data=df, x='Population_Density', y='Competitors')
plt.title('Population Density vs Competitors')
plt.show()

# 定义选址评分标准
df['Score'] = (
    df['Population_Density'] * 0.4 +
    df['Average_Income'] * 0.3 +
    df['Office_Buildings'] * 0.2 +
    df['Public_Transport_Access'] * 0.1 -
    df['Competitors'] * 0.5
)

# 查找得分最高的位置
best_location = df.loc[df['Score'].idxmax()]
print(f"The best location for the coffee shop is {best_location['Location']}
with a score of {best_location['Score']}.")

# 可视化所有位置的得分
plt.figure(figsize=(10, 6))
sns.barplot(data=df, x='Location', y='Score')
plt.title('Location Scores')
plt.show()
```
```

### 5. 实验总结

通过这次分析，学会了如何利用数据分析进行创业规划，特别是在选址决策中，通过分析不同位置的人口密度、收入水平、竞争对手分布、办公楼数量和交通便利性等因素，选择出最优位置。从中学到数据驱动决策的思路和方法，为未来的创业项目奠定基础。

# 本 章 小 结

大数据和算法是人工智能时代创新创业的关键驱动力。大数据以其海量性、多样性和实时性等特点，为创业者提供了洞察需求、优化决策、创新模式的新思路和新方法。
```

算法则是大数据价值变现的核心，通过机器学习、深度学习等技术，实现对数据的智能分析和自动决策。创业者需要根据具体场景和目标，选择合适的算法模型，平衡准确性、效率性和可解释性等因素。

数据驱动的创新创业正在各行各业蓬勃兴起，以蚂蚁金服、IBM Watson Health、Knewton 等为代表的一批创新创业企业，利用大数据和算法重塑了行业生态和商业模式，实现了跨越式发展。这些案例为创业者提供了有益借鉴和启示。

同时，我们也要清醒认识到，大数据时代对数据安全和隐私保护提出了更高的要求。创业者需要严格遵守相关法律法规，坚持合法、透明、必要的数据收集和使用原则，采取有效的安全防护和隐私保护措施。要加强数据伦理意识，在数据使用和算法决策中坚持公平公正原则，接受社会监督，以最大限度地降低数据滥用的风险。

展望未来，大数据和算法必将成为人工智能时代的关键生产要素和创新驱动力，为经济社会发展注入源源不断的动能。创业者要立足大数据，掌握算法，在数据安全与价值创造之间找到平衡，在技术创新与伦理规范之间把握分寸，以数据之力，行稳致远，开创智能经济的崭新局面。

思 考 题

1．在你所在行业或感兴趣的领域，大数据和算法可能带来哪些创新机会?请设计一个具体的创新创业项目。

2．你设计的创新创业项目可能面临哪些数据安全和隐私保护方面的挑战?该如何应对这些挑战?

3．比较传统的基于经验的决策方式和数据驱动的决策方式，它们各自有哪些优势和局限性?在实际管理中应如何平衡两者?

4．随着人工智能技术的发展，算法在决策中的作用越来越大。这可能带来哪些社会和伦理问题?作为创新创业者，应该如何看待和应对这些问题?

5．在大数据时代，个人隐私保护与数据价值挖掘之间存在矛盾。应该如何平衡两者?请结合具体案例进行分析。

实 践 项 目

1．针对某一具体领域(如零售、金融、医疗等)，收集和整理相关的数据集，运用数据分析和可视化工具，探索数据背后的模式和洞见，并尝试提出业务优化或创新方案。

2．选择一个感兴趣的机器学习算法(如决策树、支持向量机、神经网络等)，利用开源数据集和机器学习框架(如 scikit-learn、TensorFlow 等)，实现算法的训练和测试，并对模型性能进行评估和优化。

3．结合自身创业项目或想法，梳理所需的数据来源和类型，设计数据收集、存储、处理、分析的技术方案，并评估数据的价值和潜在商业模式。

4．针对某一数据应用场景(如用户画像、推荐系统、风控模型等)，研究相关的数据安全和隐私保护问题，设计隐私保护机制(如数据脱敏、差分隐私、联邦学习等)，并讨论其对模型性能和用户体验的影响。

5．调研人工智能领域的前沿技术和发展趋势(如自监督学习、图神经网络、强化学习等)，思考其在创新创业中的应用场景和商业潜力，并尝试实现一个简单的数据模型或原型系统。

第7章 算力赋能创新创业

在人工智能时代，算力已成为数字经济的核心驱动力。算力的飞速发展为人工智能创新创业提供了强大的计算支持，使得越来越多的创新创业项目得以实现。本章将深入探讨算力的内涵与发展趋势，介绍云计算、边缘计算、高性能计算与量子计算等算力技术，并通过实际案例展示算力如何赋能创新创业。

7.1 算力的内涵与发展趋势

7.1.1 算力的定义与分类

算力是指计算系统执行计算任务的能力，通常用每秒执行的浮点运算次数(FLOPS)来衡量。按照计算系统的规模和性能，算力可分为通用算力、智能算力和超级算力。其中，通用算力主要指个人计算机、服务器等通用计算设备的计算能力；智能算力主要指人工智能芯片、智能计算集群等专用于人工智能计算的算力资源；超级算力则主要指超级计算机的计算能力。

算力的主要特征如下：

(1)可量化性：算力可以通过特定的指标进行量化描述，如每秒浮点运算次数(FLOPS)、每秒事务处理数(TPS)等；

(2)多维度性：算力不仅包括 CPU 的处理能力，还包括 GPU、TPU 等专用芯片的计算能力，以及存储、网络传输等相关能力；

(3)可扩展性：现代计算架构允许通过分布式系统、并行计算等方式实现算力的水平和垂直扩展；

(4)专业化：针对不同应用场景，如人工智能、大数据分析、科学计算等，已经发展出专门的算力解决方案；

(5)能效比：随着绿色计算理念的兴起，单位能耗下的计算能力也成为衡量算力的重要指标。

7.1.2 算力的发展历程

算力的发展经历了以下几个阶段：

(1)早期阶段(1940s—1980s)：

① 以大型机为代表，主要用于科学计算和数据处理。

② 计算能力有限，主要依赖于 CPU 单核性能的提升。

(2) 个人计算机时代(1980s—1990s)：

① PC 的普及使得计算能力开始走入寻常百姓家。

② Moore 定律驱动 CPU 性能快速提升。

(3) 互联网时代(1990s—2010s)：

① 网络的发展推动了分布式计算的兴起。

② 开始出现专用的计算集群和数据中心。

(4) 云计算时代(2000s—2010s)：

① 虚拟化技术的成熟使得计算资源可以按需调用。

② 大规模数据中心成为算力的主要提供者。

(5) 人工智能时代(2010s 至今)：

① GPU、TPU 等专用人工智能芯片的兴起，大幅提升了深度学习的计算效率。

② 边缘计算的发展使得算力开始向终端设备下沉。

(6) 未来展望：

量子计算、神经形态计算等新型计算范式的出现，有望带来算力的革命性突破。

7.1.3　算力的发展趋势

未来算力的发展呈现以下趋势：

(1) 异构计算的普及。

随着人工智能、大数据等应用的深入，传统的同构计算架构已经难以满足多样化的计算需求。异构计算，即结合 CPU、GPU、FPGA、ASIC 等不同类型的处理器，以实现最优的计算效率，将成为未来算力发展的主流。例如，NVIDIA 的 DGX 系统就是一个典型的异构计算平台，结合了 CPU 和 GPU，提供开箱即用的人工智能开发与部署能力。

(2) 智能化算力的调度。

未来的算力分配将更加智能化和动态化。人工智能技术将被应用于算力调度系统，根据任务类型、资源利用率、能耗等因素，实时优化算力分配。Google 的 Borg 系统就是一个先驱，它能够自动管理和调用大规模集群的计算资源。

(3) 绿色计算的推进。

随着数据中心能耗问题日益突出，提高"能效比"成为算力发展的重要方向。这包括采用更高效的冷却技术、开发低功耗芯片、优化算法以减少计算量等。例如，微软的水下数据中心 Project Natick 就是一种创新的低能耗解决方案。

(4) 边缘计算的崛起。

随着物联网设备的普及和 5G 网络的部署，将部分计算任务下放到网络边缘节点成为趋势。这样做不仅可以减少数据传输，提高响应速度，还能分担中心化数据中心的压力。例如，亚马逊的 AWS Greengrass 就是一种边缘计算解决方案，允许在本地设备上运行 AWS Lambda 函数。

(5)量子计算的突破。

虽然目前量子计算还处于早期阶段,但其在特定领域(如密码学、材料科学)已展现出巨大潜力。未来,量子计算可能与经典计算形成互补,共同构成新一代算力体系。IBM、Google 等公司已经在这一领域取得了重要进展。

(6)专用化人工智能芯片的发展。

随着人工智能应用的普及,专门针对人工智能工作负载优化的芯片将继续发展。除了 GPU,还有针对推理的 NPU(神经网络处理器)等。例如,谷歌的 TPU(张量处理单元)就是专门为深度学习任务设计的芯片。

(7)存储计算的融合。

传统的冯·诺依曼架构面临"内存墙"的挑战。未来,计算与存储的界限可能会变得模糊,如内存计算(In-Memory Computing)技术的发展。三星已经展示了基于 HBM2 的片上人工智能加速器,将存储和计算集成在一起。

7.1.4　算力对创新创业的影响

(1)降低创业门槛。

云计算的普及使得初创企业可以以较低成本获取高性能计算资源,不再需要大量前期投资建设 IT 基础设施。

(2)加速产品开发。

强大的算力支持使得复杂的模型训练、大规模数据分析等任务变得可行,加快了产品开发和迭代的速度。

(3)启发新商业模式。

算力即服务(Computing as a Service,CaaS)等新型商业模式的出现,为创业者提供了新的机会。

(4)推动技术创新。

算力的提升使得许多以前因计算能力限制而无法实现的想法变为可能,如实时自动驾驶、大语言模型的超强训练和智能处理能力等。

(5)改变竞争格局。

在某些领域,如人工智能领域,算力可能成为关键的竞争优势,影响企业的市场地位。

(6)促进跨界融合。

强大的算力为不同领域的数据整合和分析提供了可能,促进了跨学科、跨行业的创新。

案例分析　OpenAI 的 GPT 系列

OpenAI 的 GPT(Generative Pre-trained Transformer)系列模型是算力驱动人工智能创

新的典型案例。从 GPT-1 到 GPT-3，模型参数从 1.17 亿个增长到 1750 亿个，训练所需的算力呈指数级增长。这种大规模模型的训练在前几年是不可想象的，而如今却成为可能，并带来了显著的性能提升。

GPT-3 展现出的强大能力，如自然语言理解、文本生成、简单编程等，为众多创业公司提供了新的机会。例如，Jasper.ai 利用 GPT-3 开发了人工智能写作助手，帮助内容创作者提高效率；GitHub Copilot 则将其应用于代码自动补全功能上，辅助程序员编程。

7.2　云计算与边缘计算

7.2.1　云计算的概念与特征

云计算是一种按需付费的计算服务模式，通过互联网将海量计算资源(如服务器、存储、网络、软件等)整合起来，实现资源的动态调度和按需使用。云计算具有以下特征：

(1)按需自助服务：用户可以根据自身需要，自主选择所需的计算资源，无须人工干预；

(2)广泛的网络访问：用户可以通过各种终端设备，随时随地访问云计算服务；

(3)资源池化：云计算将大量计算资源整合成共享的资源池，实现规模经济效益；

(4)快速弹性供给：云计算可以快速、动态地调整资源供给，满足用户不同规模的计算需求；

(5)可计量服务：云计算采用精细化的计量和计费方式，用户只需为实际使用的资源付费。

7.2.2　云计算的服务模式与部署模式

云计算主要包括三种服务模式：

(1)基础设施即服务(Infrastructure as a Service，IaaS)：IaaS 提供计算、存储、网络等基础 IT 资源，用户可以在其上部署和运行任意软件；

(2)平台即服务(Platform as a Service，PaaS)：PaaS 提供软件开发和运行环境，用户可以专注于应用开发，无须关注底层基础设施；

(3)软件即服务(Software as a Service，SaaS)：SaaS 提供基于 Web 的应用软件，用户可以直接使用，无须安装和维护。

云计算的部署模式主要包括：

(1)公有云：公有云由第三方服务提供商建设并运营，面向社会公众提供服务；

(2)私有云：私有云由企业自行建设并运营，仅供内部使用；

(3)混合云：混合云将公有云和私有云相结合，实现敏感数据在私有云处理，非敏感数据在公有云处理。

7.2.3 云计算在创新创业中的应用

云计算为创新创业提供了丰富的算力资源和灵活的服务模式，极大地降低了创业的门槛和成本。创业者无须购买昂贵的 IT 基础设施，即可按需获取所需的计算、存储、网络、软件应用等资源，快速开发和部署创新应用。

(1)云端大数据分析：创业者可以利用云计算提供的海量存储和并行计算能力，对大数据进行采集、存储、处理和分析，挖掘数据价值，优化业务决策。

(2)云端人工智能开发：创业者可以利用云计算提供的 GPU 集群、深度学习框架等智能计算资源，加速人工智能应用的开发和训练，提高模型性能和应用效果。

(3)云端应用托管：创业者可以将应用程序托管在云端，利用云计算提供的弹性扩展、负载均衡等能力，提高应用的可用性、可靠性和自身性能。

案例分析　Dropbox 的云存储创新

Dropbox 公司的创业故事是云计算赋能创新创业的经典案例。该公司始创于 2007 年，当时创始人 Drew Houston 意识到人们经常忘记携带 U 盘，而现有的网络存储解决方案使用起来并不方便。

Dropbox 的创新在于：
(1)简单易用的用户界面；
(2)自动同步功能；
(3)跨平台支持。

在技术实现上，Dropbox 巧妙地利用了云计算：
(1)初期使用 Amazon S3 作为存储后端，避免了高昂的硬件投资；
(2)利用 EC2 实例处理文件同步和元数据管理，实现了良好的可扩展性；
(3)采用"增量同步算法"，减少了数据传输量，提高了同步效率。

Dropbox 公司的成功证明了云计算赋能创新创业：
(1)降低了基础设施成本，使得初创公司能够专注于产品开发；
(2)提供了高可扩展性，支持业务快速增长；
(3)全球化部署变得简单，帮助 Dropbox 迅速在国际市场拓展。

如今，Dropbox 已经发展成为一家市值数十亿美元的上市公司，这个案例展示了云计算如何为创新创业提供强大支持。

7.2.4 边缘计算的概念与特征

边缘计算是在靠近物或数据源头的网络边缘侧，融合网络、计算、存储、应用核心能力的分布式开放平台，它就近提供边缘智能服务，满足行业数字化在敏捷连接、实时业务、数据优化、应用智能、安全与隐私保护等方面的关键需求。边缘计算具有以下特征：

(1)靠近边缘：边缘计算在靠近数据源头或物理实体的网络边缘侧部署计算和存储资源，减少数据的传输距离和时延；

(2)分布式部署：边缘计算采用分布式部署方式，通过众多的边缘节点协同工作，提供覆盖广、响应快的服务；

(3)异构融合：边缘计算融合多种异构资源，包括通信、计算、存储、感知、控制等，提供综合的边缘智能服务；

(4)实时交互：边缘计算支持实时数据处理和人机交互，满足智能应用的实时性需求；

(5)自治安全：边缘计算具备自治管理和安全防护能力，保障数据隐私和系统安全。

7.2.5 边缘计算在创新创业中的应用

边缘计算通过在网络边缘提供智能化服务，拓展了人工智能应用的场景和边界，催生了大量创新创业机会。

(1)工业互联网：在工业制造领域，边缘计算可以在生产现场实现数据实时采集、处理和分析，优化生产排程、设备维护等决策，提高生产效率和产品质量。

(2)智慧城市：在城市管理领域，边缘计算可以在街道、社区等城市边缘节点实现多源数据融合、智能分析和快速响应，提升城市管理和公共服务水平。

(3)自动驾驶：在车载环境中，边缘计算可以在车辆本地实现环境感知、决策规划和控制执行，提高自动驾驶的实时性和安全性。

(4)智能家居：在家庭环境中，边缘计算可以在家庭网关、智能设备等处理语音交互、行为识别等任务，提升家居体验和服务质量。

案例分析 FogHorn 的工业物联网创新

FogHorn 是一家专注于工业物联网(IIoT)边缘智能的创业公司。它的创新在于将复杂的数据分析和机器学习能力部署到工业现场的边缘设备上。

FogHorn 的主要创新点包括：

(1)边缘智能：在资源受限的边缘设备上运行复杂的分析和机器学习算法；

(2)实时处理：能够在毫秒级延迟内处理和分析传感器数据；

(3)边云协同：实现边缘和云端的无缝协作，优化数据处理流程。

FogHorn 的解决方案为多个行业带来了变革：

(1)制造业：实现设备预测性维护，提高生产效率。

(2)能源行业：优化风力涡轮机性能，提高能源产出效率。

(3)交通行业：改善车队管理，提高燃油效率。

这个案例展示了边缘计算如何为工业物联网领域的创新创业提供支持，创造了新的商业价值。

7.2.6　云边协同的未来趋势

随着 5G、人工智能等技术的发展，云计算和边缘计算正在深度融合，形成云边协同的新范式。这种趋势为创新创业带来了新的机遇。

(1)智能分流：系统能够根据任务特性、网络状况等因素，智能决定任务在云端还是在边缘执行。这为创业者提供了更灵活的架构选择。

(2)边缘人工智能：将人工智能能力下沉到边缘设备，实现更智能、更实时的本地决策。这为人工智能创业公司开辟了新的应用场景。

(3)5G+MEC：5G 网络与多接入边缘计算(Multi-access Edge Computing，MEC)的结合，为低延迟、高带宽的应用创新提供了基础设施支持。

(4)联邦学习：在保护数据隐私的同时，实现多个边缘节点的协同学习。这为处理敏感数据的创业项目提供了新思路。

(5)边缘开放平台：类似于云计算的开放生态，边缘计算平台也在向开放化发展，为创业者提供更多工具和服务。

案例分析　Swim.ai 的实时智能城市解决方案

Swim.ai 是一家利用云边协同技术为智慧城市提供解决方案的创业公司。它的创新之处在于实现了从边缘到云端的全栈实时数据分析。

Swim.ai 的主要特点包括：

(1)分布式计算：在边缘设备上进行实时数据处理和分析；

(2)自组织网络：边缘节点能够自动形成网络，协同工作；

(3)数字孪生：为每个物理实体创建实时更新的数字表示；

(4)云边协同：边缘智能与云端大数据分析相结合。

Swim.ai 的解决方案在多个城市场景中得到应用：

(1)交通管理：实时优化交通信号，减少拥堵；

(2)能源管理：优化配电网络，提高能源使用效率；

(3)公共安全：实时监控和预警潜在安全问题。

这个案例展示了云边协同如何支持智慧城市领域的创新创业，为城市管理带来新的可能性。

云计算与边缘计算的比较如表 7.1 所示。

表 7.1　云计算与边缘计算的比较

特征	云计算	边缘计算
位置	中心化的数据中心	分布在网络边缘
延迟	相对较高	低
宽带使用	高	低

特征	云计算	边缘计算
计算能力	强大	相对有限
可扩展性	高	中等
安全性	集中化管理，但面临网络风险	数据本地处理，降低传输风险
成本	按需付费，规模经济	前期投资较大，运营成本低
应用场景	大规模数据处理、人工智能训练等	物联网、实时处理、AR/VR 等

7.3 高性能计算与量子计算

7.3.1 高性能计算的概念与特点

高性能计算（High-Performance Computing，HPC）是指利用并行处理技术和计算机集群系统，解决计算密集型、数据密集型问题的计算模式。高性能计算具有以下特点：

（1）高性能：HPC 采用并行计算、向量计算等技术，具有极高的计算性能，可支撑复杂的科学和工程计算；

（2）大规模：HPC 采用计算机集群系统，汇聚大量计算、存储资源，具备 PB 级（1PB=1024TB）的数据处理能力；

（3）多学科交叉：HPC 融合了计算机科学、应用数学、领域知识等多个学科，具有鲜明的交叉特征；

（4）应用驱动：HPC 以应用需求为牵引，不断优化计算架构、算法模型和编程环境，加速科学发现和工程创新。

7.3.2 高性能计算的关键技术

高性能计算涉及多项关键技术。

（1）并行计算：通过将大问题划分为多个小问题，利用多个处理器并行求解，显著提高计算效率。常见的并行计算模型包括共享存储、分布式存储等。

（2）高速互联：通过高带宽、低延迟的互联技术，实现大规模并行计算节点之间的高速数据传输和同步，保障系统性能和可扩展性。

（3）高性能存储：采用分布式存储、多级存储等技术，提供高带宽、大容量、高可靠的数据存储和访问能力，支撑数据密集型应用。

（4）性能优化：通过算法优化、编译优化、通信优化等手段，最大限度地挖掘并行系统的性能潜力，提高资源利用效率。

7.3.3　高性能计算在创新创业中的应用

高性能计算为解决复杂的科学和工程问题提供了强大的计算支持，在许多领域催生了创新创业机会。

(1) 新药研发：利用高性能计算开展药物分子筛选、药效模拟等工作，加速新药研发进程，降低研发成本。

(2) 新材料设计：利用高性能计算开展材料结构设计、性能模拟等工作，指导新材料的合成和优化，推动材料科学发展。

(3) 工业仿真：利用高性能计算开展产品设计仿真、生产工艺仿真等工作，优化产品性能和生产流程，提高产品质量和生产效率。

(4) 金融风控：利用高性能计算开展实时金融数据处理、风险模型计算等工作，提高金融交易和风险管理的效率和准确性。

案例分析　Rescale 的云 HPC 平台

Rescale 是一家提供云 HPC 解决方案的创业公司，该公司的创新在于：将复杂的 HPC 资源管理简化为容易使用的云服务。

Rescale 的主要特点包括：

(1) 多云支持：可以在多个云提供商的云上运行 HPC 工作负载；

(2) 自动化资源管理：根据任务需求自动配置和优化计算资源；

(3) 专业软件集成：预装了大量专业 HPC 软件；

(4) 安全性：提供端到端加密和合规性保证。

Rescale 的解决方案为多个行业带来了变革：

(1) 航空航天：加速飞机设计和仿真过程；

(2) 生命科学：支持大规模基因组分析和药物设计；

(3) 能源行业：优化油气勘探模型。

这个案例展示了如何通过创新的商业模式，使 HPC 技术更加普及，为更多创业者和研究者所用。

7.3.4　量子计算的概念与特点

量子计算是利用量子力学原理进行信息处理和计算的新型计算模式。与经典计算模式相比，量子计算具有以下特点：

(1) 并行性：量子计算可在多个状态上同时进行计算，具有天然的并行性，可实现指数级的并行加速；

(2) 纠缠性：量子计算利用量子纠缠效应，实现多个量子比特之间的关联，产生非经典的计算能力；

(3)概率性：量子计算通过概率幅的叠加和干涉，实现对特定问题的高效求解，但结果具有一定的概率性；

(4)鲁棒性：量子计算对环境噪声具有一定的容错能力，通过量子纠错等技术，可实现可靠的量子信息处理。

7.3.5 量子计算的关键技术

量子计算涉及多项关键技术。

(1)量子比特：利用量子系统的两个自由度编码信息，是量子计算的基本单元。超导量子比特、离子阱量子比特等是当前主流的物理实现方案。

(2)量子门：通过施加外部控制场，对量子比特的状态进行操纵，实现量子逻辑门。常见的量子门包括单比特门和多比特门。

(3)量子算法：设计适用于量子计算的特殊算法，发挥量子并行性和纠缠性的优势，解决经典算法难以实现的问题。有代表性的量子算法包括 Shor 算法、Grover 算法等。

(4)量子纠错：通过引入冗余编码和纠错操作，抑制量子系统的错误和噪声，提高量子计算的可靠性。表面码、拓扑码等是当前主要的量子纠错方案。

7.3.6 量子计算在创新创业中的应用

量子计算代表了计算技术的重大变革，有望在众多领域实现颠覆性创新，为创业者带来更多的机会。潜在的应用如下：

(1)密码破解：利用量子计算实现大数分解等密码学问题的高效求解，对传统加密体系构成挑战，同时也催生了抗量子密码等新的安全技术。

(2)药物设计：利用量子计算加速分子模拟和药效预测，优化药物分子结构和筛选过程，推动新药创制和精准医疗发展。

(3)金融优化：利用量子计算求解大规模组合优化问题，优化金融资产配置和风险管理策略，提升金融服务效率和质量。

(4)人工智能：利用量子计算加速机器学习训练和推理，突破经典算法的性能瓶颈，实现更加智能化的感知、决策和控制。

案例分析 Cambridge Quantum Computing（CQC）的量子软件创新

CQC 是一家专注于量子软件和算法开发的创业公司，它的创新在于将量子计算的潜力转化为实际可用的软件工具。

CQC 的主要产品和服务包括：

(1) t|ket>：一个跨平台的量子软件开发套件；

(2)量子化学模拟软件：用于药物发现和材料设计；

(3)量子机器学习工具：探索量子增强的人工智能算法；

(4)量子密码学解决方案：开发抗量子计算攻击的加密系统。

CQC 的创新为多个领域带来了潜在变革：

(1)制药行业：加速新药发现过程；

(2)金融服务：优化投资组合和风险分析；

(3)网络安全：提供长期安全的加密解决方案。

这个案例展示了如何在量子计算这一前沿领域进行创新创业，尽管量子计算技术还在发展，但已经开始产生实际价值。

7.4 算力驱动的创新创业案例

7.4.1 案例 1：蚂蚁集团的金融云

蚂蚁集团作为数字经济的引领者，深刻认识到算力对金融创新的重要性。2019 年，蚂蚁集团发布金融级分布式云计算平台 SOFAStack，为金融机构提供高可用、高性能、安全合规的云服务。2020 年，蚂蚁集团又推出"金融云"战略，进一步开放技术、算力等创新要素，赋能合作伙伴开展业务创新。金融云为众多中小金融机构和创业者提供了高质量、低成本、易获取的算力资源，极大地降低了金融创新的门槛，催生了供应链金融、数字银行等创新业态。

7.4.2 案例 2：地平线的边缘计算

"地平线"科技公司是一家专注于边缘计算和人工智能芯片的初创企业。地平线瞄准智能驾驶、智慧城市等场景，研发了高性能、低功耗的边缘计算芯片和解决方案，实现了在终端设备本地的实时感知、决策与控制。例如，地平线的"Journey"系列车规级处理器，可以在车载环境下实现高精度的目标检测、轨迹预测和决策规划，为自动驾驶提供"最后一公里"的算力支持。地平线还与众多汽车厂商、一线城市开展合作，助力交通管理、治安监控等智慧应用落地。

7.4.3 案例 3：本源量子的量子计算云

本源量子计算科技公司是国内领先的量子计算企业，致力于研发高性能的量子计算机，提供量子计算的应用服务。2020 年，本源量子发布了"太乙"量子计算云平台，可提供 64 比特的量子计算能力，并支持量子-经典混合计算模式，用户可以远程访问量子计算资源，开展量子算法研究和应用开发。本源量子还与高校、科研机构等合作，建立了量子计算联合实验室，在量子机器学习、量子化学等领域开展前沿探索。量子计算云极大地拓展了量子计算的应用场景和用户群体，将昂贵的量子计算机变成可负担的创新工具，为各行业的创业者提供了全新的技术手段。

7.5　算力驱动创新创业的挑战与对策

尽管算力为创新创业带来了巨大机遇，但也面临着诸多挑战。本节将探讨这些挑战并提出可行的对策，为创业者提供参考。

7.5.1　技术壁垒

挑战：

(1)高端算力研发门槛高：如人工智能芯片、量子计算等领域需要大量资金和专业人才；

(2)跨学科知识要求：很多算力创新需要结合计算机科学、电子工程、材料科学等多个领域的知识；

(3)技术更新速度快：算力技术发展迅速，创业公司可能面临技术路线快速过时的风险。

对策：

(1)产学研合作：与高校和研究机构合作，共享资源和人才；

(2)开放创新：参与开源社区，利用和贡献开源项目；

(3)聚焦细分领域：在特定的细分市场深耕，建立技术壁垒；

(4)灵活的技术架构：设计模块化、可升级的系统，以适应技术变革。

案例　特斯拉的自研人工智能芯片

特斯拉公司通过收购 DeepScale 等人工智能公司，组建了强大的芯片设计团队，成功开发出用于自动驾驶的专用人工智能芯片。

这个案例展示了如何通过战略性并购和人才整合来突破技术壁垒。

7.5.2　资金需求

挑战：

(1)前期投入大：尤其是硬件相关的创新，往往需要大量资金进行研发和生产；

(2)回报周期长：一些前沿技术(如量子计算)的商业化可能需要较长时间；

(3)运营成本高：维护大规模计算基础设施的成本可能很高。

对策：

(1)多元化融资：除传统风险投资外，也可考虑产业基金、众筹等方式；

(2)政府支持：申请科技创新基金、参与政府主导的研发项目等；

(3)云服务模式：通过提供云服务来分摊成本，获得持续收入；

(4)分阶段发展：先开发最小可行产品(MVP)，逐步扩大规模。

案例 D-Wave Systems 的量子计算之路

D-Wave 是全球首家提供商用量子计算的公司。在商业化的漫长过程中,它通过多轮融资、签订政府合同和提供云服务等方式获得了持续的资金支持,最终实现了技术的商业化。

7.5.3 市场教育

挑战:

(1)概念复杂:很多算力创新涉及复杂的技术概念,难以向普通用户解释;

(2)价值证明:新技术的实际效果可能需要时间才能显现;

(3)采用阻力:企业客户可能对采用颠覆性技术持谨慎态度。

对策:

(1)简化表述:将复杂技术转化为易懂的价值主张;

(2)案例营销:通过具体的应用案例展示技术价值;

(3)免费试用:提供免费试用或概念验证项目,降低客户采用门槛;

(4)行业合作:与行业领先企业合作,研发标杆案例。

案例 Rigetti Computing 的量子云服务

Rigetti 通过提供易用的量子计算云服务和详细的文档教程,降低了量子计算的使用门槛。同时,它还与多家企业合作开发量子计算应用,帮助市场理解量子计算的实际价值。

7.5.4 人才竞争

挑战:

(1)专业人才稀缺:高端算力领域的专业人才全球都很紧缺;

(2)人才成本高:大型科技公司通常能提供更具竞争力的薪酬;

(3)跨学科人才需求:需要既懂技术又懂行业应用的复合型人才。

对策:

(1)股权激励:通过期权等方式让员工分享公司成长收益;

(2)文化吸引:营造有吸引力的公司文化,如技术创新自由度、工作生活平衡等文化氛围;

(3)产学合作:与高校建立长期合作,吸引优秀毕业生;

(4)远程工作:采用远程工作模式,突破地域限制招揽人才。

案例 AngelList 的远程工作模式

AngelList 是一个科技创业服务平台,它通过采用全远程工作模式,成功吸引了全球范围内的顶尖技术人才,有效解决了人才竞争问题。

7.5.5　伦理和监管

挑战：

(1)数据隐私：大规模数据处理可能涉及隐私问题；

(2)算法偏见：人工智能算法可能存在潜在偏见，导致不公平结果；

(3)安全风险：高性能计算系统可能成为网络攻击的目标系统；

(4)监管不确定性：新技术的监管条例往往滞后于技术的发展。

对策：

(1)主动合规：积极采纳隐私保护技术，如联邦学习、同态加密等；

(2)伦理委员会：成立内部伦理委员会，审查技术应用的潜在影响；

(3)透明度：提高算法决策过程的透明度，接受外部审核；

(4)行业自律：参与制定行业标准和最佳实践。

案例　OpenAI 的分阶段发布策略

OpenAI 在发布 GPT-3 等大型语言模型时采取了谨慎的分阶段策略，先进行小规模测试，然后逐步扩大访问范围，同时持续监控潜在的滥用情况。这种做法既推动了技术发展，又有助于及时发现和解决人工智能伦理问题。

7.5.6　可持续发展

挑战：

(1)能源消耗：高性能计算系统往往耗电量巨大；

(2)环境影响：硬件生产和报废可能造成环境污染；

(3)资源分配：算力资源的集中可能加剧数字鸿沟。

对策：

(1)绿色计算：采用节能技术，使用可再生能源；

(2)循环经济：推动硬件回收和再利用；

(3)普惠计算：开发低成本解决方案，让更多人受益于算力进步；

(4)技术创新：研发更高效的计算架构，如神经形态计算。

案例　Google 的碳中和数据中心

Google 通过使用可再生能源、提高能源效率和购买碳补偿等方式，实现了数据中心的碳中和运营。这不仅降低了运营成本，也提升了公司的社会形象。

7.5.7　小结

算力驱动的创新创业面临着技术、资金、市场、人才、伦理和可持续发展等多方面的挑战，但这些挑战也正是创新的机会所在。成功的创业者需要：

(1) 技术洞察力：准确把握技术发展趋势，选择合适的时机进行创新；

(2) 跨界整合能力：将算力创新与具体行业需求相结合；

(3) 灵活的商业模式：根据技术和市场变化及时调整策略；

(4) 强大的生态系统：构建包括技术伙伴、客户、投资者在内的支持网络体系；

(5) 前瞻性思维：在推动技术创新的同时，考虑社会影响和可持续发展。

面对这些挑战，创业者需要保持开放和学习的心态，善于利用各种资源和合作机会。同时，也要有坚持不懈的精神，在追求短期成果的同时，不忘技术创新的长远价值。

随着技术的进步和社会需求的演变，算力驱动的创新创业领域必将涌现出更多令人兴奋的机会。那些能够有效应对挑战、平衡技术创新和社会责任的创业者，将有机会在这个充满活力的领域取得成功，并为人类社会的进步作出贡献。

本 章 小 结

算力是数字经济时代的关键生产力，是人工智能创新创业的核心驱动力。本章系统梳理了算力的内涵、分类和发展趋势，重点介绍了云计算、边缘计算、高性能计算、量子计算等代表性算力技术，以案例的形式展示了算力在助力创新创业方面的生动实践。站在新一轮科技革命和产业变革的浪潮之巅，创业者应紧抓算力发展的历史机遇，积极拥抱云计算、边缘计算等新型算力形态，深入挖掘行业应用场景，以技术创新引领商业模式变革，在万物智联的时代砥砺前行。

思 考 题

1. 云计算、边缘计算、高性能计算的异同点有哪些？它们分别适用于哪些应用场景？

2. 量子计算与经典计算相比有哪些优势？当前量子计算发展面临哪些挑战？

3. 算力如何赋能传统行业转型升级？结合具体行业分析算力应用的机会和挑战。

4. 算力的发展对创业环境和商业模式有何影响？创业者如何把握算力红利？

实 践 项 目

1. 调研分析不同云计算平台的产品服务、性能指标和应用案例，并进行横向对比。

2. 结合创业项目，分析算力需求，设计算力架构，选择合适的算力服务。

3. 开展算力技术专题研讨，邀请业界专家分享前沿动态和算力技术的发展趋势。

4. 走访算力企业，参观算力设施，深入了解算力行业的运营模式和生态体系。

第 8 章　AIGC 赋能创新创业

AIGC 技术的崛起，正在重塑内容创作和产品设计的方式，为创新创业带来前所未有的机遇。AIGC 利用深度学习算法，从海量数据中学习创作规律和设计经验，实现智能化、个性化、规模化的内容生产和产品开发。本章将系统介绍 AIGC 的基本原理和关键技术，探讨 AIGC 在内容创作、产品设计等领域的应用实践，展望 AIGC 驱动的新商业模式和发展趋势，并思考 AIGC 在创新创业过程中面临的伦理与法律问题。通过本章的学习，读者将深入理解 AIGC 的内涵和价值，把握 AIGC 赋能创新创业的路径和方法，提升利用 AIGC 技术实现创新创业的能力。

8.1　AIGC 技术概述

8.1.1　AIGC 的定义与内涵

AIGC 是利用人工智能技术自动生成内容的一类新型技术范式。与传统的人工创作不同，AIGC 通过机器学习算法，从文本、图像、音视频等海量数据中自主学习创作知识和规律，并根据用户需求，自动生成高质量、个性化的内容。AIGC 所生成的内容可以是文本、图像、音频、视频等多种形态，涵盖新闻写作、文案创作、绘画设计、音乐创作、视频制作等诸多领域。

AIGC 彰显了人工智能在内容创作领域的巨大潜力，代表了内容生产方式的重大变革。一方面，AIGC 突破了人力创作的时间和规模限制，能够实现海量内容的自动化生成，极大地提升了内容生产的效率和规模；另一方面，AIGC 能够根据用户的个性化需求，定制生成高度匹配的内容，实现内容创作的智能化和个性化。此外，AIGC 还可以通过持续的学习和迭代，持续提升生成内容的质量，增强生成内容的多样性，推动内容形态和风格的创新。

8.1.2　AIGC 的发展历程

AIGC 技术的发展经历了以下几个阶段，如图 8.1 所示。

（1）规则生成阶段。早期的 AIGC 主要采用基于规则的方法，通过预定义的模板和规则，自动生成特定领域的内容，如天气预报、体育新闻等。规则生成的内容通常比较刻板和重复，难以满足个性化需求。

AIGC 技术发展历程

规则生成阶段
- 采用基于规则的方法
- 应用领域：天气预报、体育新闻报道
- 特点：规则预制，难以应对个性化需求
- 隐马尔科夫链模型

机器学习生成阶段
- 利用统计机器学习模型
- 应用领域：文本摘要、对话生成等
- 特点：内容更灵活，但质量和连贯性待提高
- 马尔可夫链、条件随机场等

深度学习生成阶段
- 采用深度神经网络技术
- 应用领域：文本、图像、音视频等
- 特点：高质量、多样化，接近人类的创作水平
- Transformer 模型、GAN 等

多模态融合生成阶段
- 融合多种形式信息
- 应用场景：跨媒体内容创作
- 特点：挖掘了 AIGC 的潜在价值和应用空间
- 文本、图像、音视频

图 8.1　AIGC 技术发展历程

(2)机器学习生成阶段。随着机器学习技术的发展,AIGC 开始利用统计机器学习模型,从数据中学习生成规律。典型方法包括马尔可夫链、条件随机场等,主要应用于文本摘要、对话生成等任务。机器学习生成的内容更加灵活,但生成质量和连贯性还有待提高。

(3)深度学习生成阶段。近年来,以深度神经网络为代表的深度学习技术取得重要突破,为 AIGC 的发展注入新的活力。基于注意力机制的 Transformer 模型和生成对抗网络(GAN)等方法,实现了高质量、连贯性、多样化的内容生成,在文本、图像、音视频等领域得到了广泛应用。深度学习生成的内容更加接近人类创作水平,并具有更强的创新性和艺术性。

(4)多模态融合生成阶段。当前,AIGC 正向多模态融合生成的方向发展,通过融合文本、图像、音频等多种模态的信息,实现跨模态的内容生成。如根据文本描述生成图像,根据图像生成文本描述等。多模态融合生成阶段进一步拓展了 AIGC 的应用场景和创作空间。

8.1.3　AIGC 的关键技术

AIGC 涉及多项关键技术。

(1)自然语言处理:利用机器学习和深度学习技术,实现文本内容的生成、转换、纠错等功能,如文本摘要、对话生成、语言翻译等。

(2)计算机视觉:利用图像识别、分割、生成等技术,实现图像内容的编辑、生成、风格转换等功能,如图像修复、人脸生成、风格迁移等。

(3)语音处理:利用语音识别、合成、转换等技术,实现语音内容的生成、编辑、克隆等功能,如语音合成、歌声合成、语音转换等。

(4)知识图谱:利用知识表示、知识融合、知识推理等技术,实现内容生成过程中的知识管理和应用,提升生成内容的专业性和准确性。

(5)因果推理:利用因果发现、因果建模、反事实推理等技术,实现内容生成过程中的逻辑推理和决策优化,提升生成内容的合理性和可解释性。

8.2　AIGC 在内容创作中的应用

8.2.1　智能写作助手

AIGC 在文本创作领域的典型应用是智能写作助手,即利用人工智能算法,辅助或自动完成文章写作的工具。智能写作助手可以根据用户输入的关键词、主题、体裁等要求,自动生成文章大纲、段落内容、结构优化建议等,帮助用户高效完成写作任务。一些智能写作助手还具备进行文章润色、语法纠错、查重检测等功能,可以提升文章质量。

例如,美国的 Grammarly 公司开发了一款基于 AIGC 的英文写作助手,可以为用户提供实时的语法纠错、用词优化、语义理解等建议,并根据文章主题和风格,推荐替代表达方式。Grammarly 还可以评估文章的可读性、专业性和语气匹配度等维度，为用户提供写作反馈和优化指导。目前，Grammarly 已经拥有 3000 万个日活跃用户，覆盖教育、商务和科研等多个领域。

再如，国内的秘塔写作猫是一款基于 AIGC 的中文写作助手，可以根据用户输入的文章标题、关键词等，自动生成文章框架和段落内容。用户还可以选择文章的风格和语气，如严肃、幽默、感性等，秘塔写作猫会自动匹配相应的表达方式。此外，秘塔写作猫还内置丰富的文章素材库和写作模板，涵盖教育、新闻和商务等多个领域，帮助用户快速完成各类文章写作。秘塔写作猫目前已经服务了 200 多万个用户，日均生成文章 10 万篇以上。

8.2.2　智能新闻生成

AIGC 在新闻领域的应用主要是智能新闻生成，即通过人工智能算法自动撰写新闻稿件。智能新闻生成系统可以从海量的结构化数据（如财经数据、体育比分等）或非结构化数据（如新闻素材、背景资料等）中，自动提取关键信息，并根据预定义的新闻模板和写作规则，生成可发布的新闻稿件。相比人工撰稿，智能新闻生成稿件可以大幅提高新闻生产效率，降低人力成本，并确保新闻报道的时效性和准确性。

例如，美国某通讯社开发了一款名为 Wordsmith 的智能新闻写作系统，可以自动生成企业财报、篮球赛事等领域的新闻稿件。Wordsmith 通过对结构化数据进行分析，识别其中的新闻点，并根据不同的写作角度，生成多样化的新闻报道。Wordsmith 生成的新闻稿件可以达到人类记者的写作水平，且生产效率是人工的 12 倍。目前，该通讯社每年发布的 4000 多篇财经新闻报道中，约有 1/3 是由 Wordsmith 自动生成的。

再如，腾讯 AI Lab 开发了全球首个多语言 AI 合成主播"小薇"，可以自动生成新闻视频。"小薇"集成了新闻文稿自动生成、语音合成、唇形合成、表情合成等多项 AIGC 技术，可以根据文本输入，生成栩栩如生的新闻主播视频。"小薇"支持中英文双语播报，适用于新闻、天气预报、财经资讯等多种场景。相比真人主播，"小薇"可以 7×24 小时不间断工作，大幅降低视频新闻的制作成本。

8.2.3　智能文案创作

AIGC 在文案创作领域的应用日益广泛，智能文案创作工具可以根据产品特点、受众群体、推广目的等，自动生成广告文案、宣传标语、软文等营销内容。智能文案创作通过对大量优秀文案的学习，掌握文案创作的要领和技巧，再结合营销场景和产品信息，生成优化的文案内容。智能文案创作可以显著提升文案创作效率，降低营销人员的工作强度，并提供更加专业、有创意的文案优化建议。

例如，阿里巴巴开发了一款智能文案助手"鹿班"，可以为商家提供商品推广文案的智能创作服务。商家只需输入商品名称、卖点、促销信息等，"鹿班"就可以自动生成多条优质文案供商家选用。"鹿班"通过学习优秀商品文案，总结提炼创作规律，再结合商品特点和营销诉求，生成朗朗上口、吸引力十足的商品文案。2024年中期统计数据显示，"鹿班"已经应用于阿里巴巴旗下的淘宝、天猫等电商平台，日均为商家生成文案超过100万条。

再如，日本的广告公司 McCann Japan 开发了一款名为 AI-CD β 的智能文案工具，可以为广告创意提供灵感和优化建议。AI-CD β 通过分析大量获奖广告案例，学习它们的创意构思、文案表达、视觉设计等方面的经验，再根据广告主的创意需求，自动生成多条创意文案和概念。AI-CD β 还可以对不同的创意文案进行评分和优化，提供改进建议。在一次内部测试中，AI-CD β 的创意文案竟然在创意竞赛中获得了第二名，展现了智能文案的巨大潜力。

实践 提示工程在内容创作中的应用

写一篇爆款的"小红书"文章来宣传非遗织物研习所。

提示：

角色：假设你是一位专业的"小红书"内容创作者，擅长撰写引人入胜、富有情感共鸣的文章。

任务：创作一篇关于非遗织物研习所的小红书爆款文章。

背景：非遗织物研习所致力于传承和发展中国传统织物技艺，为年轻人提供学习和体验传统织物制作的机会。

目标：

(1)吸引年轻读者的兴趣，激发他们对传统织物艺术的好奇心；

(2)突出非遗织物研习所的独特之处和价值所在；

(3)创造一种参与感，鼓励读者亲身体验。

要求：

(1)使用吸引眼球的标题，如"解锁国风时尚新玩法！这家非遗织物研习所让我爱上了传统手工艺"；

(2)文章字数在 800~1000 字；

(3)使用 emoji 表情增加文章的活力和趣味性；

(4)加入个人体验和感受，增强真实性和共鸣感；

(5)描述 1~2 个具体的织物制作过程，突出其精妙之处；

(6)描述研习所的环境、氛围和老师的专业性；

(7)强调传统与现代的结合，展示非遗织物在当代生活中的应用；

(8)在文末加入号召性用语，鼓励读者前来体验。

风格：轻松活泼，充满热情，略带文艺气息。

关键词：非遗、织物、手工艺、传统文化、国风时尚、DIY 体验、文化传承

输出：

解锁国风时尚新玩法！这家非遗织物研习所让我爱上了传统手工艺。

大家好，这里是你们的小红书博主。今天我要分享一个让我心动不已的地方——非遗织物研习所！如果你对中国传统文化和手工艺有一丝兴趣，或只是想要逃离城市的喧嚣，体验一下慢节奏的手工艺生活，那么一定不要错过这个宝藏地！

传统与现代的完美结合：

非遗织物研习所致力于传承和发展中国传统织物技艺，为年轻人提供学习和体验传统织物制作的机会。走进研习所，仿佛穿越回古代，一股浓厚的文化气息扑面而来。精致的木质家具、充满年代感的织布机、墙上挂满的各种精美织物，简直美不胜收。

但别以为这里是个"老古董"地儿，非遗织物研习所可是非常注重传统与现代结合的。这里的老师们不仅精通古法技艺，还会教你如何将这些传统织物融入现代生活，如制作时尚的国风服饰、精美的家居装饰等。既有历史文化底蕴，又不失现代时尚感，真是国风爱好者的天堂！

亲身体验传统织物制作：

绞染——神奇的色彩魔法

我最喜欢的体验项目之一就是绞染。老师会先讲解绞染的基本原理和历史背景，然后亲自示范如何将布料扭绞、打结、绑扎，再浸入染缸。看似简单的步骤，却充满了变化和惊喜。每次将布料从染缸中取出，解开打结、展开布料时，那种独一无二的图案和色彩瞬间展现在眼前，仿佛施了魔法。每一件绞染作品都是独一无二的，完全可以拿来制作个性十足的围巾、手帕或装饰品。

缂丝——织出时间的纹理

另一项让我印象深刻的项目是缂丝。缂丝是一种极其细腻复杂的织造工艺，被称为"织中之圣"。老师手把手教我们如何在细胜发丝的经纬线上，一针一线地织出精美的图案。虽然这个过程需要极大的耐心，但看着一幅幅美丽的图案在自己手中一点点呈现，那种成就感真的是无可替代的！

研习所的温馨氛围

非遗织物研习所不仅技艺精湛，环境和氛围也十分友好和温馨。老师们不仅技术过硬，还非常有耐心和亲和力。他们会详细解答每一个问题，耐心指导每一个步骤，将你带入一个全新的世界，让你对传统织物技艺产生由衷的敬畏和热爱。

整个研习所的环境非常舒适，阳光透过窗户洒在工作台上，伴随着淡淡的织物香气，整个过程非常治愈。这里不仅是学习的地方，更是一个心灵放松的好去处。

国风时尚，新潮玩法

通过非遗织物研习所的学习和体验，我发现，传统手工艺不仅可以是古老的技艺，更可以融入现代生活，变得时尚而实用。用自己亲手制作的绞染围巾搭配日常穿搭，

瞬间提升个人气质；用缂丝制作的精美织物点缀家居，能让家里充满文化氛围。传统与现代的完美结合，让我们在传承文化的同时，也能玩出新花样，爱上这种独特的国风时尚。

亲身体验，传承文化

非遗织物研习所不仅是学习传统技艺的地方，更是传承和发扬中国传统文化的载体。通过亲身体验，我们不仅能感受到手工艺的魅力，还能深刻体会到这些技艺背后的文化内涵和历史积淀。

亲爱的朋友们，如果你也想解锁这种独特的国风时尚新玩法，爱上传统手工艺，那么一定要来非遗织物研习所亲自体验一下！让我们一起在这里，感受传统与现代的碰撞，体验手工艺的魅力，传承和发扬我们的中华文化瑰宝。

快来加入我们，一起探索更多精彩吧！

希望这篇文章能让你对非遗织物研习所充满兴趣和期待，赶快行动起来，亲身体验一下吧！

8.3　AIGC 在产品设计与开发中的应用

8.3.1　智能 Logo 设计

AIGC 在产品设计领域的一个典型应用是智能 Logo 设计，即通过人工智能算法自动生成 Logo 图案和创意。智能 Logo 设计工具通常采用对抗生成网络(GAN)等算法，学习大量优秀 Logo 设计案例，总结 Logo 设计的风格、色彩和构图等要素，再根据用户输入的企业名称、行业属性和设计偏好等，自动生成多种 Logo 设计方案供用户选择。智能 Logo 设计可以帮助初创企业快速获得高质量的 Logo 设计，节省设计成本和时间。

例如，美国设计公司 Tailor Brands 开发了一款名为 Logo Maker 的智能 Logo 设计工具，该工具可以根据用户的行业、风格和偏好等要求，自动生成用户需要的 Logo 图案。用户还可以对生成的 Logo 进行编辑和优化，如调整字体、颜色和布局等，直至满意为止。Logo Maker 采用了深度学习算法，通过学习数百万个优秀 Logo 案例，掌握了 Logo 设计的基本原则和审美规律。目前，Logo Maker 已经为全球 200 多万家企业提供了 Logo 设计服务。

再如，我国的智能 Logo 设计网站"标小智"，可以根据用户输入的品牌名称、行业类别和风格偏好等，自动生成数十种 Logo 设计方案。"标小智"采用了 GAN 算法，通过学习大量知名品牌 Logo，掌握了不同行业和风格的 Logo 设计要点。此外，"标小智"还内置有丰富的图形元素和设计模板，用户可以对生成的 Logo 进行二次编辑和优化。目前，"标小智"已经为数万家企业提供了 Logo 设计服务，平均每个 Logo 的生成时间不到 1 分钟。

8.3.2　智能 UI 设计

AIGC 在产品设计领域的另一个应用是智能 UI（用户界面）设计，即通过人工智能算法辅助或自动完成软件、网站和 App 等产品的界面设计。智能 UI 设计工具通过学习大量优秀 UI 设计案例，总结 UI 设计的布局、配色和交互等规律，再根据产品类型、目标用户特点和设计风格等要求，自动生成多套 UI 设计方案。设计师可以在智能生成的 UI 方案基础上进行优化和调整，也可以直接使用智能生成的 UI 设计。智能 UI 设计可以显著提升 UI 设计的效率和质量，帮助设计师快速完成 UI 设计任务。

例如，Uizard 是一家革新设计行业的人工智能科技公司，专注于提供基于人工智能的设计平台。其核心业务是帮助用户快速创建网页、移动应用和桌面应用的用户界面设计。公司运用深度学习和计算机视觉技术，开发了一系列创新功能，包括将手绘草图自动转换为数字化设计、基于文字描述生成完整 UI 设计、管理设计系统及支持团队协作等。Uizard 的人工智能模型经过海量设计数据训练，能够了解当前设计趋势和最佳实践。平台支持多种设计输出格式，便于与其他工具集成。Uizard 的目标是简化 UI 设计过程，使非专业设计师也能创建高质量界面，从而加速产品开发。这种人工智能辅助设计方法正在改变传统设计行业，为更多人赋能创造数字产品，体现了人工智能在创意领域的潜力和应用前景。

再如，墨刀是一家专注于产品设计与原型开发的科技公司，提供一站式设计协作平台。其核心业务包括 UI 设计、交互原型制作、团队协作和设计系统管理。在 UI 设计方面，墨刀提供丰富的组件库和模板，支持拖曳式操作，让用户能快速创建高保真界面设计。平台还支持响应式设计，确保界面在不同设备上的一致性。墨刀的技术特点包括实时协作功能，允许团队成员在线同时编辑和评论设计；版本控制系统，方便追踪设计变更；强大的交互设计工具，支持复杂的动画和转场效果。此外，墨刀还提供 API 文档生成、设计规范管理等功能，促进设计师与开发者的密切协作。通过整合设计、原型和协作工具，墨刀旨在简化产品开发流程，提高团队效率，使企业能更快速地将创意转化为现实产品。

8.3.3　智能工业设计

AIGC 在工业设计领域也有广泛应用，智能工业设计工具可以辅助设计师进行产品建模、渲染和仿真等设计任务。智能工业设计工具通过机器学习算法，学习工业设计的材料、结构和工艺等知识，再结合设计师的创意和需求，自动生成产品的三维模型和设计方案。设计师可以在智能生成的设计方案上进行改进和优化，也可以利用智能工具进行产品性能的分析和验证。智能工业设计可以缩短产品设计周期，降低设计成本，提升设计质量和创新性。

例如，西门子的 NX 软件集成了多种智能工业设计工具，可以辅助设计师进行概念设计、细节设计和仿真验证等任务。NX 采用机器学习算法，通过分析大量设计案例和工程数据，学习产品设计的材料选择、结构优化和工艺规划等知识。设计师只需输入产品的功能要求和约束条件，NX 就可以自动生成多套概念设计方案，并对方案进行性能仿真和优化。此外，NX 还支持智能工艺规划和制造仿真，可以自动生成产品的加工路径和工艺参数，并对生产过程进行虚拟验证，从而优化产品制造流程，提升生产效率和产品质量。

再如，Autodesk 公司的 Fusion 360 软件内置多种智能设计工具，如智能建模、智能仿真和智能 CAM 等。Fusion 360 采用了机器学习算法，通过对海量工程设计数据的学习，掌握了产品设计的结构、材料和工艺等知识。设计师在进行产品建模时，Fusion 360 可以根据设计意图自动推荐合适的建模方式和参数，提示可能出现的设计问题，并给出优化建议。在性能仿真方面，Fusion 360 可以自动识别产品的受力特点，推荐合适的仿真类型和边界条件，并对仿真结果进行智能分析和优化。在制造准备方面，Fusion 360 可以自动生成产品的 CNC 加工代码，优化刀具加工路径和切削参数，并对加工过程进行实时仿真和碰撞检查。这些智能设计工具极大地提升了工业设计师的工作效率和产品设计质量。

实践：　提示工程在产品设计与开发中的应用

给非遗织物研习所制作 Logo。

提示：

极简主义的 Logo 设计，抽象的几何形状，柔和的色彩搭配，主题为非物质文化遗产绞染，要求大方自然，如图 8.2 所示。

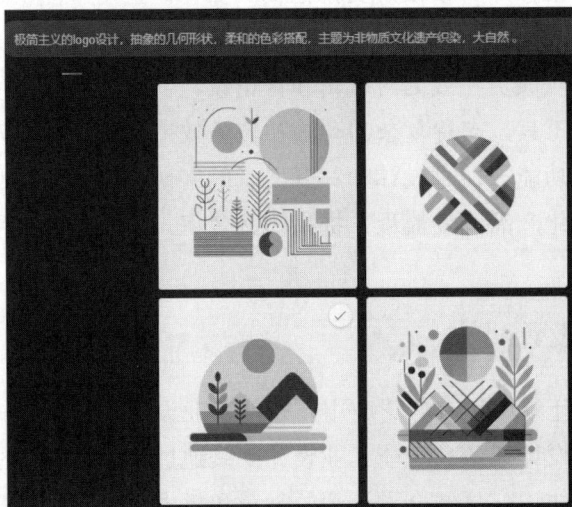

图 8.2　制作 Logo 的提示

输出：

Logo 的输出如图 8.3 所示。

图 8.3　Logo 的输出

8.4　AIGC 驱动的新商业模式

8.4.1　智能定制服务

AIGC 技术的发展催生了智能定制这一新的商业模式。智能定制是指以人工智能为核心，根据用户的个性化需求，自动生产定制化产品或服务。与传统的大规模标准化生产模式不同，智能定制可以灵活、快速、低成本地实现产品和服务的个性化，满足用户的多样化需求。

例如，在服装领域，AIGC 可以通过对用户体型、肤色、穿衣风格等数据的分析，自动设计和生产定制化服装，实现"私人定制"。用户只需上传自己的照片和身材尺寸，选择喜欢的款式和面料，智能设计系统就可以自动完成服装的设计、裁剪和缝制，生产出独一无二的个性化服装。类似地，在家居领域，AIGC 可以根据用户的户型、风格、预算等要求，自动设计和生产定制化家具，实现"私人定制"。

智能定制模式不仅可以提升用户体验，满足用户个性化需求，还可以通过自动化生产降低定制成本，提高生产效率，从而实现规模化盈利。此外，智能定制还可以通过数据积累和分析，不断优化设计和生产流程，改进产品和服务质量。

8.4.2　人工智能创作平台

AIGC 技术的发展也催生了人工智能创作平台这一新的商业模式。AI 创作平台是指利用人工智能技术，为内容创作者提供智能化创作工具和服务的平台。与传统的内容创作平台不同，人工智能创作平台可以显著提升内容的生产效率，降低创作门槛，同时提供更加智能、专业的创作辅助服务。

例如，在视频创作领域，AIGC 可以为创作者提供智能剪辑、智能字幕、智能配音等服务，自动完成视频素材的筛选、组接、美化等任务，生成高质量的视频内容。创作者只需上传原始素材，选择视频主题和风格，人工智能创作平台就可以自动生成多个视频剪辑方案供创作者选择和调整。类似地，在音乐创作领域，AIGC 可以为创作者提供作曲、编曲、混音等服务，自动生成原创旋律、和声、节奏等音乐元素，辅助创作者完成音乐创作。

人工智能创作平台一方面可以降低创作者的工作强度，提高内容产出效率；另一方面可以通过数据分析和用户反馈，不断优化创作算法和模型，提升内容质量和多样性。人工智能创作平台还可以连接内容创作者和内容需求方，实现内容创作和分发的高效对接，促进内容产业的发展。

8.4.3　虚拟员工服务

AIGC 技术的发展还催生了虚拟员工这一新的商业模式。虚拟员工是指，利用人工智能技术，创建拟人化的智能助手，为企业或个人提供专业化服务。虚拟员工可以根据不同场景和需求，提供客户服务、销售助理、行政助理和设计助理等多种角色，通过自然语言交互实现人机协作。

例如，在客户服务领域，AIGC 可以创建智能客服助手，24 小时在线响应客户咨询，自动生成个性化答复，提供产品推荐、故障诊断、投诉处理等服务。智能客服助手可以通过对海量服务日志的学习，不断优化服务策略，更新知识库，提升服务质量和效率。类似地，在销售领域，AIGC 可以创建智能销售助手，通过对用户画像和行为数据的分析，实现精准营销和个性化推荐，提高销售转化率。

虚拟员工可以替代部分人工岗位，降低企业人力成本，同时提供更加一致、高效、专业的服务质量。虚拟员工还可以通过持续学习和迭代，不断扩大知识覆盖范围，提升服务能力。此外，虚拟员工可以实现弹性扩展，灵活应对业务高峰和低谷情况，优化企业资源配置。

8.4.4　人工智能游戏创作

AIGC 技术在游戏领域也催生了全新的商业模式，即人工智能游戏创作。人工智能游戏创作是指利用人工智能技术，自动或辅助完成游戏内容的设计、开发、测试等环节，提高游戏创作的效率和质量。与传统的手工游戏创作方式相比，人工智能游戏创作可以显著降低开发成本，加速游戏内容迭代，并提供更加智能和个性化的游戏体验。

例如，在游戏关卡设计方面，AIGC 可以通过对玩家行为数据的分析，自动生成难度合适、内容多样的游戏关卡，实现游戏内容的动态调整和个性化推荐；在游戏角色设计方面，AIGC 可以根据游戏风格和玩家偏好，自动生成形象多样、个性鲜明的游戏角色，丰富游戏世界的视觉体验；在游戏测试方面，AIGC 可以通过自动化测试和智能漏洞检测，提高游戏测试的效率和覆盖率，保证游戏品质。

人工智能游戏创作可以帮助游戏企业快速响应市场需求，持续推出新颖、有趣的游戏内容，吸引和留存玩家。人工智能游戏创作还可以通过数据分析和玩家反馈，不断优化游戏设计和平衡性，提升游戏体验。此外，人工智能游戏创作可以降低游戏开发的技术门槛，让更多的创作者参与到游戏开发中，促进游戏产业的多元化发展。

8.5　AIGC 的伦理与法律问题

8.5.1　内容真实性问题

AIGC 技术虽然为内容生产带来了革命性变化，但也引发了内容真实性问题。由于 AIGC 生成的内容在形式上与真实内容难以区分，一些不法分子可能利用 AIGC 制造虚假信息、伪造证据或侵犯个人隐私等，对社会秩序和公众利益造成不良影响。

例如，AIGC 可能被用来制造虚假新闻，模仿真实人物的语音和形象，传播误导性或煽动性的信息，影响社会舆论和公众决策；AIGC 还可能被用来伪造法律文书、合同协议等，损害相关方的权益；此外，AIGC 还可能被用来生成侵犯个人隐私的内容，如合成特定人物的照片、视频等，侵犯个人肖像权、名誉权，甚至进行诈骗犯罪。

为应对内容真实性问题，需要在技术和制度层面采取多种措施：在技术层面，需要研发 AIGC 内容检测和溯源技术，及时识别和标注 AIGC 生成的内容，追踪内容生成过程和来源；在制度层面，需要完善相关法律法规，明确 AIGC 内容的法律地位和责任归属，加强对 AIGC 滥用行为的惩戒力度。同时，还需要加强公众教育和媒体素养培养力度，提高公众对 AIGC 内容的辨识和判断能力。

8.5.2　知识产权问题

AIGC 技术在促进内容创新的同时，也带来了知识产权方面的问题。由于 AIGC 生成的内容基于对海量现有作品的学习和再创作，其生成过程可能涉及对他人具有知识产权作品的复制、演绎和汇编等行为，引发相关权益的归属和保护问题。

例如，AIGC 可能在未经授权的情况下，使用他人享有著作权的文本、图像、音频等作为训练数据，或在生成内容时复制、篡改他人作品的实质性内容，侵犯他人的复制权、改编权等权益。AIGC 还可能在生成内容的过程中，汇编、重排他人作品，或在生成内容中使用他人的署名、商标等，侵犯他人的汇编权、署名权和商标权等权益。

为应对知识产权问题，需要在现有知识产权制度的基础上，针对 AIGC 的特点进行制度创新和完善。一方面，需要明确 AIGC 生成内容的权属状态，合理划分人工智能系统、系统开发者、内容生成者、原始权利人等各方的权益，建立利益分享和补偿机制；另一方面，需要完善 AIGC 训练数据和生成内容的许可机制，规范数据来源和使用方式，避免造成对他人合法权益的侵犯。同时，还需要加强 AIGC 生成内容的知识产权保护，建立 AIGC 内容的登记、确权和维权等机制，促进 AIGC 创新成果的有序流通和应用。

8.5.3　算法偏见问题

AIGC 技术虽然可以提高内容生产的效率和质量，但也可能带来"算法偏见"问题。由于 AIGC 模型基于有限的训练数据进行学习和优化，其生成内容可能继承和放大数据中存在的偏见和歧视，对某些群体或个体产生不公平的影响。

例如，如果 AIGC 模型的训练数据中存在性别、种族、年龄等方面的偏见，其生成的内容可能对特定性别、种族、年龄群体产生刻板印象或歧视性表述。再如，如果 AIGC 模型的训练数据更多来自主流群体和优势话语，其生成的内容可能忽视或边缘化少数群体和弱势话语的表达需求。

为应对算法偏见问题，需要在 AIGC 模型的开发和应用过程中，贯彻公平、公正的原则。在模型训练阶段，需要采用去偏见的数据采集和标注方法，确保训练数据的多样性、均衡性和代表性；在模型评估阶段，需要采用全面的公平性指标和测试方法，检测和量化模型输出的偏见程度；在模型应用阶段，需要建立人机协作的内容生成机制，引入人工审核和反馈环节，及时发现和纠正模型输出的偏见问题。同时，还需要加强 AIGC 从业者的伦理培训和监管，提高其平等、多元和包容的伦理意识和责任意识。

8.5.4　安全隐患问题

AIGC 技术在赋能内容创作的同时，也可能带来安全隐患问题。一些不法分子可能利用 AIGC 技术生成违法违规内容，传播暴力、色情、恐怖等有害信息，或制造网络谣言、虚假广告等，危害网络空间安全和社会稳定。

例如，AIGC 可能被用来批量生成暴力、血腥、色情等违禁内容，通过社交媒体、视频网站等渠道传播，对未成年人等群体造成不良影响。AIGC 还可能被用来制造大规模的虚假评论、虚假新闻等，扰乱网络舆论生态，误导公众认知或判断。

为应对安全隐患问题，需要建立多层次、全方位的 AIGC 治理体系。在平台层面，需要加强对 AIGC 生成内容的安全审核和过滤，建立违禁内容识别和拦截机制，及时处置违法违规内容；在用户层面，需要完善用户实名认证和信用评价机制，提高 AIGC 使用门槛，遏制违法违规行为；在执法层面，需要明确 AIGC 相关犯罪的定罪量刑标准，加大打击和惩治力度。同时，还需要加强 AIGC 安全教育和宣传引导，提高公众的安全意识和自我保护能力，营造清朗有序的网络空间。

本 章 小 结

　　AIGC 作为人工智能技术的重要应用方向，正在深刻影响和重塑着内容生产的方式，为数字经济时代的创新创业带来了新的机遇和挑战。本章系统梳理了 AIGC 的基本概念、关键技术和发展历程，重点探讨了 AIGC 在内容创作、产品设计等领域的应用实践，展望了 AIGC 驱动的智能定制、人工智能创作平台、虚拟员工和人工智能游戏创作等新商业模式，并分析了 AIGC 在内容真实性、知识产权、算法偏见和安全隐患等方面的伦理与法律问题。

　　AIGC 代表了内容生产的未来趋势，会极大地提升内容创作的效率、质量和专业化水平，催生出更加智能、高效和多元的内容服务。创业者应该顺应 AIGC 的发展浪潮，积极探索 AIGC 在各行各业的创新应用，利用 AIGC 提升产品和服务的智能化水平，优化生产流程和商业模式，构建人机协同、多方共赢的创新创业生态。同时，创业者也应该高度重视 AIGC 带来的伦理与法律挑战，在技术创新的同时，加强伦理反思和制度建设，确保 AIGC 朝着有利于人类福祉和社会进步的方向发展。

思 考 题

　　1．AIGC 将给内容产业带来哪些变革？传统内容企业如何应对 AIGC 带来的挑战？

　　2．AIGC 可能在哪些应用领域实现突破？结合具体行业分析 AIGC 的应用前景和实现路径。

　　3．AIGC 可能催生哪些新的商业模式和产业形态？创业者如何把握 AIGC 的创新创业机会？

　　4．AIGC 在发展过程中可能面临哪些伦理与法律问题？如何构建 AIGC 的治理框架和制度规范？

实 践 项 目

　　1．选择一个具体领域，调研分析 AIGC 的应用现状、技术发展趋势和产业机会。

　　2．结合具体创业项目，探索 AIGC 在产品设计、内容生产等环节的应用场景和实现方案。

　　3．开展 AIGC 伦理与法律专题研讨，邀请专家学者分享观点，并介绍政策动态。

　　4．举办 AIGC 创新应用大赛，鼓励学生发挥产生个人创意，设计 AIGC 驱动的创新产品和服务。

第9章 人工智能赋能创新创业实践

在人工智能时代，创新创业的实践正在经历前所未有的变革。本章将深入探讨人工智能如何赋能创新创业的各个关键环节，包括团队组建、商业计划制订、融资策略及风险管理。我们将聚焦于实践层面，探讨如何利用人工智能技术，特别是提示工程（Prompt Engineering），来优化创业过程，提高创业成功率。通过理论分析和实际案例，本章旨在为读者提供一个全面的视角，了解人工智能在创新创业实践中的应用和潜力。

9.1 人工智能赋能创新创业团队组建

在创新创业的过程中，组建一个高效、协作的团队是其成功的关键因素之一。人工智能技术正在革新团队组建的方式，为创业者提供了新的工具和方法。

9.1.1 人工智能驱动的人才匹配

人工智能技术，特别是机器学习和自然语言处理技术，可以显著提高人才匹配的效率和准确性，如图 9.1 所示。

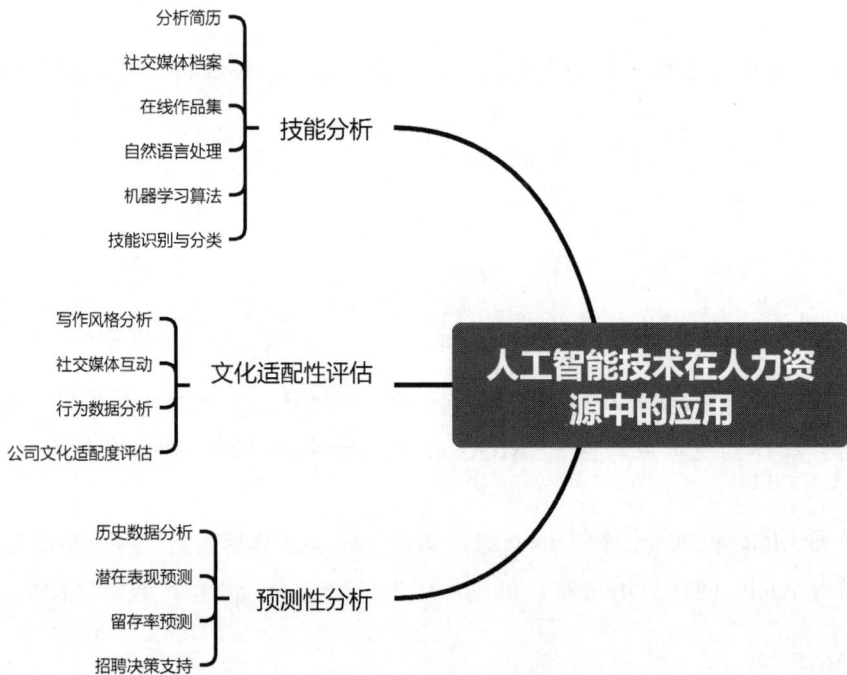

图 9.1 人工智能技术在人力资源中的应用

（1）技能分析：人工智能系统可以分析求职者的简历、社交媒体档案和在线作品集，提取关键技能和经验。这些系统使用自然语言处理技术来理解文本内容，并使用机器学习算法对技能进行识别和分类。

（2）文化适配性评估：通过分析求职者的写作风格、社交媒体互动和其他行为数据，人工智能可以评估候选人与公司文化的适配度。

（3）预测性分析：基于历史数据，人工智能可以预测候选人的潜在表现和留存率，帮助创业公司做出更明智的招聘决策。

案例：　　Pymetrics

Pymetrics 是一家利用人工智能技术进行人才匹配的公司。他们利用神经科学游戏和人工智能算法来评估求职者的认知和情感特征，然后将这些特征与成功员工的特征进行匹配。这种方法不仅提高了招聘的准确性，还减少了人为偏见成分，如图 9.2 所示。

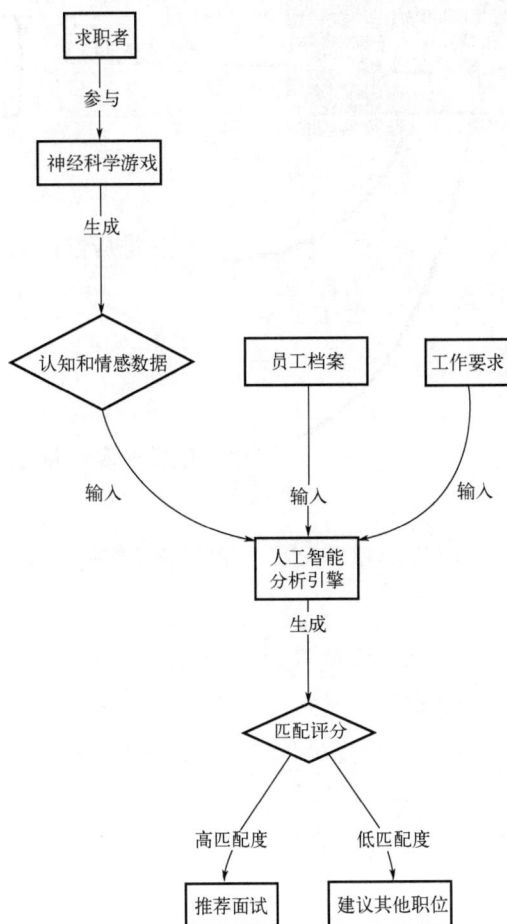

图 9.2　Pymetrics 的人工智能人才匹配流程

9.1.2 提示工程在团队组建中的应用

提示工程是一种新兴的技术，它通过设计有效的提示来指导大语言模型(如 GPT-4)生成有用的输出。在团队组建过程中，提示工程可以发挥重要作用，如图 9.3 所示。

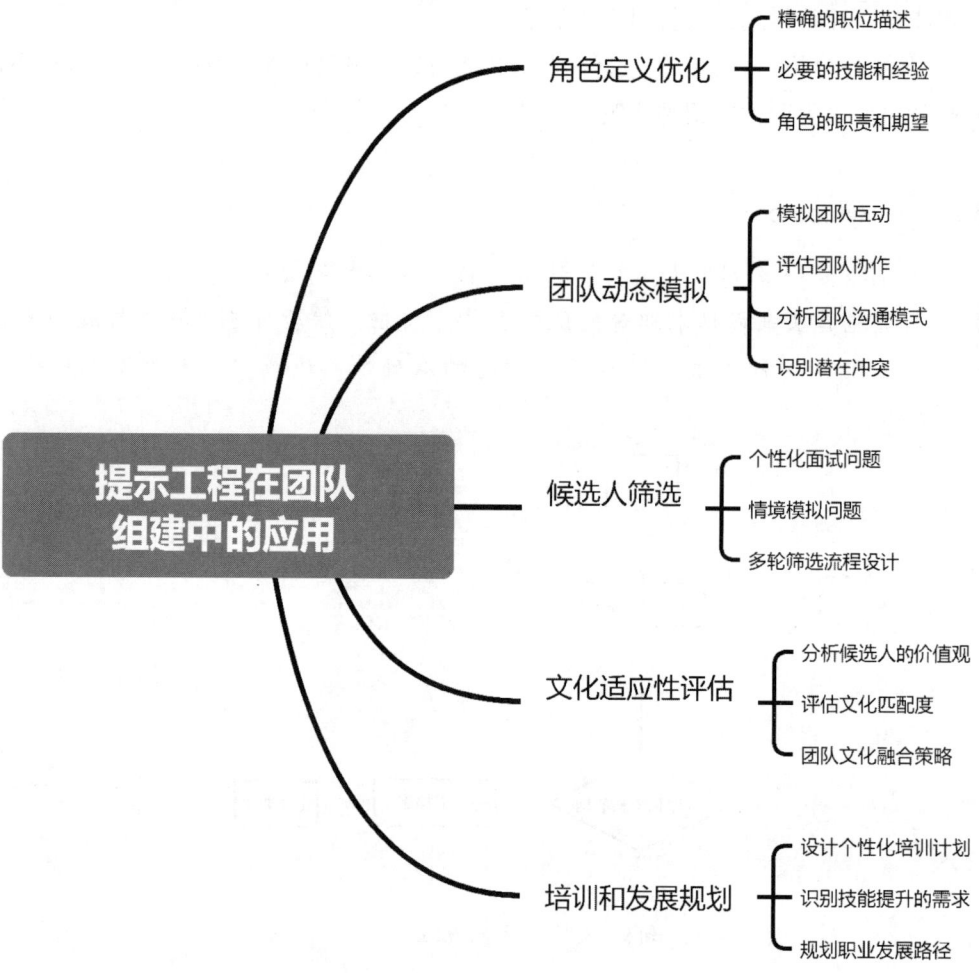

图 9.3　提示工程在团队组建中的应用

(1)角色定义优化。

使用提示工程来生成更精确的职位描述。例如：

提示：基于以下创业公司描述，生成一个详细的全栈开发工程师职位描述：

"我们是一家专注于使用人工智能优化供应链的初创公司,正在寻找能够同时处理前端和后端开发的工程师。"

(GPT-4)输出：

全栈开发工程师

公司简介

我们是一家致力于使用人工智能技术优化供应链的初创公司。我们的使命是，通过智能化的解决方案提升供应链的效率、降低成本并增强可持续性。作为一家快速发展的公司，我们能提供一个充满活力和创新精神的工作环境。

职位描述

我们正在寻找一位全栈开发工程师，能够胜任前端和后端的开发任务。该职位将直接参与到公司核心产品的开发中，从用户界面到后端系统，都将是您施展才华的舞台。

职责

(1)设计、开发和维护高性能、高可用性和可扩展的前端和后端系统；

(2)参与用户需求分析，提出技术解决方案并实施；

(3)开发和优化用户界面，确保良好的用户体验；

(4)构建和维护数据库系统，确保数据的完整性和安全性；

(5)集成和优化第三方 API 和服务；

(6)编写高质量、可维护的代码，并通过代码审查；

(7)跨职能团队协作，确保产品的高质量交付；

(8)跟踪和解决生产环境中的问题，确保系统的稳定运行。

任职要求

(1)具有计算机科学或相关专业本科及以上学历；

(2)具有 3 年以上全栈开发经验；

(3)熟练掌握 HTML、CSS、JavaScript 等前端技术，熟悉 React、Vue 或 Angular 等前端框架；

(4)熟练使用 Node.js、Python、Java 或其他服务器端编程语言；

(5)熟悉 SQL 和 NoSQL 数据库，如 MySQL、PostgreSQL、MongoDB 等；

(6)了解 RESTful API 设计和微服务架构；

(7)熟悉 Git 版本控制系统；

(8)具备优秀的问题解决能力和团队合作精神；

(9)具备良好的英语读写和沟通能力。

加分项

(1)有供应链管理或物流领域的项目经验；

(2)有人工智能或机器学习项目的经验；

(3)熟悉云计算平台，如阿里云、华为云或腾讯云。

我们提供

(1)具有竞争力的薪酬和福利；

(2)参与尖端技术开发的机会；

(3)灵活的工作时间和远程办公选项；

(4)专业的发展和培训机会；

(5)充满激情和创新精神的团队氛围。

申请方式

如果您对这份职位感兴趣，请将您的简历和作品集发送至我们的招聘邮箱：jobs@xxxABC.com.cn。期待您的加入，与我们一起开创供应链优化的未来！

该职位描述不仅涵盖了职位的基本职责和要求，还突出了公司的使命和文化，吸引那些对人工智能和供应链优化充满热情的候选人。

(2)团队动态模拟。

使用提示工程来模拟潜在团队成员之间的互动，评估团队动态。

提示：模拟一个由以下角色组成的创业团队在讨论产品发布策略时的对话：

(1)技术导向的 CEO;

(2)市场营销负责人;

(3)产品经理;

(4)财务官。

模拟他们在讨论是否应该推迟产品发布以添加更多功能。

输出(GPT-4)：

创业团队讨论产品发布策略。

角色

1. 技术导向的 CEO(李总)

2. 市场营销负责人(王经理)

3. 产品经理(张经理)

4. 财务主管(刘总)

李总(CEO)：各位，感谢大家今天的出席。我们需要讨论一下即将发布的产品。根据目前的进展，技术团队已经实现了核心功能的研发，但有一些计划中的功能还没有完成。我想听听大家的意见，是否应该推迟发布来完善这些功能。

王经理(市场营销负责人)：李总，我认为按时发布非常重要。我们已经在市场上做了很多的预期宣传，如果现在推迟，可能会影响我们的品牌信誉和客户信任度。而且竞争对手也在虎视眈眈盯着市场份额，我们需要抢占市场先机。

张经理(产品经理)：我理解王经理的担忧，但从产品的角度来看，未完成的功能对于用户体验非常关键。如果我们现在发布一个功能不完整的产品，用户的初次体验不佳，可能会导致负面的口碑传播，修复这些问题后再挽回用户会更加困难。

刘总(财务主管)：这确实是个两难的问题。从财务角度来看，推迟发布会增加我们的成本，特别是在研发和市场推广方面。我们的预算已经很紧张，推迟发布可能会影响到整体的财务健康。但我也明白，发布一个不成熟的产品可能会增加更多的长期成本。

李总(CEO)：我明白大家的顾虑。王经理，如果我们现在发布产品，你觉得我们可以通过什么样的市场策略来缓解未完成功能的影响？

王经理(市场营销负责人)：我们可以采取分阶段发布的策略，先发布核心功能，并在后续的更新中逐步推出新的功能。我们可以通过提前的用户教育和明确的路线图来管理客户的期望，同时提供高质量的客户支持，确保他们在使用过程中有良好的体验。

张经理(产品经理)：分阶段发布是一个可行的方案，但我们需要确保核心功能足够稳定且没有重大缺陷。我们可以在发布前进行更全面的测试，并提前选择一部分用户进行 Beta 测试，获取反馈并进行改进。

刘总(财务主管)：这种分阶段发布的策略可以在一定程度上缓解财务压力，同时也能保持产品在市场上的热度。如果能严格控制发布后的更新节奏和质量，我们可以在财务和用户体验之间找到平衡。

李总(CEO)：好的，我觉得大家的意见都非常有价值。我们就采取分阶段发布的策略，但前提是核心功能必须经过充分的测试和优化，确保用户的基本需求得到满足。接下来，张经理，你和你的团队需要加紧进行核心功能的测试和完善，同时王经理需要准备好相应的市场推广和用户教育方案。刘总，我们需要重新审视一下预算，确保有足够的资金支持这一策略的实施。

张经理(产品经理)：明白，我会尽快安排团队进行全面测试，并选定一部分用户进行 Beta 测试。

王经理(市场营销负责人)：没问题，我会准备好分阶段发布的市场策略，并确保我们的客户支持团队随时待命，帮助用户解决问题。

刘总(财务主管)：好的，我会重新调整预算，并确保资金能够支持这次的分阶段发布计划。

李总(CEO)：非常感谢大家的配合。我们一定要确保产品质量，同时也要保持市场竞争力。加油！

团队在充分讨论后达成共识，决定采取分阶段发布策略，以平衡产品质量、市场预期和财务压力。

这种模拟可以帮助创业者评估不同个性和背景的团队成员如何协作，从而做出更明智的决策。

9.1.3　人工智能辅助的远程团队协作

随着远程工作的普及，人工智能工具在促进团队协作方面发挥着越来越重要的作用，如表 9.1 所示。

(1)智能会议助手：使用自然语言处理技术自动生成会议摘要、行动项目和跟进任务。

(2)实时翻译：对于国际团队，人工智能驱动的实时翻译工具可以打破语言障碍，促进无缝沟通。

（3）情感分析：人工智能可以分析团队成员的书面沟通，识别潜在的情感冲突或不满情绪，帮助管理者及时干预。

表 9.1   人工智能辅助远程协作工具对比

工具名称	主要功能	人工智能技术	优势
Otter.ai	实时会议转录和摘要	语音识别、NLP	高准确度、多语言支持
Grammarly	协作辅助和风格建议	NLP、机器学习	实时纠错、语气调整
Zoom AI Companion	会议摘要、实时翻译	NLP、机器翻译	与 Zoom 无缝集成
Asana	智能任务分配和优先级排序	机器学习	提高团队生产力
Slack	智能频道建议、自动回复	NLP、机器学习	改善沟通效率

9.1.4   人工智能驱动的团队表现分析

人工智能可以通过分析各种数据源来评估团队表现，包括：

（1）代码提交频率和质量；

（2）项目管理工作中的任务完成情况；

（3）团队沟通模式；

（4）客户反馈和满意度。

通过这些分析，创业公司可以：

（1）识别团队中的高绩效者和需要支持的成员；

（2）预测和防止团队倦怠；

（3）优化工作流程和资源分配。

案例：   Humanyze

Humanyze 是一家利用人工智能和数据分析来优化团队表现的公司。他们使用可穿戴设备和人工智能算法分析团队成员的互动模式、沟通频率和能量水平。这些见解帮助公司改善了团队动态和工作环境，如图 9.4 所示。

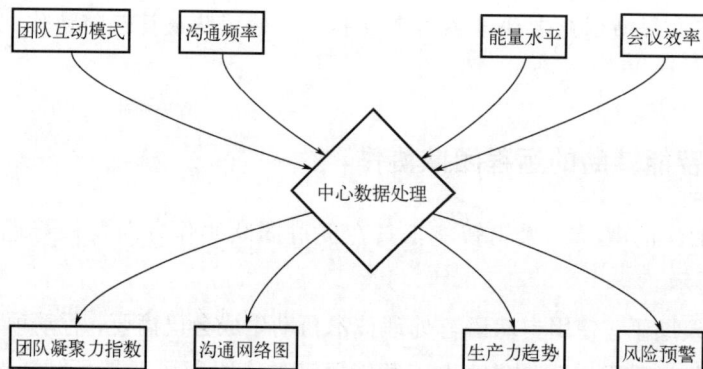

图 9.4   Humanyze 的团队分析仪表板

9.2 人工智能赋能创新创业商业计划

制订一个全面、可行的商业计划是企业创业成功的基础。人工智能正在改变商业计划的制订过程，可以使商业计划增强数据驱动性并具有前瞻性。

9.2.1 市场分析与预测

人工智能可以通过分析大量数据来提供更准确的市场洞见。

(1)趋势预测：使用机器学习算法分析历史数据和实时信息，预测市场发展趋势。

(2)竞争对手分析：人工智能可以获取和分析竞争对手的公开信息，包括社交媒体、新闻报道和财务报告，提供全面的竞争格局分析。

(3)消费者行为模型：通过分析消费者数据，人工智能可以创建详细的消费者画像和行为模型，帮助创业公司更好地了解目标市场。

提示工程在市场分析中的应用。

提示：基于以下行业描述，生成一个详细的 SWOT 分析：

"我们是一家专注于开发基于人工智能的个性化营养建议 App 的创业公司，目标市场是 25~40 岁健康意识较强的城市专业人士。"

输出：

SWOT 分析

公司简介

我们是一家专注于开发基于人工智能的个性化营养建议 App 的创业公司，目标市场是 25~40 岁健康意识较强的城市专业人士。

SWOT 分析

Strengths(优势)

(1)技术优势：我们的 App 利用先进的人工智能技术，能够提供高度个性化的营养建议，满足用户的独特需求。

(2)目标明确：明确的目标市场(25~40 岁健康意识较强的城市专业人士)使我们能够集中资源进行市场营销和产品优化。

(3)用户体验：用户友好的界面设计和直观的用户体验，使用户更容易接受和使用我们的 App。

(4)数据驱动：基于大量的用户数据和营养科学的研究成果，我们的建议更加科学和有效。

(5)高用户参与度：健康意识较强的用户群体往往更愿意尝试新技术和新产品，并且更有可能长期使用。

Weaknesses(劣势)

(1)品牌知名度：作为初创公司，我们的品牌知名度较低，需要大量的市场推广来提升知名度和用户信任度。

(2)资源有限：资金和人力资源有限，可能会影响产品的开发进度和市场推广力度。

(3)用户教育成本：需要投入大量资源教用户如何使用 App，并让用户相信人工智能建议的科学性和可靠性。

(4)依赖技术：过度依赖人工智能技术，如果技术出现问题，可能会影响用户体验和公司声誉。

(5)数据隐私：用户对健康数据的隐私保护非常敏感，需要确保数据安全，避免数据泄露。

Opportunities（机会）

(1)市场需求增长：健康意识的提升和个性化服务需求的增长，为我们提供了广阔的市场前景。

(2)合作机会：可以与健身中心、健康食品公司、医疗机构等合作，扩大用户基础。

(3)技术进步：人工智能技术和大数据分析的快速发展，可以不断提升产品的准确性和用户体验。

(4)国际市场扩展：健康意识较强的群体不仅在本地市场存在，在国际市场也有巨大的潜力。

(5)新冠疫情影响：疫情期间和后疫情时代，人们对健康管理的需求显著增加，这为我们的产品提供了更多的市场机会。

Threats（威胁）

(1)竞争激烈：市场上已有不少公司在开发类似的营养建议 App，竞争非常激烈。

(2)技术风险：人工智能技术的快速变化和不确定性，可能会带来技术更新和维护的压力。

(3)监管风险：健康数据的使用受到严格的法律和监管限制，合规成本较高。

(4)用户需求变化：用户需求和偏好的快速变化，可能导致我们需要不断调整产品策略和功能。

(5)经济环境变化：经济环境的不确定性，可能影响用户的消费能力和意愿，进而影响我们产品的市场表现。

这份 SWOT 分析全面评估了我们基于人工智能的个性化营养建议 App 的优势、劣势、机会和威胁，为公司战略决策提供了有价值的参考。

9.2.2　财务规划与预测

人工智能可以通过以下方式优化财务规划。

(1)现金流预测：使用机器学习算法分析历史财务数据、市场发展趋势和经济指标，生成更准确的现金流预测。

（2）场景分析：人工智能可以快速生成和分析多种财务场景，帮助创业者做好风险管理和战略规划。

（3）智能定价：通过分析市场数据、竞争对手价格和消费者的行为，人工智能可以提供优化的定价策略。

案例：　Fyle

Fyle 是一家利用人工智能技术自动进行费用管理和财务规划的公司。他们的人工智能系统可以自动分类费用、检测异常支出，并生成财务报告。这不仅提高了财务管理的效率，还为创业公司提供了更准确的财务洞见，如图 9.5 所示。

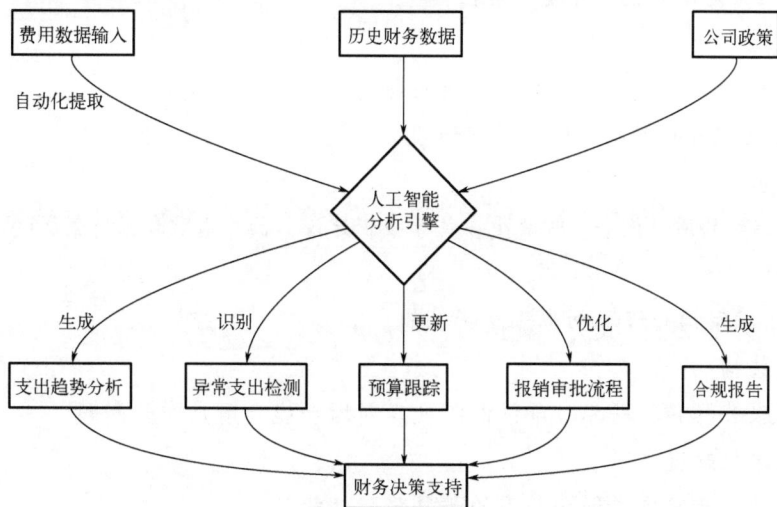

图 9.5　Fyle 的人工智能驱动财务分析仪表板

9.2.3　产品开发路线图

人工智能可以通过以下方式优化产品开发路线图。

（1）需求预测：分析市场趋势、用户反馈和竞争对手动向，预测未来的产品需求。

（2）特性优先级排序：基于用户数据和市场反应，人工智能可以帮助确定哪些特性应该优先开发。

（3）开发时间估算：通过分析历史项目数据，人工智能可以提供更准确的开发时间和资源需求估算。

（4）风险评估：人工智能可以识别潜在的开发风险，并提供缓解风险的策略建议。

提示工程在产品开发路线图制定中的应用。

提示：基于以下产品描述和用户反馈，生成一个为期 6 个月的产品开发路线图：

"我们的产品是一个人工智能驱动的个人理财应用。用户反馈表明他们希望看到更多的投资建议功能，更好的预算跟踪，以及与主要银行的集成。同时，有报告指出我们的 App 在某些安卓设备上存在性能问题。"

输出：

6 个月产品开发路线图

产品描述

我们的产品是一个人工智能驱动的个人理财应用，用户希望看到更多的投资建议功能、更好的预算跟踪，以及与主要银行的集成。同时，有报告指出我们的 App 在某些安卓设备上存在性能问题。

第 1 个月

目标：改进现有功能和修复性能问题

(1)性能优化

①识别和修复安卓设备上的性能问题；

②改进 App 的加载时间和响应速度。

(2)用户调查

进行详细的用户调查，收集更多关于投资建议、预算跟踪和银行集成的需求和反馈。

第 2 个月

目标：基础架构升级和初步开发新功能

(1)基础架构

升级服务器和数据库，确保能够处理新增功能和用户增长问题。

(2)预算跟踪改进

①设计并开发更详细和易用的预算跟踪功能；

②添加预算类别和预算提醒功能。

第 3 个月

目标：开发和测试新功能

(1)投资建议功能

①设计并开发人工智能驱动的投资建议模块；

②引入基本的投资分析和推荐功能。

(2)与银行集成

开始与主要银行 API 的集成工作，确保用户可以同步他们的银行账户信息。

(3)性能优化

继续优化安卓设备的性能，确保 App 流畅运行。

第 4 个月

目标：功能完善和用户测试

(1)预算跟踪

①完成预算跟踪功能的开发；

②开始内部测试和用户 Beta 测试，收集测试反馈并进行改进。

（2）投资建议

①完成投资建议模块的开发；

②开始内部测试和用户 Beta 测试，收集测试反馈并进行改进。

（3）银行集成

①完成与主要银行的初步集成；

②进行内部测试和小规模用户测试。

第 5 个月

目标：优化和用户体验提升

（1）整合用户反馈

①根据 Beta 测试的反馈，优化预算跟踪和投资建议功能；

②修复发现的问题和漏洞。

（2）银行集成

①完成所有主要银行的集成；

②确保数据同步的准确性和安全性。

（3）性能和稳定性

进一步优化 App 的性能和稳定性，特别是在安卓设备上的性能。

第 6 个月

目标：功能发布和市场推广

（1）新功能发布

①正式发布改进的预算跟踪功能、投资建议功能和银行集成功能；

②确保所有用户都能顺利升级到最新版本。

（2）市场推广

①制定和执行市场推广策略，宣传新功能；

②通过社交媒体、邮件和合作伙伴渠道推广新功能。

（3）用户支持

①提供充分的用户支持，帮助用户适应新功能；

②收集用户反馈，制订下一步的优化和开发计划。

这份 6 个月的产品开发路线图详细规划了改进现有功能、开发新功能、优化用户体验和市场推广的步骤，旨在满足用户需求并提升产品竞争力。

这种人工智能生成的产品开发路线图可以作为讨论和规划的起点，帮助团队更有效地分配资源和设定优先级。

9.2.4　商业模式创新

人工智能可以通过分析大量的商业案例和市场数据，帮助创业者发现创新的商业模式。

（1）模式识别：人工智能可以从成功的商业案例中识别出共同模式，启发创业者产生新的商业模式想法。

（2）市场缺口分析：通过分析消费者需求和现有解决方案，人工智能可以帮助创业者识别市场缺口和机会。

（3）收入流多样化：人工智能可以模拟不同的定价策略和收入模型，帮助创业公司优化其收入结构。

案例： Lemonade

Lemonade 是一家利用人工智能驱动保险业务的公司。他们的商业模式创新在于使用人工智能处理保险索赔，极大地缩短了处理时间，并通过机器学习算法动态调整保费。这种模式不仅提高了处理效率，还改善了客户体验，如图 9.6 所示。

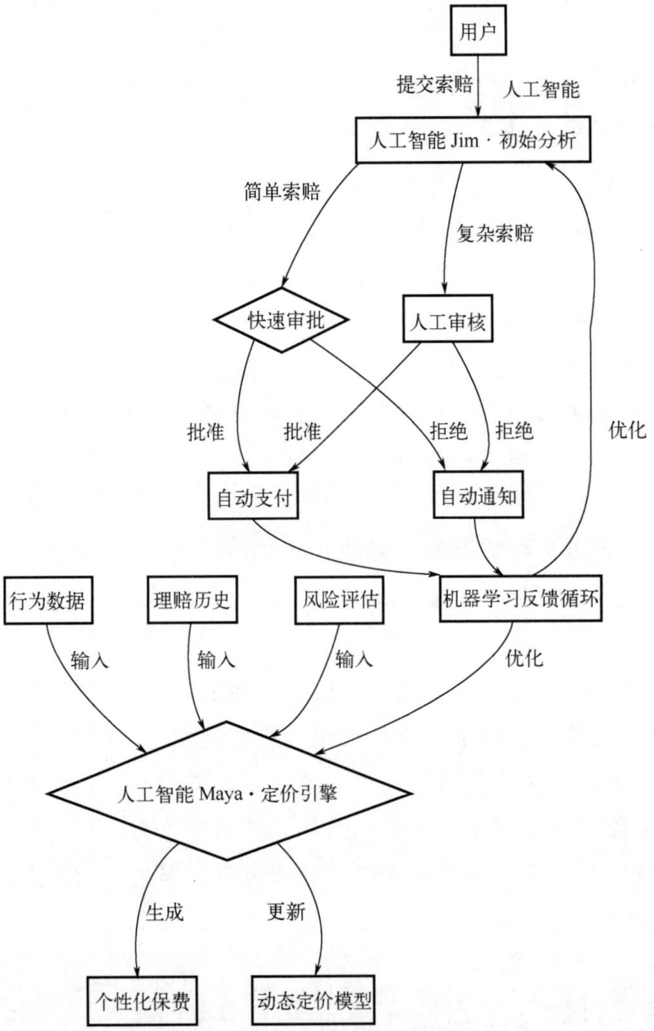

图 9.6　Lemonade 的人工智能驱动保险业务模型

9.3　人工智能赋能创新创业融资策略

在创业过程中，获得适当的融资是关键。人工智能正在改变创业公司寻求和获得融资的方式。

9.3.1　投资者匹配

人工智能可以通过分析大量数据来帮助创业者找到最合适的投资者。

（1）投资偏好分析：人工智能可以分析投资者的历史投资记录、公开声明和社交媒体活动，识别他们的投资偏好和策略。

（2）投资者匹配：通过比较创业公司的特征和投资者的偏好，人工智能可以推荐最可能感兴趣的投资者。

（3）联系时机预测：人工智能通过分析投资者的活动模式，预测出创业公司与投资者最佳的接触时机。

提示工程在投资者匹配中的应用。

提示：基于以下创业公司描述，生成一个潜在投资者列表，包括每个投资者可能感兴趣的原因：

"我们是一家利用计算机视觉和人工智能技术来优化零售店库存管理的 B2B SaaS 创业公司。我们的解决方案可以实时跟踪货架状态，预测补货需求，并优化商品供应链。我们已经有了几个成功的试点项目，正在寻求 A 轮融资。"

输出：

潜在投资者列表及其感兴趣的原因

（1）红杉资本（Sequoia Capital）

感兴趣的原因：红杉资本在技术驱动的企业服务和 SaaS 领域有丰富的投资经验。他们特别关注能够利用先进技术解决行业痛点的公司。我们的计算机视觉和人工智能技术在零售行业的应用非常符合他们的投资要求。

（2）安德森·霍洛维茨（Andreessen Horowitz）

感兴趣的原因：作为一家注重技术创新的风投公司，安德森·霍洛维茨对拥有强大技术背景和创新能力的公司有着浓厚兴趣。我们的人工智能和计算机视觉技术在零售库存管理中的应用，展示了强大的创新潜力和市场需求。

（3）光速创投（Lightspeed Venture Partners）

感兴趣的原因：光速创投在 SaaS 和 B2B 技术领域有丰富的投资经验。他们致力于寻找能够提供高效、可扩展解决方案的公司。我们的解决方案在零售库存管理中的高效性和实时性正是他们关注的重点。

(4) IDG 资本

感兴趣的原因：IDG 资本在全球范围内投资了许多科技型和创新型企业。作为一家全球化投资机构，他们对能够提升行业效率的技术解决方案有着浓厚兴趣。我们的试点项目成功证明了技术的可行性和市场潜力，这对 IDG 资本具有很强的吸引力。

(5) DCM Ventures

感兴趣的原因：DCM Ventures 对于企业软件和技术驱动型公司有广泛的投资经验。他们关注能带来显著行业变革的公司。我们的技术通过优化零售店库存管理，显著提高了供应链效率，符合他们的投资理念。

(6) 软银愿景基金（SoftBank Vision Fund）

感兴趣的原因：软银愿景基金专注于大规模、高增长的科技企业。我们的计算机视觉和人工智能技术有大规模应用于全球零售市场的潜力，能提供实时库存管理和供应链优化的解决方案，与他们的投资方向一致。

(7) NEA（New Enterprise Associates）

感兴趣的原因：NEA 有丰富的 SaaS 和企业服务投资背景。他们对利用技术提升商业运作效率的企业有很大的兴趣。我们的解决方案能够为零售企业带来显著提升的运营效率，这符合 NEA 的投资要求。

(8) 高盛（Goldman Sachs）

感兴趣的原因：高盛在技术创新和企业服务领域有深厚的投资经验。我们的技术解决方案能够显著优化零售供应链和库存管理，这对高盛的投资组合是一个有吸引力的补充。

(9) General Catalyst

感兴趣的原因：General Catalyst 在 SaaS 和 B2B 技术领域有深厚的投资背景。他们致力于支持能够利用技术变革行业的公司。我们的实时货架状态跟踪和补货需求预测技术正是零售行业急需的变革力量。

(10) Kleiner Perkins

感兴趣的原因：Kleiner Perkins 对早期技术驱动型公司的投资有独到的见解。他们寻找能够通过技术创新解决实际问题的公司。我们的人工智能和计算机视觉技术解决方案正好符合他们的投资标准，能够为零售行业带来巨大的价值。

这份潜在投资者列表考虑了各个投资机构的投资偏好和我们的公司优势，旨在寻找最合适的投资合作伙伴，支持我们在零售库存管理领域的进一步发展。

9.3.2 智能尽职调查

人工智能可以通过以下方式优化尽职调查过程：

(1) 财务分析：人工智能可以快速分析大量财务数据，识别潜在的风险和增长机会。

(2)市场研究：使用自然语言处理技术分析新闻、社交媒体数据和行业报告，可以提供全面的市场洞见。

(3)团队背景调查：人工智能可以快速收集和分析创始团队的公开信息，评估他们的经验和声誉。

(4)知识产权评估：使用机器学习算法分析专利数据库，可以评估公司的技术优势和创新潜力。

9.3.3　智能估值

人工智能可以通过以下方式提供更准确的公司估值：

(1)多因素分析：考虑行业趋势、市场规模、竞争格局和公司财务等多个因素；

(2)比较分析：自动识别和分析类似公司的估值数据；

(3)情景模拟：生成多种未来情景，预测公司在不同条件下的潜在价值。

案例：　Kognetic

Kognetic 是一家利用人工智能技术为风险投资和私募股权公司提供智能决策支持的平台。它使用机器学习算法分析大量数据，包括财务报表、新闻和社交媒体数据，为投资决策提供洞见，如图 9.7 所示。

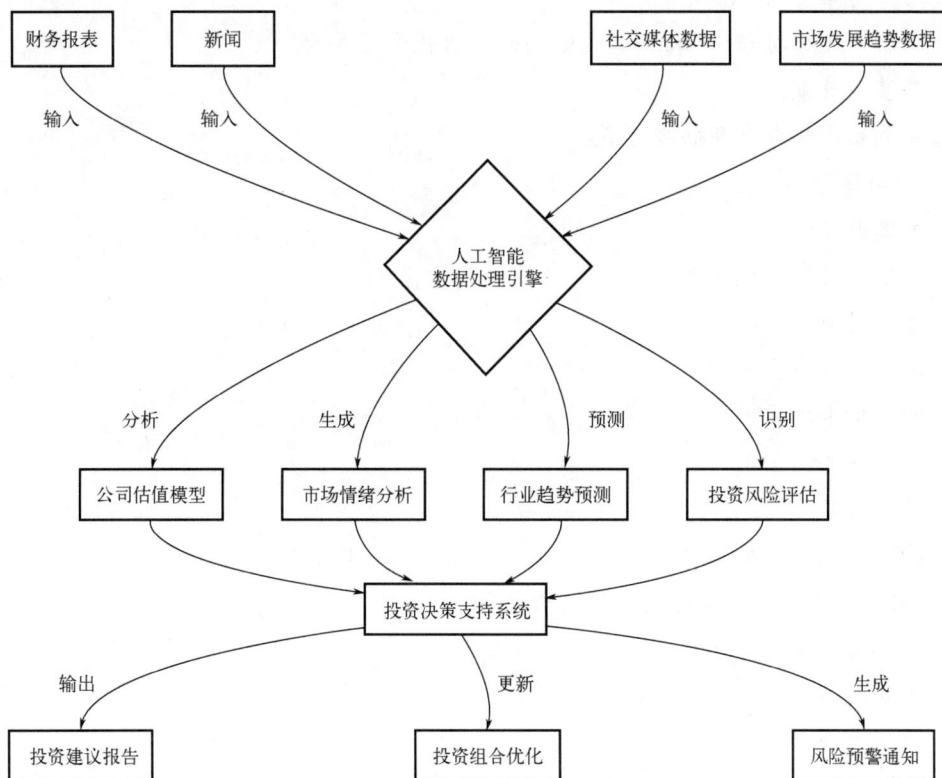

图 9.7　Kognetic 的人工智能驱动投资分析平台

9.3.4 人工智能辅助的演示优化

在寻求融资时，有效的演示至关重要。人工智能可以通过以下方式优化演示：

(1)内容优化：分析成功的演示案例，提供内容、结构和关键点建议。

(2)视觉设计：使用计算机视觉技术，推荐最有效的图表和视觉元素。

(3)演讲练习：利用语音识别和自然语言处理技术，提供实时反馈，提高演讲技巧。

提示工程在演示优化中的应用。

提示：基于以下创业公司的描述，生成一份10页的投资者演示大纲，包括每页的关键内容：

"我们是一家开发人工智能驱动的个性化学习平台的 EdTech 创业公司，目标是通过自适应学习算法和实时反馈来提高 K-12 阶段学生的学习效果。我们已有 50 000 名活跃用户，正寻求 1000 万美元的 A 轮融资来扩大市场份额和开发新功能。"

输出：

投资者演示大纲

1. 封面页

· 关键内容：

①公司名称及 Logo；

②演示文稿标题："人工智能驱动的个性化学习平台"；

③演示日期；

④创始团队成员及联系方式。

2. 公司简介

· 关键内容：

①公司使命和愿景；

②公司简介；

③核心价值主张；

④目标市场及现状。

3. 市场机会

· 关键内容：

①教育技术市场概述；

②K-12 阶段教育市场规模及增长趋势；

③市场需求及痛点；

④我们的市场定位和独特优势。

4. 产品概述

· 关键内容：

①产品介绍及核心功能；

②自适应学习算法如何工作;

③实时反馈机制;

④用户界面及用户体验;

⑤使用案例及学生反馈。

5. 竞争分析

- 关键内容:

①主要竞争对手及其产品;

②我们的竞争优势;

③SWOT 分析;

④市场差异化策略。

6. 用户及增长

- 关键内容:

①用户增长数据及趋势;

②用户画像及使用习惯;

③目前的用户数(50 000 名活跃用户);

④用户满意度及成功案例;

⑤用户留存率及增长策略。

7. 商业模式

- 关键内容:

①收入模型及定价策略;

②收入来源(订阅、合作伙伴和广告等);

③目前的财务表现;

④未来的收入增长计划。

8. 扩展计划

- 关键内容:

①融资需求及使用计划;

②资金用途(市场扩展、新功能开发和团队扩充等);

③未来 6～12 个月的里程碑及目标;

④市场扩展计划及策略。

9. 团队介绍

- 关键内容:

①创始团队及核心成员介绍;

②团队的经验及背景;

③关键技术及教育专家顾问;

④团队扩展计划。

10. 财务预测及退出策略

· 关键内容:

①未来 3～5 年的财务预测(收入、成本和利润等);

②关键财务指标(CAC、LTV 和利润率等);

③投资者回报预期;

④退出策略(IPO、并购等);

⑤结语及投资者联系方式。

投资者演示大纲详解

1. 封面页

①公司名称及 Logo;

②演示文稿标题:"人工智能驱动的个性化学习平台";

③演示日期;

④创始团队成员及联系方式。

2. 公司简介

①公司使命和愿景:"通过自适应学习算法和实时反馈来提高 K-12 阶段学生的学习效果";

②公司简介:一家 EdTech 创业公司;

③核心价值主张:个性化学习体验,提高学生成绩;

④目标市场及现状:K-12 阶段教育市场,已有 50 000 名活跃用户。

3. 市场机会

①教育技术市场概述:市场规模及潜力;

②K-12 阶段教育市场规模及增长趋势:数据支持市场需求;

③市场需求及痛点:当前教育系统的不足;

④我们的市场定位和独特优势:如何解决痛点。

4. 产品概述

①产品介绍及核心功能:自适应学习算法、实时反馈;

②自适应学习算法如何工作:技术细节;

③实时反馈机制:提高学习效果;

④用户界面及用户体验:界面展示;

⑤使用案例及学生反馈:成功故事。

5. 竞争分析

①主要竞争对手及其产品:市场主要玩家;

②我们的竞争优势:技术、功能和用户体验;

③SWOT 分析:强项、弱项、机会和威胁;

④市场差异化策略:如何脱颖而出。

6. 用户及增长

①用户增长数据及趋势：增长曲线；

②用户画像及使用习惯：典型用户描述；

③目前的用户数(50 000 名活跃用户)：现有用户基础；

④用户满意度及成功案例：用户评价；

⑤用户留存率及增长策略：如何保持和增加用户。

7. 商业模式

①收入模型及定价策略：收益来源；

②收入来源(订阅、合作伙伴和广告等)：具体渠道；

③目前的财务表现：财务数据；

④未来的收入增长计划：增长预期。

8. 扩展计划

①融资需求及使用计划：1000 万美元的用途；

②资金用途(市场扩展、新功能开发和团队扩充等)：详细分配；

③未来 6~12 个月的里程碑及目标：关键目标；

④市场扩展计划及策略：扩展方法。

9. 团队介绍

①创始团队及核心成员介绍：背景和经验；

②团队的经验及背景：相关领域经验；

③关键技术及教育专家顾问：专家支持；

④团队扩展计划：增员计划。

10. 财务预测及退出策略

①未来 3~5 年的财务预测(收入、成本和利润等)：预期财务表现；

②关键财务指标(CAC、LTV 和利润率等)：重要指标；

③投资者回报预期：投资回报；

④退出策略(IPO、并购等)：退出计划；

⑤结语及投资者联系方式：感谢和联系信息。

这份投资者演示大纲旨在全面展示公司的现状、市场机会、产品优势、团队实力和财务预测，吸引潜在投资者对我们的人工智能驱动个性化学习平台进行投资。

9.4 人工智能赋能创新创业风险管理

创业过程中的风险管理是成功的关键因素之一。人工智能可以通过以下方式帮助创业公司更好地识别、评估和管理风险。

9.4.1　风险识别和评估

人工智能可以通过分析大量数据帮助创业公司识别潜在风险。

(1)市场风险分析：通过分析市场发展趋势、竞争对手动态和消费者行为，人工智能可以预测潜在的市场风险。

(2)运营风险评估：通过分析内部流程数据，人工智能可以识别效率低下或容易出错的环节。

(3)财务风险监控：人工智能可以实时监控财务指标，预警潜在的现金流问题或财务风险。

(4)合规风险管理：通过分析法规变化和行业标准，人工智能可以帮助公司保持合规性。

案例：　Feedzai

Feedzai 是一家利用人工智能技术进行风险管理和欺诈监测的公司。他们的人工智能系统可以实时分析交易数据，识别可疑活动，极大地减少了金融欺诈风险，如图 9.8 所示。

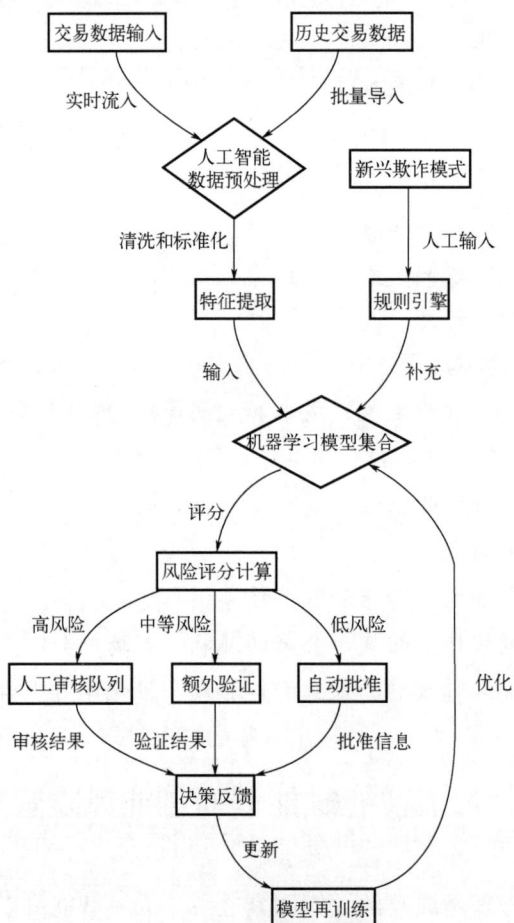

图 9.8　Feedzai 的人工智能风险监测系统工作流程

9.4.2　智能风险缓解策略

一旦识别出风险，人工智能可以帮助公司制定和实施风险缓解策略。

(1)情景模拟：人工智能可以模拟不同的风险情境，评估各种缓解策略的效果。

(2)资源优化：通过分析公司资源和风险级别，人工智能可以提供最优的资源分配方案。

(3)自动化风险响应：对于某些预定义的风险，人工智能系统可以自动触发响应措施。

(4)持续学习和优化：人工智能系统可以从过去的风险事件中学习，不断优化风险管理策略。

提示工程在风险管理中的应用。

提示：基于以下创业公司描述，生成一个全面的风险评估报告，包括主要风险类别、具体风险和可能的缓解策略：

"我们是一家开发基于区块链的去中心化金融(Decentralized Finance,DeFi)平台的创业公司，主要提供加密货币借贷和交易服务。我们使用智能合约使金融交易自动化，目前有 10 万名活跃用户，管理着 5 亿美元的资产。"

输出：

风险评估报告

公司简介

我们是一家开发基于区块链的去中心化金融(Decentralized Finance，DeFi)平台的创业公司，主要提供加密货币借贷和交易服务。我们使用智能合约使金融交易自动化，目前有 10 万名活跃用户，管理着 5 亿美元的资产。

主要风险类别

(1)技术风险；

(2)市场风险；

(3)监管风险；

(4)安全风险；

(5)操作风险；

(6)财务风险。

风险评估和缓解策略

1. 技术风险

• 具体风险：

①智能合约漏洞：智能合约存在漏洞或未经过充分测试，可能导致资金损失。

②区块链网络风险：依赖的区块链网络(如以太坊)发生拥堵或分叉，可能影响智能

合约的交易速度和可靠性。

- 缓解策略：

①代码审计：定期进行第三方代码审计，确保智能合约的安全性和可靠性。

②测试和模拟：在正式上线前，进行充分测试和模拟，确保系统在各种情况下的稳定性。

③多链支持：研发支持多条区块链的功能，降低单一区块链的风险。

2. 市场风险

- 具体风险：

①加密货币价格波动：加密货币价格剧烈波动，可能导致用户资产大幅缩水。

②市场竞争：DeFi领域竞争激烈，新兴竞争对手可能影响市场份额。

- 缓解策略：

①风险管理工具：提供内置的风险管理工具，如止损和对冲机制，帮助用户管理风险。

②市场分析：定期进行市场分析和用户需求调研，调整产品策略和市场推广方案。

3. 监管风险

- 具体风险：

①法律合规问题：不同国家和地区对DeFi的监管政策不同，可能导致合规风险。

②政策变化：政府政策和法规的变化，可能对业务运营造成影响。

- 缓解策略：

①合规团队：建立专门的合规团队，监控全球范围内的监管动向，确保平台符合法律要求。

②法律咨询：定期咨询法律顾问，了解最新的监管政策和合规要求。

4. 安全风险

- 具体风险：

①黑客攻击：黑客攻击可能导致资金被盗或数据泄露。

②钓鱼攻击：用户可能受到"钓鱼攻击"，导致账户被盗用。

- 缓解策略：

①安全防护：实施多层次的安全防护措施，如双重认证、"冷钱包存储"等。

②安全教育：定期进行用户安全教育，提升用户的安全意识和防范能力。

5. 操作风险

- 具体风险：

①系统故障：平台系统出现故障，可能导致用户无法正常交易。

②员工操作失误：员工操作失误可能导致数据错误或资金损失。

- 缓解策略：

①应急预案：制定详细的应急预案，确保在系统故障时能够迅速恢复服务。

②员工培训：定期对员工进行培训，提高其操作技能和风险意识。

6. 财务风险

• 具体风险：

①资金流动性风险：市场波动或用户大量提款，可能导致资金流动性不足。

②收益波动：市场变化或竞争加剧，可能导致平台收益波动。

• 缓解策略：

①流动性管理：实施严格的流动性管理策略，确保平台有足够的资金应对用户的提款需求。

②多元化收入：通过提供多样化的金融服务，增加收入来源，降低单一业务的收益波动风险。

结论

通过全面的风险评估，我们识别了技术、市场、监管、安全、操作和财务六个主要风险类别，并针对每个类别提出了具体的缓解策略。我们将持续监控这些风险，采取必要的措施确保平台的安全和稳定发展。

附录

风险评估方法

(1) 定性和定量分析相结合，通过专家评估和历史数据分析，确定各类风险的可能性和影响程度。

(2) 使用 SWOT 分析方法，识别平台的优势、劣势、机会和威胁。

风险管理框架

(1) 建立风险管理委员会，负责风险评估、监控和缓解措施的制定和实施。

(2) 定期更新风险评估报告，确保风险管理策略的有效性和时效性。

9.4.3 实时风险监控和预警

人工智能可以实现全天的实时风险监控：

(1) 异常监测：使用机器学习算法监测异常的交易模式或系统行为。

(2) 预测性维护：分析设备和系统性能数据，预测潜在的故障并提前采取行动。

(3) 市场情绪分析：通过分析社交媒体和新闻数据，评估市场情绪对业务的潜在影响。

(4) 网络安全监控：使用人工智能驱动的安全系统实时监测和响应网络威胁。

人工智能驱动的实时风险监控仪表板如图 9.9 所示。

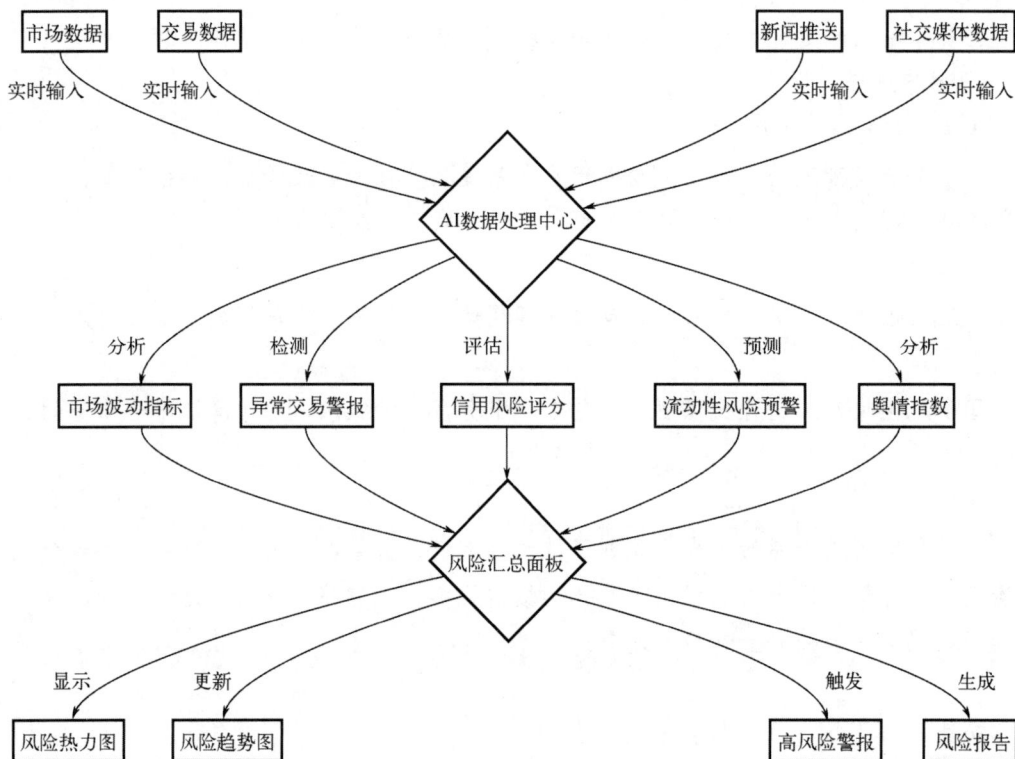

图 9.9   人工智能驱动的实时风险监控仪表板

9.4.4   人工智能辅助的危机管理

当风险演变为实际的危机时，人工智能可以通过以下方式支持危机管理。

(1)情景模拟：快速模拟不同的危机响应策略，评估其可能带来的结果。

(2)信息聚合和分析：实时收集和分析与危机相关的大量信息，帮助决策者快速了解情况。

(3)自动化沟通：使用自然语言生成技术，自动生成危机沟通材料，确保信息的一致性和及时性。

(4)资源优化：在危机发生期间，人工智能可以帮助公司优化资源分配，确保关键业务的连续性。

案例：   Dataminr

Dataminr 是一家利用人工智能技术进行实时事件和风险监测的公司。他们的系统可以分析社交媒体数据、新闻和其他公开信息，提供早期风险警报，帮助企业和政府机构提前应对潜在危机，如图 9.10 所示。

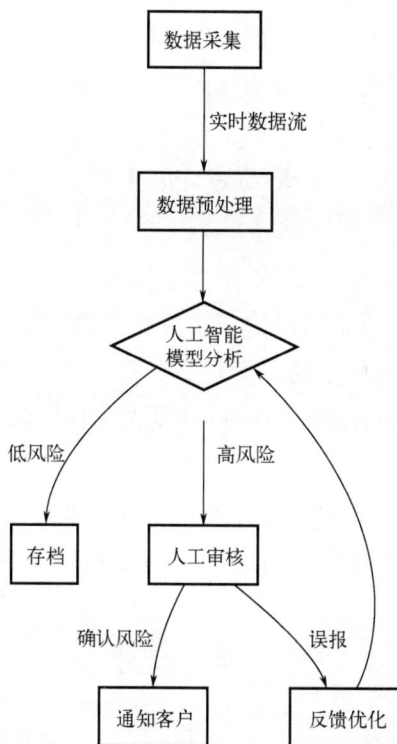

图 9.10　Dataminr 的人工智能风险监测流程

本 章 小 结

　　本章探讨了人工智能创新创业的关键环节：首先，在团队组建方面，强调高效团队的重要性，建议利用提示工程优化角色定义和团队动态；其次，讨论了商业计划的构建，包括市场分析、财务规划、产品定位和商业模式创新。融资策略部分介绍了投资者匹配、智能尽职调查、估值和人工智能辅助的演示优化；最后，强调风险管理，建议建立健全的风险识别评估机制、智能风险缓解策略、进行实时风险监控和预警及人工智能辅助的危机管理。总之，本章为人工智能创业者提供了系统性的实践指导，以助力创业者成功创业。

思 考 题

　　1．在人工智能赋能创新创业的背景下，如何平衡技术创新和风险管理？

　　2．对于一个早期创业公司，如何有效利用人工智能技术进行市场分析和商业计划制订？

　　3．在使用人工智能进行融资决策支持时，可能存在哪些潜在的偏见或局限性？如何解决这些问题？

4. 如何利用提示工程技术来优化创业路演演示？设计一个具体的提示示例。

5. 在 DeFi 等新兴技术领域，人工智能如何帮助创业公司应对快速变化的监管环境？

实 践 项 目

1. 设计一个提示工程驱动的市场分析的提示词。

2. 设计并实现一个创业融资匹配提示，能够根据创业公司的特征和投资者的偏好进行智能匹配，并提供融资策略建议。

3. 为特定行业（如金融科技或电子商务）开发人工智能风险管理系统，包括风险识别、评估和监控。

4. 创建一个利用大语言模型和提示工程的智能商业计划生成器，能够根据用户输入的基本信息，生成详细的商业计划书初稿。

第10章　大模型实现数字员工——一人创业时代

人工智能技术的飞速发展，尤其是大语言模型的突破，正在深刻改变着人们的工作和生活方式。数字员工作为人工智能落地应用的重要形态，为企业提供了高效、灵活的生产力，同时也为创业者带来了全新的机遇。本章将重点探讨大模型实现数字员工的技术原理与应用场景，并分析数字员工赋能下的一人公司创业模式，展望数字员工的发展趋势与挑战。

10.1　数字员工的概念与内涵

数字员工是指由人工智能技术驱动，能够自主完成特定任务或提供服务的虚拟员工。与传统的软件系统不同，数字员工具备一定的自主性、适应性和交互性，能够根据环境变化和用户需求动态调整工作方式。

数字员工凭借其独特的优势，正在逐步成为企业提升生产力和竞争力的重要力量。与人类员工相比，数字员工具有高效、稳定、低成本和可扩展等优点。首先，数字员工能够 7×24 小时不间断工作，其处理速度和效率远超人类的处理速度和效率。这意味着企业可以通过数字员工实现全天运转，大幅提升企业的业务处理能力和响应速度；其次，数字员工不受情绪、疲劳等因素影响，能够始终保持稳定的工作状态和输出质量，有效降低了人为错误的风险；最后，使用数字员工不需要支付工资、福利、培训等各项人力成本，极大节约了企业开支。同时，数字员工还具备快速复制和规模化部署的优势。企业可以根据业务需要，灵活调整数字员工的数量和配置，实现弹性扩容和动态优化，从而以更低的成本实现业务的快速扩张。综合来看，数字员工在效率、稳定性、成本和扩展性等方面的优势，使其成为企业实现降本增效、提质增速的重要抓手，为企业数字化转型和创新发展提供了强大动力。数字员工与人类员工的对比如表 10.1 所示。

表 10.1　数字员工与人类员工的对比

维度	数字员工	人类员工
工作时长	7×24 小时	每天 8 小时
工作效率	极高	相对较低
稳定性	稳定不受干扰	受情绪等因素影响
使用成本	低	高
扩展性	高，可快速复制	低，需招聘培训

10.2 大模型在数字员工中的应用

大模型，特别是大语言模型，是实现数字员工的关键技术之一。不同于传统的自然语言处理模型，大语言模型通过对海量文本数据的预训练，习得了丰富的语言知识和常识推理能力，能够更好地理解和生成自然语言。如图 10.1 所示，展示了大语言模型的基本架构。

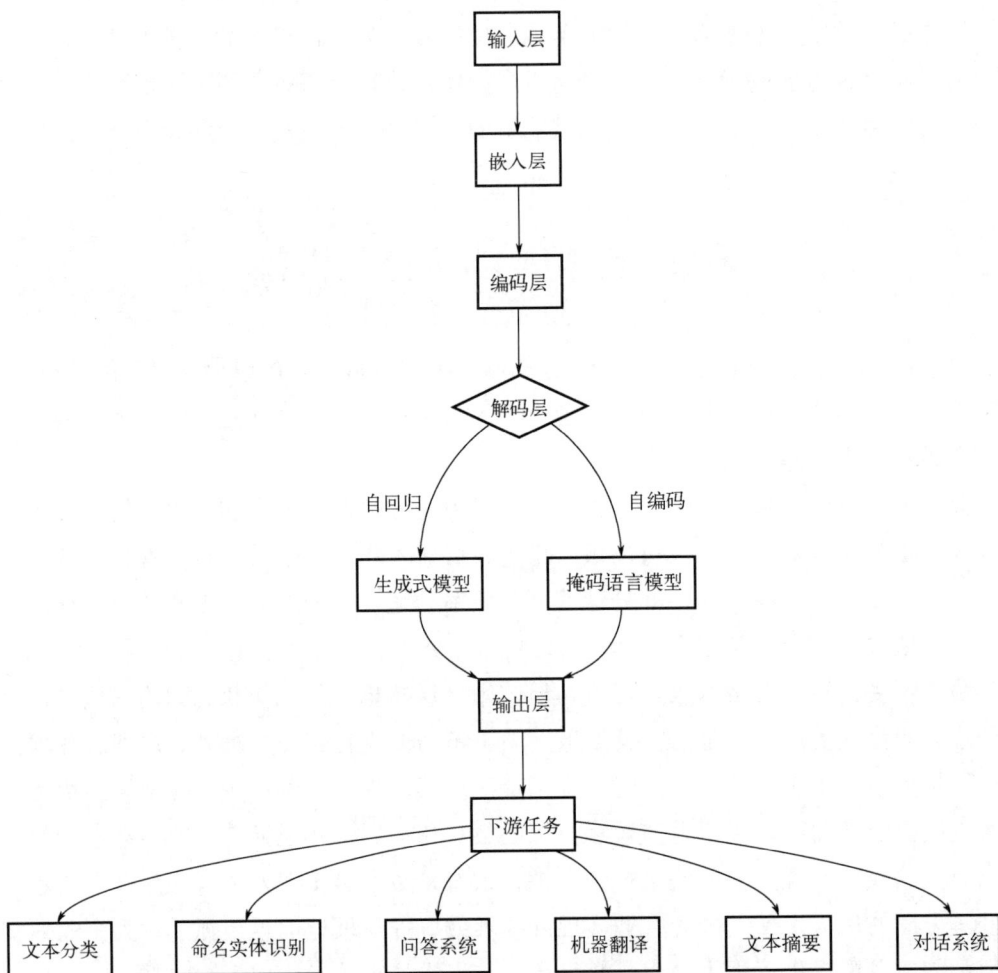

图 10.1　大语言模型的基本架构

1. 大模型实现数字员工的流程

大模型是实现数字员工的关键技术之一。将大模型应用于对数字员工的开发，需要经过一系列的步骤。在开始之前，必须明确数字员工的应用场景和具体的任务目标，这将决定后续的数据准备、模型选择和优化方向等步骤。

数据是训练大模型的基础。为了让数字员工具备优秀的语言理解和生成能力，需要收集大量高品质的语料数据，并进行必要的清洗和预处理。一般包括对数据进行标注，如标记实体、情感和语义等信息，以便模型更好地学习和理解语言的内在规律。

选择合适的大模型架构至关重要。当前，BERT、GPT 等预训练模型已经在多个自然语言处理任务上有了良好的表现。研究人员可以根据任务的特点，选择适合的模型架构，并在大规模语料上进行预训练，使模型掌握语言的一般性知识。

为了让预训练的大模型适应特定的数字员工应用，还需要在下游任务上进行微调。通过在特定领域的数据集上对模型进行训练，可以使其掌握任务所需的专业知识和技能。在微调过程中，需要调整模型的超参数、训练策略等，以优化其性能。

当大模型训练完成后，就可以将其接入实际的应用系统，如对话系统、知识库等，从而实现端到端的数字员工应用。数字员工可以通过自然语言交互的方式，为用户提供智能化的服务，如信息查询、问题解答和任务协助等。数字员工还可以利用知识库中的结构化数据，提供更加准确和全面的响应。如苏宁电器某门店，利用直播话术，并与背景视频素材相结合，以门店为单位进行直播，实现家电销售行业的直播数字员工应用，降低了真人主播的运营成本。

2．大模型数字员工的能力边界

大模型在实现数字员工方面展现出令人瞩目的能力，但我们必须认识到大模型的能力边界。尽管大模型在语言理解和生成方面表现出色，但在某些方面仍存在局限性。

大模型在深度推理和常识判断方面的能力有待提高。它们可能会产生逻辑错误或不符合常理的回答，这主要是由于它们缺乏对世界的深入理解和推理能力。大模型主要基于统计模式和词语共现关系生成文本，而非真正的理解和思考。

此外，大模型在特定领域的专业知识方面也有欠缺。尽管它们可以通过训练掌握一定的领域知识，但对于高度专业化的任务，如医疗诊断、法律分析等，它们的表现可能无法达到人类专家的水平。这主要是因为这些任务需要深厚的领域知识积累和复杂的推理判断能力。

大模型在执行复杂的多步骤任务方面也面临挑战。它们缺乏任务规划和执行的能力，难以理解和完成需要多个步骤的任务。这限制了大模型在某些应用场景下的实用性，如自动化流程操作、智能助手等。

情感感知和表达是人工智能的一大挑战，大模型在这方面的能力也有限。尽管大模型可以生成看似情感丰富的文本，但它们并不具备真正的情感感知和共情能力。它们无法理解用户的情感需求，也无法提供真正的情感支持和关怀。

综上所述，虽然大模型在实现数字员工方面有着广阔的应用前景，但我们必须清醒地认识到它们的局限性。在实际应用中，需要根据具体的任务需求，合理评估大模型的能力边界，必要时需要与其他技术方法相结合，以弥补其不足，提供更加全面和智能的服务。

10.3　数字员工的应用场景

1．数字员工在客户服务中的应用

客户服务是数字员工最广泛的应用场景之一。数字客服可以通过文字、语音等多种渠道，为客户提供 7×24 小时的咨询、问题解答和投诉处理等服务，极大地提高客户服务的效率和质量。如图 10.2 所示，展示了某数字客服系统的工作流程。

2．数字员工在营销与销售中的应用

在营销与销售领域，数字员工可以作为智能销售助手，为销售人员提供客户信息分析、商机挖掘和销售话术推荐等支持，提高销售转化率。同时，数字员工还可以直接面向客户，开展个性化营销和产品推荐，提升客户体验。

3．数字员工在内容创作中的应用

内容创作是数字员工的另一大应用场景。基于大语言模型，数字员工可以自动生成文章、新闻、脚本和广告文案等各类内容，极大地提高内容生产效率。同时，数字员工还可以提供写作辅助，为人类创作者提供素材推荐、文本优化等建议。

4．数字员工在企业管理中的应用

在企业管理领域，数字员工可以作为智能助理，协助管理者处理日常事务，如日程安排、邮件管理和会议记录等。此外，数字员工还可以作为知识管理者，帮助企业构建和维护内部知识库，促进知识共享和流转。

10.4　Agent 技术与数字员工

Agent 技术是实现高级数字员工的另一项关键技术。Agent 是一种具有自主性、社会性、反应性和主动性的智能实体，能够感知环境，根据自身知识和目标做出决策，并与其他 Agent 协作完成任务。如图 10.3 所示为一个多 Agent 系统示意图。

1．基于 Agent 的数字员工协作模式

通过 Agent 技术，我们可以构建多个数字员工协同工作的系统。例如，在客户服务场景中，可以设计多个专门负责不同业务的数字员工 Agent，它们既能各司其职，又能够相互协作，共同为客户提供全面、高效的服务。表 10.2 列举了几种常见的数字员工协作模式。

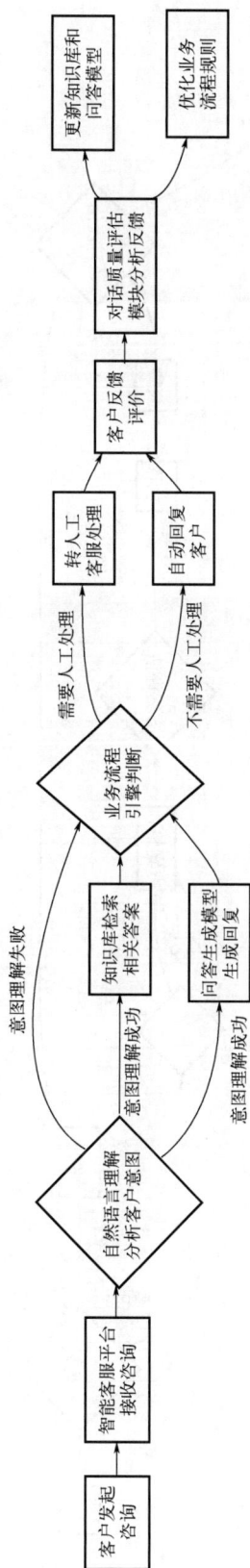

图 10.2　数字客服系统的工作流程

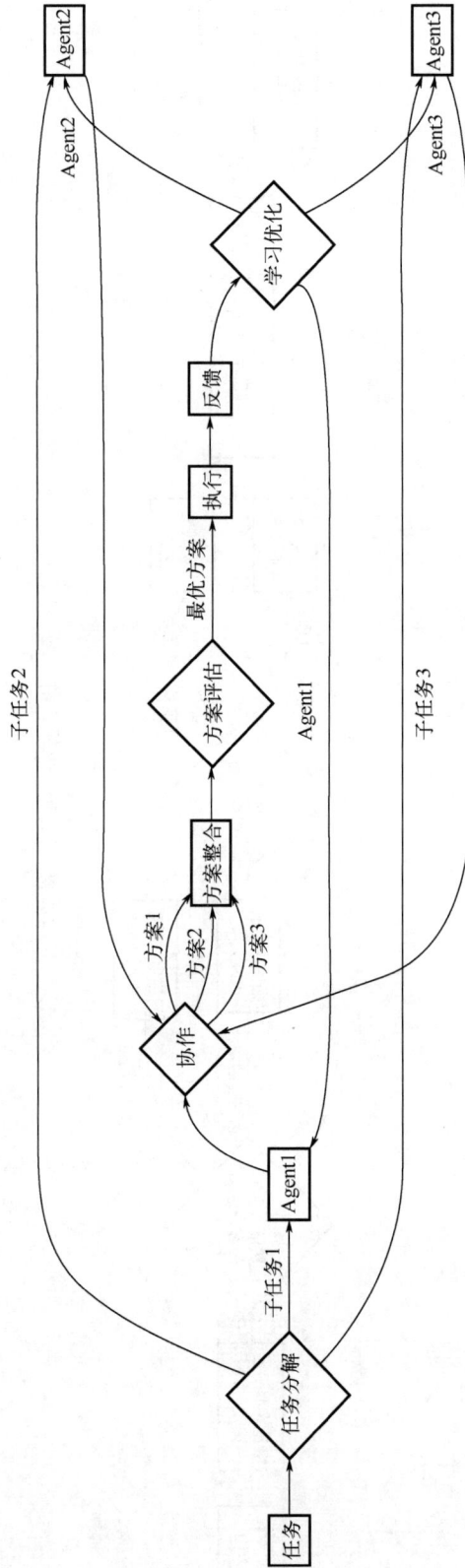

图 10.3 多 Agent 系统示意图

表 10.2　数字员工协作模式

协作模式	说明	适用场景
分工协作	不同 Agent 负责不同子任务	复杂业务，需分工处理
竞争协作	多个 Agent 并行解决同一任务	任务需快速响应
互补协作	Agent 间优势互补，共同完成任务	任务需多种能力组合
主从协作	主 Agent 分配任务，从 Agent 执行	任务需统一调度控制

2. Agent 驱动的数字员工自主学习与优化

除了协作能力，Agent 还具备自主学习和优化的能力。通过持续学习用户反馈和观察环境变化，Agent 可以不断优化自身掌握的知识和策略，以提高任务完成质量。同时，多个 Agent 还可以通过强化学习、模仿学习等方法，相互学习，共同进化。

案例：　ChatDev

清华大学用 ChatGPT 打造了一个"零人工含量"的"游戏公司"，从老板到员工都是人工智能生成的。只要你提出想法，从设计到测试的完整流程都由人工智能完成。整个过程只需要七分钟，成本不到 0.3 美元。这个公司被命名为"ChatDev"，如图 10.4 所示，就是通过聊天进行开发。在公司中，十多个聊天机器人扮演着不同的角色，配合在一起完成开发工作。整个过程用 ChatGPT 完成，不需要为每个环节专门训练相应的模型。该公司开发一款游戏的平均时长是 409.84 秒，最快的甚至不到 3 分钟，最慢的也不超过 17 分钟。

图 10.4　ChatDev

案例： 自导自演电视剧

训练数据：电视剧 *South Park*

结合大语言模型、扩散模型及多智能体技术，通过输入故事的标题、梗概及一些希望发生的重大事件，以智能体模拟的方式生成电视剧的"故事大纲"，再将这些故事分配给不同的"角色"，使得在剧集发展的过程中不同的角色经历不同的故事，最后，再通过对这些角色布置故事的发生场景，完成角色的配音，形成一部完整的电视剧，如图10.5所示。

图 10.5　自编自导电视剧

10.5　一人公司的创业模式

一人公司是指由一个人承担主要管理和执行工作的公司。与传统公司相比，一人公司具有组织结构扁平、决策效率高和成本低等优势，但也面临着人力资源有限、业务能力不足等挑战。

数字员工的出现，为一人公司的发展带来了新的机遇。创业者可以将大量任务外包给数字员工，打破个人时间和精力的限制，实现业务的快速拓展。如图10.6所示，展示了数字员工赋能下一人公司的运营模式。

案例： 一人公司创业

越来越多的创业者开始尝试一人公司的模式，并取得了成功。例如，Nat Eliason 通过数字员工实现了内容创作和在线课程的自动化运营，年收入超过 50 万美元。表 10.3 列举了几个典型的一人公司创业案例。

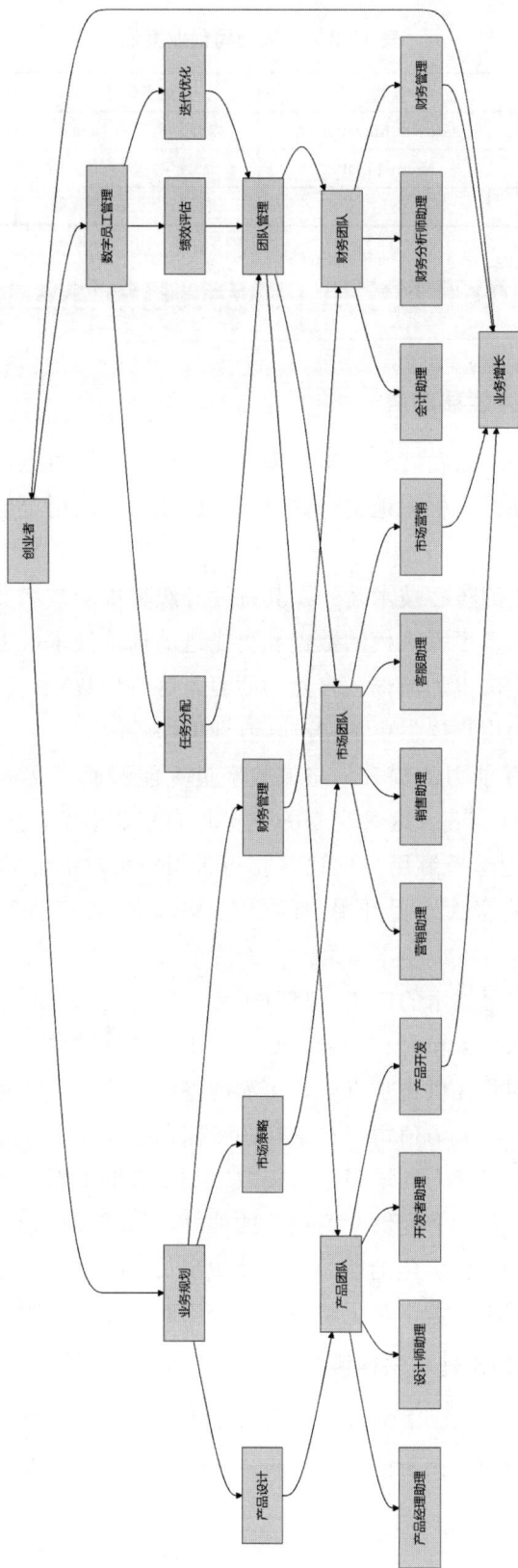

图 10.6　数字员工赋能下一人公司的运营模式

表 10.3　一人公司创业案例

创业者	公司	业务领域	数字员工应用
Nat Eliason	Growth Machine	内容创作、在线教育	自动化内容生产和课程运营
Pieter Levels	Nomad List	数字游民社区	自动化社区管理和用户服务
Daniel Vassallo	独立开发者	软件开发、在线教程	自动生成代码和教程内容

10.6　数字员工的发展趋势与挑战

1. 数字员工的技术发展趋势

数字员工技术正在不断发展和进步，未来将呈现出更加智能化、个性化和全面化的趋势。这些趋势的出现，将极大地提升数字员工的能力和应用价值，为企业和用户带来更加优质的服务体验。

大模型是数字员工的核心技术之一，其持续升级将推动数字员工语言理解和生成能力的不断提高。通过引入更大规模的数据和更先进的训练技术，大模型将能够更加准确地理解用户的意图，生成更加流畅、自然的回复。这将使数字员工能够与用户进行更加深入、高效的交流，为用户提供更加精准、专业的服务。

多模态感知和交互能力的提升，将使数字员工能够通过文本、语音、图像和视频等多种方式与用户进行交互。这种交互方式更加自然、丰富，接近于人与人之间的交流方式。数字员工将能够理解用户的语音指令，识别用户的面部表情和肢体语言，并做出相应的反应。这将极大地提升用户的交互体验，使数字员工成为更加贴心、智能的助手。

知识图谱等知识增强技术的应用，将赋予数字员工更加全面、深入的领域知识。通过将结构化的知识体系与大模型相结合，数字员工将能够掌握特定领域的专业知识，并运用这些专业知识为用户提供更加准确、可靠的答复和建议。这将使数字员工能够胜任更加复杂、专业的任务，成为值得用户信赖的专家助手。

强化学习和持续学习能力的增强，将使数字员工能够不断自我优化和进化。通过与用户的持续交互，数字员工将能够学习用户的偏好、习惯和反馈，并据此调整自己的行为和策略。这种自我学习和优化的能力，将使数字员工能够不断提升自身的服务质量，适应用户不断变化的需求。数字员工将成为一个不断进化、与用户共同成长的智能体。

2. 数字员工面临的伦理与法律挑战

数字员工技术在为我们带来便利的同时，也引发了一系列伦理和法律方面的问题。这些问题涉及技术的使用、内容的生成、数据的收集和就业的影响等多个方面，需要引起社会各界的高度重视。

数字员工技术可能被滥用于制造和传播虚假信息，误导公众舆论，甚至实施诈骗等违法犯罪活动。不法分子可能利用数字员工生成假新闻、假评论等，扰乱正常的信息传播秩序，危害社会稳定。对此，我们需要完善相关法律法规，加强对数字员工技术的监管，严厉打击利用数字员工进行违法犯罪的行为。

数字员工生成的内容可能涉嫌侵犯他人的知识产权。数字员工在生成内容时，可能会无意中抄袭或模仿他人的作品，侵犯他人的版权、专利等权益。这需要在技术开发过程中，加强对知识产权的保护意识，完善相关的算法和机制，尽量避免侵权行为的发生。同时，也需要建立明确的责任认定和赔偿机制，维护权利人的合法权益。

数字员工在提供服务的过程中，可能会收集和使用大量的用户数据，这可能对用户的隐私造成侵犯。用户的个人信息、行为数据等，都可能在数字员工的运行过程中被采集和分析。这需要在数字员工的设计和运营过程中，严格遵守数据保护的相关法律法规，建立完善的数据安全和隐私保护机制，确保用户的数据权益不受侵犯。

数字员工的广泛应用，可能会对人类的就业造成一定的冲击。一些简单、重复性的工作，可能会被数字员工所取代，导致相关人员失业。这需要社会各界共同努力，一方面要加强职业教育和技能培训，提升劳动者的技能水平和就业能力；另一方面要创造新的就业机会，发展新的产业模式，实现人机协同，让数字员工成为人类的助手而非替代者。

数字员工技术的发展，给我们带来了机遇和挑战并存的局面。我们要积极应对这些伦理和法律挑战，建立健全相关的法律法规和监管机制，促进数字员工技术的健康、有序发展。只有在技术发展与伦理规范、法律保障之间找到平衡，我们才能真正享受到数字员工技术带来的便利和福祉，实现人机协同、共创未来的美好愿景。

3. 数字员工时代的人力资源管理转型

数字员工的普及，将深刻影响企业的人力资源管理模式。HR 需要转变观念，将数字员工视为人类员工的重要补充，而非竞争对手。同时，HR 还需要掌握数字员工管理的新技能，如任务分配、绩效评估和奖惩机制设计等。数字员工时代，HR 将从传统的人员管理者转变为人机协作的设计者和优化者。

本 章 小 结

本章探讨了大模型技术在实现数字员工方面的应用及其影响。首先，介绍了数字员工的概念、特点和优势；其次，详细阐述了大模型技术如何实现数字员工，包括技术原理、实现流程和能力边界；再次，探讨了数字员工在客户服务、营销销售、内容创作和企业管理等领域的具体应用场景。还介绍了 Agent 技术在数字员工发展中的重要作用，包括协作模式和自主学习优化。特别关注了数字员工对创业模式的革新，展示了"一人公司"的概念，并通过案例分析展示了这种新型创业模式的可能性；最后，讨论了数字员工的发展趋势，以及在伦理、法律和人力资源管理等方面面临的挑战。

思 考 题

1．数字员工和人类员工各自的优势是什么？在实际工作中如何实现人机协同？

2．如何判断一个任务适合由数字员工完成还是由人类员工完成？决策依据是什么？

3．对一人公司创业者而言，如何高效管理和调度多个数字员工？有哪些工具和方法可以借鉴？

4．数字员工可能带来哪些负面影响？个人、企业和社会应该如何应对和规避这些影响？

实 践 项 目

1．设计并实现一个基于大语言模型的数字员工应用，如智能客服、写作助手等，并评估其性能和局限性。

2．调研 1～2 个一人公司的创业案例，分析其业务模式、数字员工应用情况，并提出优化建议。

3．组织一次关于"数字员工的伦理与法律挑战"的小组讨论或辩论，探讨相关问题和应对策略。

后　记

在这本《"人工智能+"创新创业导论》教材中，我们全面探讨了人工智能如何赋能创新创业，为读者呈现了一幅人工智能时代创新创业的宏伟图景。从基础理论到前沿技术，从案例分析到实践指导，本书旨在为新一代创新创业者提供全面而深入的知识储备和思维框架。

在编写这本教材的过程中，我们充分利用了大语言模型的能力，实现了人机协同写作。这不仅极大地提高了写作效率，也为本书注入了更多前沿的见解和丰富的案例。大语言模型的参与使我们能够快速获取和整合最新的研究成果和行业动态，确保教材内容的时效性和前瞻性。同时，将作者的专业知识和创造性思维与人工智能的高效处理能力相结合，产生了独特的协同效应，使得本书在内容的深度和广度上都得到了显著提升。在写作过程中我们始终坚持人类审查原则。

本书的写作本身就是一个人工智能赋能创新的典范。我们运用第 5 章介绍的大语言模型技术强大的自然语言处理能力协助我们进行文献综述、内容组织和初稿撰写。第 6 章讨论的大数据与算法在写作过程中也发挥了重要作用，帮助我们分析和整合海量的学术文献和行业报告，从中提炼出最具价值的信息。第 7 章描述的云计算技术为我们提供了强大的算力支持，使得我们能够高效地运行复杂的语言模型和数据分析工具。而第 8 章介绍的 AIGC 技术则在教材的图表制作和案例编写方面给予我们巨大的帮助。

通过人机协同完成本书的写作，不仅提高了写作效率，更重要的是实现了知识的有机融合和创新。作者的经验、洞察力和创造性思维与人工智能的海量信息处理能力和模式识别能力相结合，产生了许多新颖的观点和独特的见解。这种协作模式使得我们能够更全面、更深入地探讨人工智能与创新创业的关系，为读者提供更有价值的内容。

本书最后一章"大模型实现数字员工——一人创业时代"，不仅是对前几章内容的深化和延伸，更是对未来创新创业模式的大胆展望。随着大模型技术的不断进步，数字员工的概念正在从科幻变为现实。这一章的介绍，为读者呈现了一幅生动的未来创业图景。在写作这一章时，我们深刻体会到了大模型技术的强大。通过与人工智能系统的持续对话和交互，我们不断优化内容结构，丰富案例分析，探讨了数字员工可能带来的机遇与挑战。这种写作体验本身就是对"一人公司"创业模式的一次实践，让我们更加确信人工智能赋能下的创新创业将会带来巨大的变革。

然而，我们也清醒地认识到：尽管人工智能技术在本书写作中发挥了重要作用，但人类的创造力、批判性思维和价值判断仍然是不可缺少的。人工智能是一个强大的工具和助手，但最终的决策和创新仍需要人类的智慧。正如本书多次强调的，人工智能赋能创新创业的核心在于人机协同，而非完全替代人类。

在未来，我们期待看到更多的教材和学术著作采用类似的人机协同写作模式。这不仅会提高学术研究和知识传播的效率，也会为教育领域带来新的机遇和挑战。相信随着人工智能技术的不断进步，人机协同写作将成为一种新的学术范式，推动知识创新和传播。

本书的写作也让我们深刻意识到：在人工智能时代，终身学习和持续创新的重要性比以往任何时候都更加突出。技术的快速发展要求我们不断更新知识结构，培养跨学科思维能力。希望这本教材能够激发读者的学习热情，帮助他们建立起对人工智能时代创新创业的全面认知，并鼓励他们勇于实践、大胆创新。

尽管本书大量讨论了人工智能技术在创新创业中的应用，但技术只是手段，而非目的。真正的创新创业精神在于发现并解决人类社会的实际问题，创造真正的价值。希望读者在学习和运用人工智能技术的同时，始终保持对社会需求的敏锐洞察，将技术创新与价值创造紧密结合。

最后，要感谢所有为本书贡献智慧的人类专家和人工智能大模型系统。正是因为有了这种前所未有的协作模式，我们才能在短时间内完成这样一本全面且具有前瞻性的教材。我们相信，这种人机协同的模式将在未来的学术研究和教育实践中发挥越来越重要的作用，推动知识的创新和传播，为人类社会的进步作出贡献。

在结束这本书的同时，我们的探索才刚刚开始。人工智能与创新创业的结合将会不断催生新的理念、新的模式和新的机遇。我们期待读者能够带着从本书中获取的知识和启发，勇敢地投身于创新创业的实践，在人工智能赋能的新时代中开创属于自己的精彩篇章。让我们共同期待人工智能与人类智慧碰撞所迸发的创新火花，共同描绘人工智能时代创新创业的美好蓝图！